兩岸公共事務筆記

以筆為戈，為兩岸議題注入強心劑

鄭博文 著

五南圖書出版公司 印行

推薦序

　　兩岸自1949年分治以來，兩岸人民間之訊息、郵電鮮少交流，雙方亦各自經歷不同之政治更迭及經濟發展歷程。1975年及1976年蔣介石與毛澤東相繼過世之後，兩岸軍事對峙之緊張局勢雖有稍減，直至1987年臺灣解除戒嚴，同年11月開放兩岸人民探親後，兩岸間之經濟、教育、文化等民間交流活動始日益頻繁。自此之後，臺商大舉西進投資各種產業，直接或間接促進中國經濟之快速發展；兩岸間之商業、金融、貿易、教育、文化等交流規範，以及文書認證之必要性，也隨之日益重要，這也是成為兩岸各別設置半官方對口單位「海峽交流基金會」（1991.3.9）與「海峽兩岸關係協會」（1991.12.16）的濫觴，「海基會」與「海協會」扮演兩岸公共事務的溝通交流平臺，在各階段期間所能發揮的功能，均因兩岸領導人的風格而迥異。

　　然而，除了兩會半官方的交流溝通管道外，學術界及關心兩岸交流進展的社團，在過去多年來，亦扮演著兩岸各項公共事務的意見提供者，及幕後隱形推手的角色；基本上，也提供緩和兩岸在制訂及執行各種政策衝突對峙時之意見，或成為被直接諮詢的對象。因此在兩岸公共事務的範疇，也就成為學術界不可或缺之研究場域。

　　本校不動產經營學系鄭博文教授，除在其專業學術領域之教學研究外，平日亦在兩岸個別的公共事務題材上，保持高度的興趣與關心，並針對各種政府政策與時事議題，以學術研究的方法進行剖析，其精闢且立論中肯的著作，經常發表於國內各大知名新聞媒體。本人

在尚未到校就職時，即曾經拜讀其幾篇大作，深為其論見所折服。

　　鄭教授近日將自2011年迄今發表於各大媒體之著作二十餘萬字集結成冊，書中所論及之題材內容相當豐富，皆為其七、八年來針對臺灣與中國大陸個別公共事務議題的論述。其內容共分成三大篇章，在〈臺灣篇〉的部分有住宅問題、都更與防震、經貿示範區、產業政策與規劃、自由貿易協訂、新南向政策、石化產業、食安與美牛豬、前瞻計畫與願景規劃、城市治理、年金改革、護漁、能源政策及日韓新借鏡等。在〈中國大陸港澳篇〉的部分，有自貿區、城市治理及產業規劃。在〈兩岸篇〉部分則有兩岸產業合作與對接、兩岸關係與交流等。拜本書即將付梓及鄭教授特囑為其作序之賜，本人有幸得以先睹為快；對於鄭教授文章時事針砭及相關問題之良方建言，深感其文章之擲地有聲，並有發聾振饋之效，相信亦能被讀者多所認同肯定。本人冀望鄭教授能繼續秉持顧炎武先生「家事國事天下事，事事關心」的精神，在兩岸公共事務的政策議題中多多提出建言，俾以善盡知識分子關心社會國家的責任。是為之序。

古源光
國立屏東大學校長
2018年臘月

作者序

　　唐代貞觀年間，名臣魏徵與唐太宗曾有一段對話：「微臣是個讀書人，書分兩種，一種是有字的書，一種是無字的書，想知道從前事理，須讀有字的書，要想知道國家的現狀、百姓的疾苦，就只能到民間去讀無字的書。」唐太宗李世民聽後大加稱許。

　　《兩岸公共事務筆記》是個人第一本著作，也是多年閱讀國內外公共治理有關書籍，例如：工業4.0、食品安全、城市群發展、產業規劃，加上觀察兩岸時勢、議題及問題而整理的心得，亦是個人讀無字書結合有字書之筆記。

　　本書內容是個人自2011年起，在《中國時報》、《聯合報》、《工商時報》、《旺報》、《蘋果日報》、《南方生活報》、《臺灣公論報》發表之評論文章集結而成，計分三篇：〈臺灣篇〉、〈中國大陸港澳篇〉與〈兩岸篇〉，共有二十單元並採時間序列編排。書中內容均與公共事務議題有關，可作為相關大學院校公共行政、公共政策、行政管理與公共事務管理系所輔助教材。

　　個人在教學之餘從事公共議題評論寫作，最先是受《民眾日報》前總主筆林清強兄之鼓勵，將個人平日與好友或學生討論的內容書寫成文，確實比空談來得有意義，同時也符合大學教師研究、教學、服務的任務，近七年累積二百餘篇，透過議題設定挑選出最佳內容，方便讀者閱讀。

　　本書之成，除向清強兄致謝外，更要感謝《中國時報》、《聯合報》、《工商時報》、《旺報》、《蘋果日報》、《南方生活報》以

及《臺灣公論報》等未曾謀面的主筆與編輯之抬愛，讓個人書生之見能與國人及政府相關部門分享；最後也要感謝黃俊英教授與李瑞麟教授兩位恩師，過去每當拙文刊出時，兩位老師就會來電或來信鼓勵，訓勉我要持續善盡知識分子之責任。

　　今年已屆耳順之年，人生的第一本書同時出版，先父母已離世多年，藉機緣之便，一併用之告慰父母的養育之恩。

鄭博文
2019春天於屏東大學

目 次

推薦序

作者序

壹、臺灣篇

一、住宅問題

1、要成效，打房打七吋

　　財政部如火如荼的推動奢侈稅來打房，個人相當不以為然。因為買屋是人民的「正常」行為，如果是買豪宅課徵豪宅稅還說得通，但目前炒房者從房屋交易所獲得的收益是一種暴利，不勞而獲，因此以奢侈稅名義來打房顯非適當，建議正名為「暴利稅」。

　　其實，在暴利稅未立法前，財政部仍有工具可打房，那就是查稅。昨天媒體報導，臺北市國稅局清查一些大咖房市投資客，發現有人利用大量人頭進行交易，若涉逃漏稅，將要求補稅和重罰。

　　臺北市國稅局這種查人頭的作法，正是俗話說的「打蛇要打七吋」。因為目前炒房者的圖利多數未被課稅，或僅課少量的稅，因此炒房者用盡各種方法，在各行庫取得資金來炒房而獲利。

　　過去這些獲利，財政部所屬的各國稅局，顯然無法有效掌握，更未能按相關稅法規定，在五年內對個人申報所得稅進行稽核。

　　如果財政部能擴大與內政部合作「以房追人」，鎖定大臺北地區的房屋交易頻繁的物件進行稽核，並調閱當事人在各銀行的貸款情況，一來可了解房屋的真實交易金額，以檢視當事人有無漏報或短報；二來可清查各行庫有無不肖行員與炒房者勾結，罔顧行庫倫理將資金貸給不需要資金的炒房者來惡化房地產市場。

　　財政部更可據此，要求各行庫確實負起企業社會責任，倘若金融行庫不聽勸告或不對不肖行員課責，萬一發生類似中華銀行、中興銀行被掏空情形，財政部自不必對這些不顧社會責任的銀行伸出援手；而財政部也可公布，不願意配合政府打房的行庫名單，讓社會明白哪些銀行是有良心的。

　　打房要能成功的路是漫長的，包括政府應要大量興建國民住宅，

但短期而言，讓炒房者「無利可圖、無金可用」方是正途，財政部不要忘了手上的利器──查稅，加油！

（2011年3月25日　聯合報）

2、房市若垮了，業者哪來飯碗？

從近日報紙報導，三二九檔期看屋客大減來看，奢侈稅雖然仍在立法階段，但對房市初步效應已告顯現，也顯示國人對不合理飆漲房價的反感及期許，希望政府能夠挺下去，盡速將法案通過實施，把房地產炒房客及不肖業者的暴利還歸於民。

房地產業者，不論是建商、仲介、代銷業，或許對政府這一波的打房覺得十分無辜，而紛紛表態，政府不應如此打房；但個人要問業者們，把房價搞得如此天怒人怨，難道房地產相關業者沒有任何責任嗎？政府只不過在房市泡沫破滅前，稍微踩個煞車，免得碰到有如美國次貸危機發生時，全民共「慘」。

相形之下，業者更應趁此機會，進行內部整頓並調整體質，清查有無不肖員工勾結炒房客，帶動這一波房地產飆漲，業者在不知情之下，當上了幫凶。

根據統計，2003年底全國房仲店為1,615家，2011年3月底為4,703家，不到八年成長近200%，這是否代表房地產交易太好賺，太有利可圖？才會讓仲介者不斷的展店，更讓房仲量不斷的攀升，保持物價穩定人人有責，房價何嘗不是呢？

由於房仲業的興盛，把房價炒高，再加上建商、代銷商，因為建業成本不透明化，兩者相互偎依，造成預售屋房價飆到天價，目前臺北市已有一坪200萬的行情，儘管消費者怨聲載道、罵聲不絕，但有些業者仍不以為然，提出「每坪15萬的房子和每坪400萬的房子可以並存，互相不衝突。」這句話看似有道理，其實是一句沒有企業社會責任的話，當有人定價400萬一坪時，周邊的房子自然也會水漲船高，跟著「市場比較」被調漲，而形成房地產不合理的漲勢。面對這

股漲風，難道代銷業及建商沒有責任嗎？

　　筆者有一位長輩曾經說過：「鍋裡有飯，比碗裡有飯重要。」看目前的房價如此不合理，房地產業者不應該只顧到自己的碗內是否有飯，更應看大鍋裡有沒有飯，也就是應該檢視目前不合理的房價，是否影響到社會普羅大眾，當大家買不起房子，或房市泡沫化，房地產業的飯碗也勢將不保。

　　有謂：「皮之不存，毛將焉附。」房地產業者想要維持榮景，一定要善盡企業社會責任，那就是維持房價穩定，而不是短視近利的炒房，如此方不會損人也不利己。

（2011年4月3日 聯合報）

3、撐兩年，建商又是一尾活龍？

立院通過奢侈稅立法，凡二年內轉手的非自住房屋及空地，將被課予10%～15%的稅額，房地產不正常的漲風可望受到抑制，房價也有機會向下調降。

某外商房地產公司負責人日前表示，依奢侈稅規定，只要持有人能撐過兩年，業者又可回復「一尾活龍」。看來，奢侈稅課稅限在二年內交易的規定委實太寬鬆些，如果能將課稅期限延長為五年，如此方能讓炒房客、建商持有機會成本及風險提高，並盡可能將多餘房屋釋出，在房屋供給量增加下，價格才能更進一步往下調降，民眾也才有機會買到合理價格的住家。

政府這一波打房行動告一段落後，房價會不會再往上漲？個人認為，如果奢侈稅是以兩年內的交易來課稅，大限一經解禁，炒房客、建商、仲介等當然會再伺機而動，房價自有可能再掀起一股漲風。

另外要提醒政府的是，在後ECFA時代，兩岸經濟交流會更加密切，中國大陸人士來臺投資置產，會是下一波影響臺灣房地產價格重要因素，因此政府有關部門應及早提出對付中國大陸惡名在外的「溫州炒房團」的因應之道，建議不妨參考北京市人民政府的「京版十五條」中的限購，規定未設籍臺灣的中國大陸人士，不能購買臺灣的房地產，或是購買的在五年內有交易行為就課奢侈稅，如此方可建立中國大陸炒房客的「防火牆」，以確保臺灣房地產價格的穩定。

4月13日相關社運團體在「帝寶」抗爭的訴求，是民眾想要有一個價格合理的家，但目前住宅供應幾乎全部操之在建商、財團之手，民眾想要合理價格的家，幾乎不可能存在，臺北市長郝龍斌去年競選連任時，曾一度炒熱社會住宅議題，日前郝市長至香港、新加坡考察

「公屋」與「公房」政策，讓民眾重燃政府要提供平價住宅的希望。

　　兩蔣時代，民眾可以買到平價住宅，也因為有政府供應房屋，民眾有了另外的選擇，就不至於被建商財團予取予求。誠摯的希望馬總統領導的政府，千萬不要拘泥於過去國宅新建效率、效能不彰印象，勇敢引進「公私合夥關係」的新制度，來推動興建國民住宅；當市場有另一股制衡力量，建商、代銷商才不會對房價為所欲為，房價才能維持穩定，而房仲業也就不容易趁虛而入了。

（2011年4月16日　中國時報）

4、公私合夥，平抑房價有望

為平抑都會區房價，經建會主委劉憶如表示，政府最快今年底，就會推出「政府出地、民間興建」的現代住宅，希望民眾「只要租得起，就買得起房子」。

過去，政府曾在各縣市推動國宅興建，但後來政策改變，住宅幾乎全由民間建商及財團一手操縱，在「無殼蝸牛運動」之後，儘管李登輝總統宣示要推出6萬一坪的國宅，以因應無殼蝸牛族之訴求，無奈「6萬國宅」就如曇花一現，很多民眾依舊無法一圓擁有自己住宅的夢。

大臺北房價不斷攀高，主要是因為土地取得成本太高，加上建商的興建成本之後，房價自然降不下來，如果由政府提供土地，建商只需負擔興建成本，房價確有可能壓低。不過，如果平價的現代住宅戶數不夠多，勢必難以滿足廣大無殼蝸牛的需求。

平心而論，在房價節節高升之下，政府每年上千億元的低利貸款，對於緩解高房價地區購屋族的購物壓力並無多大助益，相對地是形成第一波房地產泡沫的柴火來源，也讓炒房建商財團口袋滿滿。因此將低利貸款回歸到「現代住宅」就可讓建商財團、仲介業斷掉柴火，無法再對房價起推波助瀾的作用。

假定政府膽子夠大，在大臺北地區的適當地段，配合捷運路網延伸和公車系統接駁建置，興建大批「現代住宅」，賣給年輕族群，或者是不願再住在老舊住宅，或是建物防震能力不足的民眾，當政府能夠在住宅市場掌握一定供應量時，民間建設公司要想哄抬價格就不那麼容易。

而為免轉手套利情況發生，政府並應實施限制產權移轉政策，住

戶如要出售僅能由政府買回，以免再出現臺北市老舊國宅一坪上漲到 5、60萬元的怪現象，享受國宅優惠者可不勞而獲，無法買到國宅的民眾則徒呼負負；如此不但會振奮普羅大眾，如若有價格合理的「公房」出現，建商、代銷商便會感受壓力，加上政府施 以銀根緊縮，建商自然會自動調降房價出售，仲介業中古屋價格也會隨之下修，房價有可能全面下降。

政府過去的國宅績效或許不理想，但不代表政府蓋不出好的國宅，歐美及日本都運用「公私合夥機制」興建平價住宅，劉憶如提出的「現代住宅」，已有公私合夥的形式，如果政府能夠在各縣市都推出「現代住宅」，非但可能取代過去的國民住宅，也才能真正平抑居高不下的房價。

大家一定都有過這種經驗：當颱風過後的菜價會上漲，政府就會釋出冷凍蔬菜來應急平抑菜價。但目前所有住房供給，幾乎都掌握在民間手上，建商隨意喊價，不但新屋價格居高不下，連帶影響中古屋行情，造成民眾購屋壓力日益增加，政府手頭上如有餘屋或期屋，就不會任由建商予取予求，房價才可能維持平穩。且讓我們期待「現代住宅」早日在市場出現！

（2011年5月6日 聯合報）

5、查稅、縮銀根，最實在的居住正義

　　臺灣的平均房價，並沒有高到全民無法負擔的地步。筆者服務的高屏地區30萬一坪，就可買到像臺北市帝寶般的豪宅，如能有效調控大臺北住宅的房價，其他縣市的房價也會順勢調控。

　　財政部打房政策，除端出奢侈稅大菜外，另外也將查稅的「老菜」一併端出，期盼各地國稅局能夠加把勁，讓這些炒房客們的暴利吐出來，但真正大快人心的是，檢調聯手查出「三黃一劉」的「勇哥」逃漏稅，並向法院聲押獲准。

　　從檢調動作看，國稅局的查稅動作似乎慢了半拍；其實財政部若能與內政部、金管會做好協調分工，就可將炒房客繩之以法。

　　先由內政部督導地政事務所，將過去七年內交易異常的物件找出，以房追人去了解炒房客的金流；金管會再要求各銀行提供貸款資料，財政部各國稅局就可勾稽炒房客有無低報、漏稅。雖是遲來的正義，但還是可以給人民一個公道，同時也應一併清查各房仲業，有無同樣情事發生。

　　容筆者提醒財政部，不要忘記建商財團這些巨鱷，房價炒成百萬以上天價，就是一些無社會責任的財團所引發的，對他們有無逃漏稅更應從嚴稽查。對此，建議財政部從「加值稅」的原理著手，稽徵有無逃漏稅，將建商的每建坪土地原始取得成本，以及推案時、銷售時、每建坪土地分擔成本，來核算其建房過程中的土地加值稅。

　　另外，將每坪的銷售扣除每坪土地分擔成本，再扣除造價成本的差額，來課取純房屋的加值稅，這些動作似乎有些擾民及複雜，但對於缺乏公平正義的財團建商，是不必給予任何寬貸的。只要財政部願意忠實執行人民所給予的公權力，是可以使命必達的。

　　除此再輔以各買家與銀行間的貸款資料，就可有效推估掌握建商財團的銷售額，來檢視有無逃漏營業稅、營所稅。趁查稅七年大限前，更應積極執法，消除民眾對房價暴漲之怨。

　　不過，光查稅是不夠的，縮銀根更是有效方法，對自住者提供低利貸款，是目前政府購房政策的核心辦法，但應限制一人一戶，應把投資保值或投機行為排除。

　　對如「勇哥」涉嫌利用38名「老弱殘疾」親友當人頭，顯然是有銀行當幫凶，金管會應將這些不負責的銀行公布於世，讓民眾了解哪些銀行是幫凶的。但更重要的，是強力規範各銀行要貸款人出示收入證明文件，來證明有還款來消除人頭戶，倘使有銀行不願遵守；央行及公股銀行也應適時回絕其短期融資，如此房價或許就不至於一再被炒高。

（2011年12月9日 聯合報）

6、打房軟著陸，正義仍不足

從馬總統、吳院長開徵奢侈稅以來，其目的在打擊「炒房」，從房地產交易量減少、價格不再飆漲，甚至有建商願意降價，可看到奢侈稅已有成效。

但馬吳真的苦民之苦，深怕出手過重，讓房市急凍會影響臺灣整體經濟，更使小市民資產縮小，進而背負債務，因此選擇軟著陸的五大政策。但立法院通過五法修正案後，相關團體仍不領情，顯示房地產仍有許多不公義現象無法消弭，謹提供下列建言：

(1) 加強查說、再縮營建業銀根：不必立法、修法，立即可針對各地的豪宅個案，進行租稅稽核，讓建商財團暴利無法逃遁，更讓建商無資金柴火在房地產市場四處點火。不要讓其他縣市民眾步上臺北人悲慘局面。

(2) 取消國宅持有一段期間後，可自由買賣：住宅法中仍規定合宜住宅與國民住宅一樣，在持有一定年限後，就可自由買賣而取得暴利，對未中籤或被排除購買民眾，是何等的不公義。建議修改為合宜住宅出售時，僅能由政府原價買回，如此，政府手頭上才始終有平價房來抑制炒房。

(3) 訂定合宜住宅委託民間興建排除條款：住宅法引進公司合夥機制，將合宜住宅及社會住宅委由民間興建，建議排除上市公司投標，鼓勵年輕建築師及有口碑營造業者聯合來投標，讓真正合宜住宅能蓋起來，也排除建商財團不切實際設計風，哄抬造價。

(4) 保護被徵收人的生存權：目前幾個徵收案的紛爭，看似補償不公，但實際上是危及被徵收人的生存權，試想領了補償費，卻無法在當地買一棟房屋或買土地繼續耕作，再怎麼說也不可以用公共利益

大帽子來損及無辜人民。建議目前仍在從事農作土地禁止徵收；土地或房屋被徵收後，補償金無法在原地購房，差額由政府貼補或納入開發商成本。

(5) 恢復永久農地移轉限制：修改農業發展條例，將因糧食安全下之永久農地，禁止徵收及自由買賣，僅能移轉從事農作自然人或農企業、農業合作社，也禁止興建不搭調農舍。

(6) 檢討土地增值稅制度：目前土地增值稅辦法在扁政府時代修法後，變成一個漲價歸私的制度，是這一波炒房的主凶之一。為實現土地正義，漲價歸公，政府有責任修改土地增值稅辦法，讓炒房客持有成本增加，來杜絕房地產炒作。

（2012年1月5日 聯合報）

7、大量合宜住宅，先抑臺北房價

實現居住正義，個人認同李鴻源部長將閒置公有建物改造成青年出租住宅，是一種增加住宅供應方式，但要嚇阻大臺北地區房價不合理的高漲仍然不夠，充分供應合宜住宅才是核心辦法。

民國70年代也曾出現全民不滿與怨氣激盪夜宿街頭的「無殼蝸牛運動」，李登輝前總統為平息民怨，宣示推出一坪6萬元的國宅興建計畫，讓不少無殼蝸牛歡欣鼓舞，並為了等待6萬一坪的國宅，在購屋時採取觀望態度，對業者形成壓力。檢視當年相關報導，李前總統這一招確實奏效，顯示供應平價住宅才是打房的核心手段，有不少建商並因而中箭落馬，房價也因此穩定。

對照中國大陸，近幾年同樣對房地產價格不斷飆漲，讓中國大陸民眾購屋壓力日益增加，也形成首要民怨。面對此一問題，中國大陸當局也察覺到過去一段時間，公房比例僅占市場10%左右，房價幾乎操縱在地產商手上，唯有增加公房供應，才能有效抑制房價。目前中國大陸著手進行的十二五計畫中，就朝規劃興建4,000萬套以上經濟適用房努力，值得有關部會深思。

大家都有過這種經驗，當颱風過後菜價會上漲，政府就會釋出冷凍蔬菜來應急平抑菜價。但目前所有住房供給，幾乎都掌握在民間手上，建商隨意喊價，不但新屋價格居高不下，連帶影響中古屋行情，造成民眾購屋壓力日益增加，政府手頭上如有餘屋或期屋，就不會任意由建商予取予求，也才能平抑房價。

建議大臺北地區的五百坪以下公有地，與其要賣，不如用來鼓勵小建商及年輕建築師改合宜住宅，房價由政府決定，將可蓋出許多合宜住宅，同時規定不能買賣，只能由政府買回。這個構想與劉憶如在

任經建會主委時提出的「現代住宅」想法一樣，再搭配李部長的捷運沿線合宜住宅供應想法，可大量供應公共住宅。如此，大臺北地區房價能控制，其他地區房價也自然能平穩。

（2012年2月23日　聯合報）

8、修奢侈稅，別讓炒房客看破

政府推出奢侈稅打房，法案通過不久，不少業者或炒房客直言挨過兩年，又是一尾活龍，因此無法產生預期的稽徵稅額，是必然的。只能說，政府官員太天眞、心不夠狠，讓不動產相關業者看破手腳。

平心而論，奢侈稅對不正常的交易是有成效的，房價的不正常暴漲的抑制是有些貢獻，但對普羅大眾居住正義的瓦解高房價期待，是有一大段差距。

日前財政部召開奢侈稅修廢公聽會，不動產相關業者全部主張廢掉奢侈稅；對於業者的主張，個人不敢苟同。眼前的高房價問題，就是業者掌握政府法規種種缺失，走巧門所造成的，業者只顧自己眼前手中的利益，而忽略高房價所衍生的各種社會問題。

如果社會處於不安、對立、仇恨，我眞不知道業者的事業要如何永續經營下去；因此塑造一個合理的房地產交易空間，不也應是業者的企業社會責任，盼望業者一起與政府攜手解決高房價問題。

聯合報載，全臺灣有66萬人擁有三間房，顯示囤房現象相當嚴重，倘若這些房屋能在市場「正常」流通，對房價的抑制是有幫助，因此個人建議再將奢侈稅延長五年，再輔以抽銀根來迫使這些炒房客有資金壓力而釋出房屋，說不定會產生平抑房價效果，期望財政部能記取第一次立法兩年無效果的教訓。

奢侈稅是房地產交易的額外稅，要讓炒房客少賺取一些不當利益，但如設計不當就不免會傷及無辜一般民眾。因此在兩年的執行期間有不少缺失，如被逼債而賣房，當事人第一時間舉證，國稅局理應第一時間查核而給予免稅。如能將缺失改善，老百姓就會支持政府作為，不動產相關業者的建議，財政部大可不必理會，賺錢的人多繳

稅，是財政部的天職，更盼望財政部能運用房地產持有租稅成本，解決房地產不正常交易問題，使房地產價格能平穩。

（2013年8月21日　聯合報）

9、別讓高雄人陷於高房價的夢魘

　　2013年4月11日高雄市政府標售一塊土地，換算單價每坪306萬元，是繼2012年2月的216萬元、2012年8月的230萬元，2字頭後的新高紀錄，高雄市恐怕會陷入如臺北市每坪百萬元高房價惡夢。

　　高雄的經濟、人口、就業、所得有沒有大幅成長，就個人長期居住在高雄，答案是否定的，地價、房價如此不合理的飆漲，就是人為在炒作，就高雄市2字頭、3字頭地價都與兩家建設公司有關，兩家公司就是看準高雄房價與臺北、臺中有差距，於是用地價炒作來帶動所謂「補漲行情」，其中一家還上演過房價可下調25%，房價、地價一再被炒作，政府從北到南絲毫不作為，縱容建商一再炒地、一再炒房，真的是嚴重失職！面對第一民怨，政府真的是咎由自取，但苦果是由全民承擔。

　　「奢侈稅」推動已滿兩年到期，就「稅」的目的而言，其績效是不理想的，主因在政府被「炒房客」包括建商財團、房仲商看破手腳，因此房價依然漲聲不斷。過去政府打房措施未能同步進行，以致未形成統合戰力，讓房地產相關業者有機可鑽，繼續享受「暴利」，因此未來政府要強而有力打房亟需各部會能同步攜手合作方能奏效。

　　但要有效解決高房價問題，高雄市還有希望，希望高雄市政府未來區段徵收取得的土地，不要再拍賣，成為助長地價、房價高漲的幫凶，改為用BOT招標蓋合宜住宅，並規定這些住宅不能自由交易，僅能由政府買回，如此政府手頭上握有大量合理價格住宅，才能有效嚇阻建商不合理的炒房。

（2013年11月 南方生活報）

10、高房價是兩岸人民共同的痛

　　中國大陸在改革開放之初，無所謂的「高房價」問題，住房問題呈現是居住品質與住房供應問題，隨著經濟快速增長，引進西方制度，將住房商品化，住房在質量均大幅改善，但並未對西方資本主義的「高房價」文明惡果的進行防制，演變成打房政策一直無法奏效，高房價問題成為中國大陸民怨首位。對照臺灣從李登輝先生執政後期，放棄政府興建國民住宅政策，住宅供應全由私部門掌控，因此對房價變成無發言權，取而代之的是「住宅低利率」的購屋政策，大量資金投入房地產，更助長房地產業者，毫無忌憚的「炒房、炒地」，近五年來的「高房價」問題讓臺灣人民苦不堪言，也成為民怨第一名。

　　中國大陸的打房政策從2008年的「國十一條」開始，2010年的「國十條」、2012年「新國十條」緊接在後，期間也提出「限購令」、「限價房」等措施，一次比一次嚴厲，但房價仍然持續飆漲，因此更積極在「十二五」期間要供應4,500萬套住房為經濟適用房與廉租房，想要把房價壓低，讓人民買得起、住得起，不讓人民抱怨。

　　臺灣打房始於2011年「奢侈稅」及後續的住宅五法，但「奢侈稅」兩年執行期已屆滿，房價依然高居不下，這段期間政府配合住宅法新訂，也推出政府出面的「合宜住宅」與「社會住宅」，但全臺灣未超過5萬戶，杯水車薪，對房價依然沒有發言權，高房價一再破表。

　　粗略觀察兩岸高房價問題與打房措施，發現中國大陸中央政府確實用心在打房，一波又一波，由於地方政府未必完全跟進，因此成效未現，因此進一步主動出擊供應4,500萬套住房為經濟適用房與廉租

房要來掌握房價發言權，但個人從目前反貪腐落網官員的財產，發現落網官員都有十來套房，顯示中國大陸房地產分配是大有問題，因此立意雖好的4,500萬套住房，交到人民手上恐怕所剩無幾，因此中國大陸想要導正政府興建住房流入少數特權人士手上，臺灣推動的房地產總歸戶制度是可借鏡，可杜絕特權人士一再染指政府興建住房，如此人民才有機會購房。

對照臺灣無論中央政府或六都基本上都有「怠惰」情形，不願將手頭上公有土地來蓋「國宅」或「合宜住宅」，只曉得「賣祖產」來平衡預算，但一再賣地卻成為助長地價一再飆漲的幫凶，也成為財團五鬼搬運的工具，因此臺灣各級政府應立下決心，善用各公有土地，運用公私合夥制度（PPP）廣建「國宅」或「合宜住宅」並規定這些住宅要再出售只能由政府買回，如此政府在房地產市場才會有發言權，房價才有機會回跌。

中國大陸「三中決定」很明確指出中國大陸經濟體制仍然以「公有制」為主體，因此中國大陸政府照理可嚴格要求各房地產國企供應更多經濟適用房與廉租房來為人民服務，解決人民痛苦；對照臺灣從李登輝先生執行後期開發，棄守政府興建國宅責任，加上放棄「漲價歸公」的土地增值稅累進稅率制度與大量房貸資金的投入，讓建商財團、房地產炒房客大賺不勞而獲的暴利，使得房價如脫韁之馬一再飆升，因此臺灣政府當局應好好全面檢視目前多馬車各種打房措施，讓建商財團、房地產炒房客無暴利可圖，但在六都大量興建公有住宅是抑制房價最直接有效方法。

（2014年2月26日 旺報）

11、國有土地，此刻不宜標售

　　財政單位標售公有地來改善龐大的財政缺口或赤字的效果是杯水車薪，反而會提供建商財團一個點燃房價向上衝的助力，這對年輕人購屋或中產階級換屋都是打擊。

　　雙北市五百坪以下國有土地遍及大臺北地區，有些是在所謂高級住宅區或鄰近豪宅區，個人認為財政部不妨將這些土地運用公私夥伴關係（PPP）招商來興建合宜住宅，房價由政府根據建商營建成本與建商正常利潤及國有地地價來決定，一方面可以讓建商營建成本與利潤透明化，同時也可壓制建商胡亂定價作為，但這些住宅承購人要出讓時僅能由政府買回，如此國有地的未來增值才不會變成私人所有，造成另一種不公平，而第一時間沒有買到的人才不會有被剝奪感，也讓未來年輕人有機會在各個地區，都能購買區位條件不錯且價位合理的住宅，這種作法讓房地產市場始終有一批便宜住宅，其實是符合住宅經濟學的下濾現象（Filtering Down）原理，也可彰顯財政部在活化國有地資產時，也能兼顧居住正義。除此之外，這些土地也可出租社福團體興建社福設施，因應少子化、高齡化之服務需求。

　　個人建議財政部清查過去國有地標售時是哪些人得標，相信必是建商財團居多，當然可再深入其資金來源，說不定又是借貸公有或公股主導銀行，拿全民的財富去炒地皮再炒房價，以滿足自己財富的積累，置全民生計不顧，這種不義之行當然要譴責與制止，希望財政部能暫停標售國有地想法，要充裕國庫收入最快速作法，即是再恢復過去「土地增值稅」課徵，一方面可增加炒房客持有成本，同時也會增加稅收，因有實價登錄會稽徵更多土地增值稅，修法技術不難，只需把過去土地增值稅拾回即可。

（2014年4月 南方生活報）

12、續推合宜宅，限由政府照價買回

前營建署署長退休後轉任桃園縣副縣長涉「合宜住宅」受賄弊案，震驚全國，也引發政府該不該興建合宜住宅的爭論。現任內政部部長陳威仁表示，中央已無任何興建合宜住宅計畫，前任部長李鴻源則回應興建合宜住宅無助抑制房價，前後兩任部長都未扛下興建公有住宅責任，難怪政府打房始終無效。

臺灣最令人稱道的社會運動，個人觀察為二十五年前的「無殼蝸牛」運動。不久後，李登輝總統下令興建「6萬元」一坪國宅，不少建商就撐不下去，房地產價格就劇跌，顯示政府政策下得對，高房價怎麼會打不下？

「6萬元」一坪國宅不曉得是何因素被終止，取而代之之是政府低利補助民眾向建商購屋，這個轉變政府同時也棄守「興建國宅」。政府近二十年無興建任何國宅配售民眾，這就種下房價一再飆高的主因，政府對供應住宅毫無議價權。

這一波房地產價格暴升，比較二十五年前「無殼蝸牛」運動的房價高出甚多，造成這種困境因素相當多，但兩大主因是關鍵：大臺北地區公有土地標售一再飆新高、政府不再興建配售國宅。

如何解決高房價？首先禁售國公有土地，將這些土地興建大量政府興建住宅，並規定不得轉售，只能由政府照原價買回，個人深信當政府對住宅有叫價權，大眾就有跟建商財團拒絕或議價能力，建商財團目前如此任意囂張叫價應可被糾正。

目前合宜住宅興建弊端，是人為因素，也是制度設計不佳所造成。葉世文先生一手規劃的「合宜住宅」制度，個人一向不認同，明明就是國民住宅，改一個名詞上市後，讓許多「國宅用地」無法投入

興建合宜住宅。國民住宅過去施工品質不佳、工期太長無效率，引發國人對國民住宅無信心；合宜住宅用借殼上市並不是壞事，但許多配套措施未做好，是造成今日只有建商財團可興建合宜住宅弊端，因此對未來合宜住宅推動有兩項建議：

(1) 將目前大規模基地分割小基地或用五百坪以下公有土地來興建合宜住宅，讓年輕建築師投標興建（DBOT），並協助銀行貸款興建。

(2) 合宜住宅取消八年後可自由移轉，只能由政府照價買回，避免未中籤之不公。

兩年前馬總統高倡「居住正義」讓許多民眾相信政府對高房價宣戰，但很可惜政府並未統合所有力量一次出擊，讓高房價問題依然嚴重，政府目前可見到的小努力又出包，真讓老百姓不知如何是好，盼望江院長不要中止你在內政部部長任上推出的合宜住宅政策。

（2014年6月2日 聯合報）

13、禁售國土，禁賣國宅

中研院提賦稅改革政策建議書，報告中指目前臺灣房地產資本利得與持有稅偏低，比高級汽車持有稅賦少。其實這種情況不是今天才發生，主管機關當然難辭其咎。

就拿土地增值稅來說，陳水扁總統修法前累進稅率為40%、50%、60%，土地增值至少還有50%會歸公，修法後只有10～20%歸公，這才是目前房地產資本利得低的主因。

財政部未及時將當年救房市崩盤的修法中止，再回復原來累進稅率，加上房地產資本利得稅賦低及銀行銀根寬鬆，造成房地產價格不斷創新高。

實價課稅雖是未來政府要努力方向，但高房價是否就能抑制，個人不表樂觀。造成臺北市高房價困境因素相當多，其中兩大主因是關鍵：大臺北地區公有土地標售一再飆新高、政府不在興建配售國宅。如何解決高房價，首先應禁售國公有土地，並將這些土地由政府興建大量住宅，並規定不得轉售，只能由政府照原價買回。

儘管合宜住宅因葉世文貪瀆案受國人批判，個人深信當政府對住宅有叫價權，其實大眾就有跟建商財團拒絕或議價能力，建商財團目前如此任意囂張叫價應可被糾正，照價買回也會化解一些不公義聲音。

當政府把漲價源頭打壓下應依實價課稅之後，也可針對房仲業、炒房客、包租公婆進行暴利炒作行為進行糾正，讓房仲業、炒房客、包租公婆無暴利可圖，個人有如下建議事項供相關部會參考：

(1) 請財政部宣布房屋課「奢侈稅」期限延長五年。

(2) 請財政部要更加緊腳步追稅。

(3) 全面檢討都市更新容積移轉制度：不要地價因此墊高帶動房價高漲。

(4) 引進德國獨立房地產價格評估機制：由房地產估價師來評定價格而建商有義務參照執行。

(5) 異常交易資料不列入實價登錄資料。

(6) 對建商財團採更緊縮選擇性信用管制，首購者或換屋者才有購屋低利貸款，其他房地產投資貸款，回歸一般商業貸款，使其炒作成本增加。

(7) 請財政部開徵房仲業相關租稅，消弭地政士實價登錄，賺錢少責任大的不滿。

高房價問題已經讓年輕人失去成家立業鬥志，太陽花學運或許也是年輕人對高房價問題不滿的一種宣洩，希望政府對高房價應該要更有多元作為，才能平息民怨。

（2014年6月7日 聯合報）

14、漲價歸公，回應巢運訴求

　　最近一個月來，財政部房地課稅改革方案先後舉行兩次座談會，方案初步構想是將房地產交易漲價部分視為交易所得，以所得稅方式處理，表面上是要打擊不當炒房、炒地，但仔細看目前所得稅率級距最高也才40%，仍有60%會漲價歸私；同時財政部怕「違憲」之餘，仍刻意保留「土地增值稅」相關辦法，也同意讓未來土地增值稅能抵減房地產交易所得稅，此舉讓漲價進一步歸私，嚴重脫離漲價歸公立憲精神，這就是讓臺灣建商財團整天挖空心思炒房、炒地的最大動能。

　　人民對高房價及房地產業者的不滿在近日再度引爆，二十五年前的無殼蝸牛運動的社運人士發起「巢運」，要在10月4日夜宿仁愛路，抗議政府住宅政策的無能，讓房地產業者大發利市，人民痛苦背負房貸成為房奴。

　　《憲法》第142條規定：「國民經濟應以民生主義為基本原則。實施平均地權，節制資本，以謀國計民生之均足。」平均地權土地政策四大政策：規定地價、照價徵稅、照價收買及漲價歸公，也在《憲法》第143條明文規定，其中漲價歸公規定「土地價值非因施以勞力資本增加者，應由國家徵收土地增值稅，歸人民共享之。」

　　土地增值稅是一種機會稅，有交易才會課徵，民國91年陳水扁執政時，為救當時不動產交易低迷狀況，修正《平均地權條例》第40條及《土地稅法》第33條，將土地增值稅減半徵收，為期二年。更於93年再延一年，但這些修正屬暫行措施，因此再於94年將原40%、50%、60%之稅率修訂為20%、30%、40%。民國91～94年三年救市在政策上是救市有功，但民國94～103年近十年來如此低的土地增值

稅，是讓全民繁榮成果進入私人口袋，難怪連企業家葉國一直呼房地產是日夜都在賺，財政部不思回復原來之稅率，而妄想立新法來打擊房地產暴利，是有點捨本逐末。

　　江宜樺院長在擔任內政部長期間，排除重重困難推動「房地產實價登錄」，初步已讓政府能掌握真正房地產交易價格，這對推動「漲價歸公」的土地增值稅已創造一個立於不敗之地空間，一掃過去因政府無法真正掌握市價資料讓「漲價歸公」成效大打折扣，這或許是過去財政界人士詬病地政界「土地增值稅」理想無法達成之主因，但時空轉變，政府已能掌握真正房地產交易價格，財政部何妨停一下腳步，再檢示原有40%、50%、60%之稅率是不是更能打擊房地產不當炒作。

　　工程受益費與土地增值稅，原本是設計將土地價值非因施以勞力資本增加，逐漸收回讓全民共享，「工程受益費」因縣市政府議員作梗而無法開徵，「土地增值稅」因政府怠慢不願再回復40%、50%、60%之稅率，讓大臺北地區這十年多來因捷運站通車，及快速道路路網完成的房地產繁榮增值現象，盡歸私人口袋，貧富差距日益擴大其來有自。

　　財政部有心進行房地產相關租稅改革應給予肯定，但方向錯了，可能解決不了原先問題，同時訂新法是要比修舊法困難度高很多，盼望財政部能深思熟慮，同時不要忘記國父孫中山先生以及眾多制憲先賢的「平均地權」與「漲價歸公」立國精神，讓房地產無利可圖才是解決人民居住問題的核心，此次風雲再起「巢運」的五大訴求就能迎刃而解。

（2014年8月29日 中國時報）

15、巢運之後，安居仍是個夢

這一次巢運是二十五年前「無殼蝸牛」運動的翻版，其五大訴求，有些方向是對，但緩不濟急，有些可能是不對的，是讓政府或財團名正言順逃避責任。

(1) 停建合宜住宅因噎廢食

首先談居住人權入憲與終結強拆迫遷，這個訴求的前半段要入憲，以目前朝野不信任氣氛，根本不可行，因此不如學韓國訂定「住宅所有上限法」來根本杜絕炒房；強拆迫遷是政府推動公共建設的不得以手段，如果終結強拆迫遷，恐怕許多建設要停擺；強拆迫遷糾紛來自補償不公，被徵收民眾無法用補償金在原地購屋，因此應主張政府要推動拆屋還屋，讓人民不會覺得自己被「公益」剝削。

改善房產稅制與杜絕投機炒作，這項訴求是政府有在回應的項目，但房地合一的稅改，個人不認同，如果房地產價格能實價掌握，扣除房屋建造價，就能掌握真實地價，因此只要將目前平均地權條例第40條及土地稅法第33條20%、30%、40%之稅率調整回40%、50%、60%，甚至到80%，就能做到憲法的「漲價歸公」，同時修法比立新法簡單。

檢討公地法令與停建合宜住宅，公有土地除非有特殊目的不宜再用地上權方式招商，地上權的權利金與公有土地的標售價，並無差別，都是財團建商與房仲業炒作題材，因此除了保留一些公有土地作為未來公益需求外，可分年釋出交由地方政府蓋能由政府買回的合宜住宅；而訴求停建合宜住宅，是因噎廢食的作法，不能因一個葉世文的貪贓枉法，把政府蓋合宜住宅放棄掉，政府不供應住宅讓人民購

屋，未來住宅市場的叫價權，就如同現在掌握在財團建商手上，預售屋從一坪100萬到目前400萬不就是一個不爭的事實，多釋出公有土地來增加合宜住宅，是政府增加住宅供應的最簡單方法。

(2) 住宅政策需跨部會整合

廣建社宅5%及成立住宅法人這項訴求與第三項訴求內容有些競合，釋出的公地當然有一部分可提供作為社會住宅或廉租房，而成立住宅法人個人覺得無此必要且緩不濟急，目前先進國家的公有住宅或賣或租，都是運用公私合夥關係（PPP）來運作，目前政府是朝此方向在努力，但在招標作業偏大型化，易傾向財團，目前的弊案就是證明，只要在招標多做管控及小型化，是可找到負責任的建商來興建合宜住宅或社會住宅。

擴大租屋市場與制定租賃專法的訴求，與目前推動房屋持有稅率差別有矛盾存在，願意提供住宅出租是否能比照自用住宅課房屋稅或其他租稅誘因，沒有這些誘因恐怕不易達成，內政部的租屋平臺成效不彰就是證明；讓房屋所有人能合理的拒絕「壞房客」，或讓房客不會讓房東欺凌來制定租賃專法是有必要，但立專法曠日廢時，能不能由地方政府從中央相關法律找到授權立法，來制定相關辦法。

說實在話，五大訴求並無法呈現目前住宅問題全貌，三年前馬總統看到住宅問題的嚴重性，也提出住宅五法，但並未持續努力關注住宅問題而提出更完整的住宅政策，住宅政策是跨部會整合工作，各部會零星單打獨鬥是遏止不了炒房、炒地，盼望巢運之後政府會提出完整的住宅政策，讓人民能真正「安居」。

（2014年10月6日 中國時報）

16、房地合一稅改的三個不妥

　　財政部長張盛和因推動房地合一稅改等財政措施,獲選全球最佳財長,並決定今年2月提房地合一草案,財政部欲從「房地合一」稅改來遏止房價不合理飆漲,個人覺得有三個不妥。

　　第一個不妥是偏離憲法「漲價歸公」精神。房地合一稅改的結果是讓炒房、炒地與建商財團名正言順將全民對城市進步增值利益多數納入口袋中。國民黨此次九合一大選為何會敗,與執政官員背棄孫中山先生「平均地權、漲價歸公」的主張有絕大關係,坐視這十多年房價一再飆高,使年輕一代購屋無望。此外,新法規定課徵房地合一交易資本利得稅後,其所繳納土地增值稅是可退稅,更讓「漲價歸公」名存實亡,有違憲之虞。

　　第二個不妥是捨易取難。立新法在程序與時間掌握要比修舊法難上許多,過去政府無法做到掌握房地產市價,因此土地增值稅的漲價歸公是不容易做到,遭人詬病,但行政院江前院長在內政部長任內已做到「房地產實價登錄」,政府其實已掌握房地產實價,將房地產實價扣除房屋價,就能掌握交易時地價,再與前一次交易地價對照,就可得到土地漲價空間,並計算土地增值稅。

　　目前建商財團、房仲業者、炒房客的暴利就是來自土地增值,只要將目前平均地權條例第40條及土地稅法第33條20%、30%、40%之稅率調整回40%、50%、60%,甚至到80%,留20%的空間為理財投資報酬或避免通貨膨脹空間,就可以將目前炒房、炒地與建商財團的許多暴利課稅歸公,只要修改兩條文遠比要立一個新法簡易許多,財政部如此大費周章,捨易取難,誠屬不智。

　　第三個不妥是侵犯地方財源。目前地方政府的主要財源是以土地

增值稅為大宗，若依新法規定土地增值稅是可退稅，造成地方政府稅源流失，除非在「房地合一」稅改新法明文規定此項新稅為地方稅，否則財政部訂定此新法有集權集錢以及中央請客地方買單之嫌。

民國94至今十多年來在很低的土地增值稅狀況下，讓土地增值漲價歸私，是這一波全民忙著炒房的元凶，其實是肇因於民國91年陳水扁執政時，為救當時不動產交易低迷狀況，修正平均地權條例第40條及土地稅法第33條，將土地增值稅減半徵收，為期二年，更於民國93年再延一年，但這些修正屬暫行措施，因此再於民國94年將原40%、50%、60%之稅率修訂為20%、30%、40%，完全背離漲價歸公精神。

只要財政部將平均地權條例第40條及土地稅法第33條修法恢復，就可讓土地增值漲價歸公，消弭老百姓對房價一再被炒作的忿忿不平，盼望目前財政部推動房地合一稅改的三個不妥及時踩煞車，重回孫中山的「漲價歸公」精神。

（2015年1月13日 中國時報）

17、重回漲價歸公，才是打房王道

　　財政部部長張盛和先生因推動房地合一稅改等財政措施，獲選全球最佳財長並決定今年2月提房地合一草案，財政部欲從「房地合一」稅改來遏止房價不合理飆漲，個人不大認同，認為財政部此次房地產稅制改革除對遏止房價一再飆漲的效果有限除外，稅改實際結果是嚴重偏離中華民國憲法的「漲價歸公」精神，讓全民對城市進步增值利益多數納入少數人手上，財政部立新法是讓全民增值更名正言順的歸入私人口袋，更助長財團建商用更多不正手法，大大炒房炒地，國民黨此次九合一大選為何會敗，個人深深覺得國民黨的執政官員背棄國父孫中山先生「平均地權、漲價歸公」主張，坐視這十多年房價一再飆高，使年輕一代購屋無望，進而用選票唾棄國民黨。

　　財政部主張「房地合一」的房地產租稅改革方案，是否能打擊房地產投機，個人是存疑的，的確目前世界許多國家是採「房地合一」在課徵房地產交易稅，來導正所得分配與杜絕投機，但國情不一樣？國外的學理也不見得是正確，中國人向來篤信「有土斯有財」，因此偏愛置房產、地產，在農村社會有大地主剝削貧農情勢，是典型的貧富不均，歷代歷朝的大變亂都來自政府無法好好處理貧農問題，迫使農民揭竿起義，而中華民國國父孫中山先生也鑑於西方工業革命後都市快速成長，地價、房價高漲讓貧民無立錐之地，流落街頭，孫中山先生因此整合東西方房地產問題，手創「平均地權、漲價歸公」主張，中華民國制憲時也將此主張入憲，目前「土地增值稅」的徵收的法源在此。民國91年陳水扁總統執政時，為救當時不動產交易低迷狀況，修正平均地權條例第40條及土地稅法第33條，將土地增值稅減半徵收，為期二年。更於民國93年再延一年，但這些修正屬暫行

措施，因此再於民國94年將原40%、50%、60%之稅率修訂為20%、30%、40%。民國91到94三年救市在政策上是救市有功，但民國94至103年近十年來如此低的土地增值稅，讓土地增值漲價歸私，就是讓全民忙著炒房的元凶。

韓國的目前交易制度改革（住宅所有上限法）、（開發利益回收法）、（土地超過得利稅法）與孫中山先生的「平均地權、漲價歸公」主張非常近似，同時韓國目前也在引進（土地公概念），希望能夠將解決韓國最近三十多年的不正常房價爆漲，還給韓國人民居住權，韓國已朝「平均地權、漲價歸公」主張改革，臺灣尤其是國民黨，怎麼可以背離孫中山先生的「平均地權、漲價歸公」。

的確過去政府無法做到掌握房地產市價，因此土地增值稅的漲價歸公就不容易做到，遭人詬病，但行政院江前院長在內政部長任內已做到「房地產實價登錄」，政府其實已掌握房地產實價，將房地產實價扣除房屋價（建築成本價），就能掌握交易時地價，再與前一次交易地價對照，就可得到土地漲價空間，並計算土地增值稅，目前建商財團、房仲業者、炒房客的暴利就是來自土地增值，只要將目前平均地權條例第40條及土地稅法第33條20%、30%、40%之稅率調整回40%、50%、60%，甚至到80%，留20%的空間為理財投資報酬或避免通貨膨脹空間，是一個比較簡單的抑制房地產炒作方式；再配合對目前不合理的房屋稅進行調整，如用美、日房屋稅率，來遏止囤房、炒房，民眾深惡痛絕的房價自然就會向下調降。

（2015年2月 南方生活報）

18、居住尚未正義，政府仍需努力

聯合晚報報導二十年來，臺北市房價翻近兩倍，三房房屋沒2,000萬別想。日前通過的房地合一稅制，其稅收第一年初估42.5億元，若與103年政府減半徵收的土地增值稅1,066億元相比，政府至少漏掉的1,023.5億元，讓未來炒房者仍留有相當大的空間，因此房地合一稅制僅是居住正義的一小步，倘若中國國民黨以為是一項成就，真的是愧對孫中山先山及創黨先賢。

民國91年陳水扁總統執政時，為救當時不動產交易低迷狀況，修正平均地權條例第40條及土地稅法第33條，將土地增值稅減半徵收，為期二年。更於民國93年再延一年，民國91到93三年，土地增值稅減半徵收救市成功後，就應退場，但這些修正屬暫行措施陳水扁總統卻在民國94年法制化，將原40%、50%、60%之稅率修訂為20%、30%、40%，因此從民國94至104年，十年來如此低的土地增值稅率，讓土地增值漲價歸私，就是最近五年炒房的最大元兇。

馬總統上任後確實有關注炒房問題，也提出住宅五法來因應，但始終未針對土地增值漲價歸私問題提出有效解決之道，個人曾翻閱財政部2013年財政統計年報發現，近十年政府土地增值稅減半徵收平均每年少收800億元；換言之，每年有800億元流入炒房客之手，政府目前的房地合一交易稅第一年初估42.5億元，是對800億元抽取一小部分，是會讓炒房有些微心痛，但仍不會斷其炒房決心，因此調整目前平均地權條例第40條及土地稅法第33條20%、30%、40%之稅率為40%、50%、60%是有其必要性。

行政院江前院長在內政部部長期間，排除重重困難推動「房地產實價登錄」，初步已讓政府能掌握真正房地產交易價格，這對推動

「漲價歸公」的土地增值稅已創造一個不敗之地空間，一掃過去過去財政界人士詬病地政界「土地增值稅」理想無法達成與公告現值的引發各種缺失與計算不易，使「漲價歸公」成效大打折扣，但時空轉變，政府已能掌握真正房地產交易價格，這些缺失是可透過修正平均地權條例與土地稅法相關條文來消除與克服。因此希望行政院、財政部、內政部能攜手合作依「房地產實價登錄」之成果研修土地增值稅制，使不勞而獲的暴利能漲價歸公，才有可能讓炒房者放棄將房地產作為投資理財工具，使房屋需求回歸為民生基本需求，當無炒房需要時，房價自然就會向下修正，民眾負擔自然減輕，居住正義才有機會實現。

（2015年7月 南方生活報）

19、房仲多如超商，正視三怪象

　　張部長至今都不鬆口承認財政部有打房政策，個人認為房價不合理本來政府就應該出面干預，不然要政府何用？政府協助人民安居天經地義，如果政府不干預，為何要政府提供低利貸款供民眾購屋？政府發現不公不義現象當然要出手，不打房就是失職。國民黨為何九合一大選會失敗，高房價問題並未因奢侈稅而解決，高房價一直為民眾所痛，讓人民厭惡國民黨的無能，更凸顯出財政部在打房議題上未盡力。

　　張部長直白地用便利商店來形容房仲業密集度，確實如此，尤其雙北地區房仲業密集度實在令人匪夷所思。東森房屋王應傑董事長指出，六年前臺灣房仲業有3,000多家，目前則有7,000多家，成長一倍多；張部長應深思的是，為何房仲業一家一家地開張，是不是有高報酬現象，而這些高報酬財政部是否有稽徵到稅金，倘若沒有，就應該好好探討房仲業營業額能否作為新的稅源。

　　三十年前房仲業是為人詬病的行業，近二十年來在政府大力推動房屋仲介經紀人與營業員制度，比較上軌道；由於房地產交易金額相當大，也因此發展成房地產的主力產業，蔡英文的安居三策未納入，凸顯蔡主席對房地產產業的陌生與無知。即使今日房仲業已制度化，但個人依然看見房屋仲介經紀人與營業員良莠不齊，原因無它，這行業不需要本金，願意吃苦、能賣出房屋，年收入超過百萬不是夢，大量轉職人士對法規或禁忌也未必熟悉，致購屋糾紛依然是消費糾紛大宗。

　　房地產交易實價登錄，對替人代書的地政士課予申報不實處罰，卻不對促成交易、清楚買賣價格的仲介人員課責；仲介業的酬勞費是

成交價的4～6%，比起地政士收費多得多，難怪地政士對申報不實處罰忿忿不平。

　　政府應好好整理房仲業這三怪象，使房仲業人員素質更佳，讓實價登錄與實價課稅順利推展，房屋交易糾紛有效防範，讓民眾安心買房成家。

（2015年10月28日 聯合報）

20、臺灣土地宣言，別忘了國父的平均地權

　　國父誕辰紀念日前夕，面對國內土地政策失衡，產官學界人士宣布成立「臺灣土地社會聯盟」，發表「臺灣土地宣言」，呼籲政府召開「全國土地會議」並制定〈土地基本法〉與〈國土計畫法〉。個人的最大感慨是，國人已將國父孫中山的平均地權忘得一乾二淨。

　　猶記四十年前，大學《中國土地制度史》課，授課王文甲教授一再強調歷代動亂，肇因於「人地不均」，當人民窮無立錐之地時，一有機會就揭竿起義，改朝換代應運而生，孫中山鑒於歷代動亂與觀察西方工業革命後，城市文明也因「人地不均」引發種種弊端，而手創「平均地權」來解決「人地不均」問題。

　　〈土地基本法〉或〈國土計畫法〉，如離開「平均地權」思想，是無法解決「人地不均」衍生的不公平或不均衡問題；目前有〈土地法〉、〈都市計畫法〉、〈區域計畫法〉，但都不落實「平均地權」精神，土地或房地產變成有心人士獲取暴利的工具，造成貧富差距擴大，資本家不願投資生產事業與年輕人失去成家立業光明心。

　　臺灣2,300萬人口，近千萬人集中在北北桃基宜五縣市，房價、地價近十五年一直高漲，肇因於陳水扁執政時，為救當時不動產交易低迷狀況，將土地增值稅減半徵收，但救市成功後卻不願回復，倘若不解決土地暴利問題，要用國土計畫法解決不均衡問題，進而影響房地產價格，是不可能任務。南韓、日本都有國土計畫法與國土計畫，但首爾、東京房地產價格依然不下跌，便是個證明。

　　現行土地政策與法規，存在許多不足與缺失，產官學人士呼籲政府要重視炒房、炒地這些不公不義現象，但沒有國父的「平均地權」思想，杜絕不了炒房地產暴利。

（2015年11月15日 聯合報）

21、住宅政策不及格，辯論補充吧

距總統大選投票日僅剩一個月，對選民來講，這次總統大選是最無奈的一次大選，不但看不到候選人的治國藍圖，連起碼的辯論會也推三阻四的不願意接受選民考驗，讓選民最關心的住宅問題無法得到澄清，叫選民如何將寶貴一票投下？

蔡主席的住宅政策比上一屆大選政見有進步，但仍昧於事實，政府根本無錢也無能在八年內蓋出20萬戶社會住宅；同時也太針對性的偏重大臺北地區與年輕人，不是一個全中華民國總統的作法。

朱主席的作法，蓋3.4萬戶公共住宅，避開政府無錢也無能問題，但想從大臺北地區的大量空屋來替代社會住宅興建，可惜未能交代清楚獎勵方式或租稅手段，與蔡主席的社會住宅政策一樣，很可能做不到。

至於宋主席的住宅政策，類似上一屆大選蔡英文運用都市更新的獎勵容積來興建公共住宅；但大規模都市更新除了作業困難外，這些住宅會引發另一種新居住糾紛，個人觀察應該也是不可行。

三組候選人的住宅政見評述，都未觸及住宅核心議題，也都未兼顧標本。

首先談未觸及住宅核心議題。人民買不起房屋，無法圓人生大夢「成家置產」，是許多上班族或社會新鮮人的痛。

高房價問題形成原因很多，但可歸納四大主因：一在政府怠惰，不願意大量興建公有住宅售給民眾，讓建商財團剝削民眾；二在政府標售公地，帶動炒高地價，進而讓建商財團有機會炒高房價；三在土地增值稅減半徵收，讓房地產投資有暴利可圖，使投資需求超越消費需求，讓房價一再飆高；四在寬鬆貨幣政策使炒房投機客低成本取得

資金來炒房。

　　蔡主席的住宅政策不思面對真實住宅問題，卻想以類似安慰劑的「社會住宅」來解決人民住的需求，問題在目前的空屋率若能透過租稅手段與修改保障出租人與承租人兩方權益，社會住宅根本不需要20萬戶。朱主席是看到了高空屋率，但如何用租稅手段來達成，並未具體交代。

　　再談標本未兼顧。人民要買合理價位的房屋來圓成家之夢，因此短期治標，當然是政府要蓋「公共住宅」讓人民有選擇希望，某種程度人民也可向沒良心建商說「不」。同時對居住在舊市區中壯年民眾應鼓勵與獎勵自我改建住宅，讓民眾能配合高齡化時代的來臨，安享老年退休生活，也是一種另類住宅供給方式。這種方式只有興建成本，政府或許可進一步考量。

　　而治本當然是要好好運用實價登錄時機，大翻修房屋、土地稅法，確實做到國父孫中山先生的「漲價歸公」，消弭不當炒房、炒地惡風，使住宅回歸居住消費需求，高房價問題或許就有機會平抑，人民對購屋或許就不會如此無望與絕望。

　　沒有辯論，三組總統候選人恐怕不會再提出住宅政策的新論述，這對選民非常不公平。個人期盼有總統大選辯論，讓三組候選人將其不及格的住宅政策好好補充陳述，讓人民能安心「安居」。

（2015年12月16日 聯合報）

22、老人住宅也是社會住宅

　　新政府要在臺北都會區興建15萬戶社會住宅，對目前臺北都會區居高不下空屋率絕對不是一件好事，個人也曾為文指出此舉會排擠未來政府支出，對諸事要處理的新政府絕對不是易事也不是好事，希望新政府主事人不要執著選前政見，好好務實盤點目前臺北都會區的住宅問題現況，對症下藥方能有效解決民怨。

　　高齡化社會已來到，國中第一屆畢業生的蔡總統今年也邁入60歲大關，但臺灣的老人住宅是嚴重不足，根本談不上規劃與興建，因此個人建議可將15萬戶的社會住宅調整5萬戶來規劃興建老人住宅，這些老人住宅的興建與營運是可運用公私合夥關係（Public-private partnership, PPP），而這些老人住宅的出租可要求市民將其原有大坪數房屋信託給出租機構，並以其租金來支付老人住宅，如此至少將會有5萬戶住宅流入租賃市場，老人住宅的資金回收就不會有問題，也保障老人有部分租金收入，同時會讓住屋需求者更有多元選擇，對未來租金的抑制可能會產生一定作用。

　　老人住宅的規劃與目前一般住宅絕對不同，換屋對目前房屋所有人絕對不是其最好選擇方式，但面對高齡化時代政府還是要負起照顧老人住宅需求，因此個人提出運用兩種機制：公私合夥關係、房屋信託來解決老人住宅需求問題，配合這兩種機制運作，新政府是可鼓勵民眾成立新型地產經營公司或非營利組織來操作老人住宅興建與出租、與一般住宅房屋信託與出租並藉由這些服務提供來獲取報酬，一方面解決市民住宅需求，另一方面也創造出新的就業機會。

　　老人住宅的興建土地不必大面積，因此臺北都會區國有、市有五百坪以下土地不需要被拍賣而成為地價高漲的幫凶，都可作為興建

標的，可讓欲創業的市民或團體提供新的機會，是可讓住宅市場注入一股活泉，盼望新政府在推動社會住宅時，也能注意老人住宅，畢竟老人住宅也是社會住宅的一個重要環節。

　　新政府如果願意興建老人住宅時，其實就可導正目前大批社會住宅集中在三大都會區行為，當各縣市都有推老人住宅時，說不定會引起三大都會區的老人回流到小城市的老人住宅，也釋出其原有房屋給民眾，當然有助於疏解人口集中都會區與都會區房屋需求壓力，進而平抑房價，期盼新政府能將老人住宅納入社會住宅，讓住宅政策更臻完善，同時這些老人住宅社區也可規劃引進長照A旗艦型或長照B專賣店基地，有一魚兩吃之成效。

（2017年1月 南方生活報）

二、都更與防震

1、都更蓋社宅，難圓有屋夢
2、停止一坪換一坪的都更案
3、房屋耐震檢測，一石三鳥
4、提前補助改建，加速推動都更
5、只要測耐震、外牆，老屋健檢無須全面補助
6、都更給錢給人更實在
7、加速都更正本清源之道
8、打破一坪換一坪模式

1、都更蓋社宅，難圓有屋夢

　　民進黨總統參選人蔡英文發表「十年政綱」中的住宅篇，主張社會住宅必須「只租不售」，且社會住宅存量目標為都會區住宅的10%；此外，蔡英文並稱將由政府主導，推動大規模的「公辦都更」、大規模更新老舊社區，讓社區發展與社會住宅、都市再造能三者合一。口號相當響亮，卻未必可行。

　　大臺北地區房價，飆漲到令中產階級無法負擔換房，也讓許多年輕人前途茫茫，深怕一輩子都買不起住宅，形成最大民怨。

　　為解決問題，政府祭出「奢侈稅」，在打擊房地產炒作產生一定效果。馬吳也體會到，房價如若是極速下降，對臺灣經濟的傷害將會十分重大，因此選擇用增加公共住宅來讓民眾有新的選擇，並讓建商不再炒作房價，讓房地產價格穩定下來，也讓民眾焦躁的心能夠放下來。

　　社會住宅、合宜住宅都是學術名詞，都屬「公共住宅」，目前內政部營建署在「住宅法」草案尚未立法通過前，就便宜行事招商興建合宜住宅，似乎有些「不合宜」，因為本質上所謂「合宜住宅」即是國民住宅，而合宜住宅在住宅法草案中依然與國民住宅條例一樣，規定購買人在持有一定年限後，就可自由轉讓，這是一個非常不合宜與不公義的措施。

　　基本上國宅數量不多，政府動用公權力排除多數民眾來購買，讓弱勢族群優先購買是國家對特殊族群一種恩惠，但畢竟僧多粥少，國宅申購大都用抽籤來決定，因此就有人放話，合宜住宅抽中就可賺到一筆橫財，對當時一起抽籤但未抽中的人是何等的不公平，對全體納稅人又是何等不公義。

相較下，經建會所推出的「現代住宅」計畫已把這種規定排除，因此個人強烈主張，內政部不妨把這一不合宜的規定刪除，並明文規定，未來政府興建住宅僅能由政府照價買回，如此政府手頭上才有便宜房屋，對平抑房價或許有些助益。

過去政府蓋國宅有許多問題，或許營建署要用一個新風貌呈現給國人，因此在住宅法草案中，引進「公私合夥機制」使未來公共住宅，能蓋得又好又快又便宜。相較之下，蔡主席的政見用「都更」來進行不但曠日費時，且造價更高昂，對抑制房價一點助益都沒有，對要一圓有屋夢想的民眾更是毫無意義。

（2011年8月19日　聯合報）

2、停止一坪換一坪的都更案

　　大臺北地區近十年房價不斷飆漲，此與建商「一坪換一坪」的都市更新方案實在脫不了關係，主管機關也不查明建商背後操作邏輯，居然還加碼同意增加容積率與容積移轉來鼓勵，讓大臺北地區中古屋變成搶手貨，致許多無知市民幻想「舊屋換新屋」美夢，房仲業也順勢而為，炒作都更議題，因而房價與政府標售公有地價格交織作用下，一再破表，令人直呼臺北居大不易；某候選人亦主張「一坪換一坪」的都更案，實在是不了解建商哄房炒地的手法。

　　鬧得全國沸騰的文林苑案，是典型「一坪換一坪」的都更案，現住30戶，透過加碼同意增加容積率與容積移轉，整塊基地變成可容納86戶，成為高密度住宅；表面上大家都受益，但這個案子與其他案宛如打麻將是一家贏三家輸，贏家是建商，輸家是政府、現住戶與新購戶。

　　文林苑現住戶表面看起來不出資一坪換一坪就有新房住，但問題在原有土地從30戶變成86戶持分，現住戶持分少掉2/3；換言之，現住戶是拿少掉的2/3土地去折價換新房，一坪換一坪大有玄機，天下哪有白吃的午餐；其次，新購戶其實也沒占到便宜，一次在地價，另一次在容積移轉時，建商低價高報賺取差額，最後政府不但奉送容積獎勵，也同意建商用低價取得之容積在本區使用，讓建商賺取差價同時，也協助建商融資，這種一家贏，三家輸之一坪換一坪都更案，整體而言雖非完全買空賣空，卻不符合公平正義。

　　尤其，地有時可能不是建商持有，因此少了購地成本，透過低價取得移轉容積與政府獎勵容積，除可滿足原有住戶需求外，剩餘容積以文林苑來說多了二倍，讓建商可賣56戶，其賺取的金額絕非如

建商所言微利，而是暴利，個人要說的是，建商若遇到類似王家這種釘子戶，也有可能會資金不足撐不住而垮臺，血本無歸。這是其最大風險，倘若能克服或事先排除，一坪換一坪的都更是一本萬利的好生意，從大臺北地區如此多的都更案就可明證。

　　前陣子，前行政院長陳冲在報紙為文〈另種QE充斥的社會與容積率為例〉也直陳目前容積移轉是讓建商有暴利可圖，係造成房價不斷攀升的主因。為了都市公共安全與城市美觀，都市更新推動確有必要，但推動結果反讓大家居不易，是全民所不樂見，期盼柯文哲市長後能重新思考新的都市更新方式，除讓都市居民能有更安全舒適環境，更盼待都更不要淪為炒房的工具，讓臺北的房宅行情能合宜穩定。

（2015年1月 南方生活報）

3、房屋耐震檢測，一石三鳥

小年夜的暗夜強震，讓許多家庭的家園頓時化為瓦礫，幸而生存者則要面對可能一生積蓄都變成泡沫的悲劇，因此政府對未來如何讓民眾能夠買到一個安全的家，應該要列為積極應辦事項。

1995年的阪神大地震，奪走6,434位日本人生命，日本政府記取這個悲劇，積極推動防災減災工作，尤其是耐震及不燃化，而這些成果在新潟大地震就獲得減災效果，這兩項政策日本政府仍然持續進行，值得臺灣未來新政府學習。

從相關資料可明白大臺北地區屋齡超過四十年以上有30～40%之多，這些房屋多數是在921大地震之前興建，其防震能力比後來興建的房屋要來得差，房屋能否禁得起類似此次規模的地震不無疑問，為確保民眾的居家安全，政府有必要立即推動房屋全面耐震檢測，不妨就從臺北地區先起動。

日本政府正著手4.0版的防災規劃，耐震及不燃化依然是主要工作。耐震是由政府邀集相關團體，如建築師、土木技師、結構技師通力合作執行，民眾也會因檢測結果進行改建或補強，政府配合檢測結果給予改建或補強補助與貸款，使民眾有個真正安全的家。耐震檢測經費由政府支應，此措施也讓建築師、土木技師、結構技師度過經濟不景氣的窘境。

日本政府的耐震工作推動可說上是「一石三鳥」：一方面讓民眾有安全的家，一方面讓建築師等技師有業務承接，最後一鳥是改建或補強會帶動消費內需。耐震工作推動有如此多好處，盼望張善政院長能及時推動房屋耐震檢測計畫，並將檢測結果公告通知各所有權人，不改建或補強者也應公開，以免民眾買到耐震不足房屋，如此才能避

免臺南維冠大樓悲劇再次發生。盼望未來房地產交易時，無論屋主或仲介業者、建商，都要提出房屋耐震證明，確保民眾能買到真正安全的家，別讓民眾一生積蓄瞬間消失。

（2016年2月16日 聯合報）

4、提前補助改建，加速推動都更

過年前一場南臺大震，再次提醒國人要重視都市更新。去年科技部首次公布臺灣的「地震危害潛勢圖」，從公開的資訊中提醒，位於臺灣西南部及東部地區的三樓以下的低矮老舊房子，要特別注意六、七級以上的大地震。此次大震造成臺南不少房屋受損，更加印證都市更新工作推動的迫切性。

目前都市更新工作大致區分為公辦與民辦，但一般民眾的都更工作都鎖定在能適用獎勵措施的都更才叫都市更新，而誤解政府推動都市更新過於緩慢，聲稱臺北市要花2,000多年才能完成都更。

鬧得全國沸騰的文林苑案，是典型獎勵民間辦理的都市更新，其特色就是「一坪換一坪的都市更新方案」，現住戶30戶，不出一分錢就有新房屋；而實際上，文林苑現住戶表面看起來不出資一坪換一坪，就有新房住，但問題在原有土地，從30戶變成86戶持分，現住戶持分少掉2/3。換言之，現住戶是拿少掉的2/3土地去折價換新房，一坪換一坪是騙人把戲，天下哪有白吃的午餐，這也是這一波臺北市房價高漲元凶之一。

個人覺得一坪換一坪的都市更新方案，是一種買空賣空行為，地有時可能不是建商持有，因此少了購地成本，透過低價取得移轉容積與政府獎勵容積，除可滿足原有住戶需求外，剩餘容積以文林苑來說，多了二倍，讓建商可賣56戶，其賺取的金額絕非如建商所言微利，而是暴利。

但個人要說的是，建商若遇到類似王家這種釘子戶，也有可能會資金撐不住而垮臺，血本無歸。這是其最大風險，倘若能克服或事先排除，是一本萬利的好生意。

　　一坪換一坪的都市更新方案，在其他地區因地價低而無市場炒作，因此非臺北地區都更工作是幾近停擺；面對大地震威脅，非臺北地區當然需要新的都更方式。

　　新的都更方式，個人比較傾向用補助與獎勵方式來進行，只要住戶願意同意改建每戶補助200萬，並由政府支付重建建築師設計監造費，重建費用扣除200萬，不足額由銀行全額貸款，興建期間利息由政府負擔，完工交屋後再由私人負擔計息，利息比照國宅低利貸款。

　　個人提出此構想是，目前建造成本一坪約10～15萬元，三十坪房屋造價在300～450萬間，倘若政府能將房屋因災害全倒或半倒的慰問金250～500萬，提前讓有可能受損的住戶補助改建，每戶建議為200萬，說不定會減輕政府的負擔，同時也讓民眾有一筆更新費用，而更放心參與都更工作。這種思維，全臺都可適用，盼新政府能思索，確保人民的生命財產安全。

（2016年2月19日 聯合報）

5、只要測耐震、外牆，老屋健檢無須全面補助

耐震只是房屋健檢中的一項，但攸關人民生命財產安全，若由政府全面補助推動，個人表示支持，日本政府就是如此。

房屋健檢項目眾多，如建築外牆、管線、漏水等，除外牆磁磚脫落會傷及路人外，從受益者付費角度來看，屋況關乎房屋交易市場價格，因此房屋健檢無須全面補助。

房屋健檢如同個人體檢，有健保給付的陽春型，也有動輒幾萬元的體檢，一般而言，若陽春型的體檢出現不好的狀況，再進一步做更詳細檢查，因此當耐震不足時，再要求住戶全面體檢，並給予適當補助，才是比較合理的作法，這也是個人觀察到日本的作法。

臺北市前市長郝龍斌主政時，曾推房屋健檢計畫，主要目的在發現建築外牆脫落危險，也協助住戶進行多項目屋況檢查；由政府免費檢查，住戶當然樂意配合。但說實在話，此項政策只有財源充裕的臺北市才玩得起。

行政院拍板要擴大老屋健檢範圍，估計全臺有60萬戶可申請健檢，若健檢項目不明確化，經費會異常龐大，勢必會排擠其他政務支出，因此個人期盼張內閣能及時踩煞車，僅補助房屋耐震與外牆脫落即可。讓臺灣這60萬戶房屋耐震能力透明化，一方面讓民眾能及時補強住家，另一方面可避免民眾買到昂貴而耐震不足的房屋，衍生不必要的糾紛。

有些住戶可能因房屋顯然耐震不足而不願主動申請耐震檢測，政府也無須用強制手段，只要未來房屋交易將耐震列入必要事項，要求屋主出示房屋耐震證明，屆時拒檢的住戶只得自費檢測；當然，資訊公告時也標記此屋未做耐震檢測，就可避免民眾讓買到耐震不足的房

屋。

　　房屋健檢後續作業才是政府要面臨的課題，日本對房屋耐震檢測、房屋健檢、房屋改建與維修與公寓大廈防災，有一套詳實計畫與各種操作手冊，盼張內閣也借鏡日本政府相關房屋健檢配套制度。

（2016年2月27日　聯合報）

6、都更給錢給人更實在

　　蔡總統與新政府想要藉由都市更新推動來點燃內需投資與消費，也指示內政部加速修改都市更新相關辦法，並提出新獎勵方案，從相關新聞報導新獎勵方案其實是新瓶舊酒，無法讓相關業者心動。都市更新工作是馬政府十大重點服務業之一，當時也帶動不少房地產業者積極投入，許多業者也都碰到類似文林苑最後一戶無法溝通而停擺，文林苑是業者運用都市更新的相關法規，動用公權力拆除，才動工興建，目前已完工，原住戶與最後一戶釘子戶，想必都已入住。但當時氛圍都市更新人人皆喊殺，逼得政府修改都市更新相關辦法，修正案目前仍未通過，讓許多業主打退堂鼓，因此蔡總統想要在都市更新工作有所突破，是要有一些新思維方有成功機會。

　　前政府的都市更新工作基本上是以建商做主體，因此操作模式是喊出「一坪換一坪」讓屋主心動，但個人覺得此舉是一種買空賣空行為，地有時可能不是建商持有，因此少了購地成本，但藉由不同法規的容積獎勵規定，增加容積來取得獲利空間，鬧得全國沸騰的文林苑案，是典型獎勵民間辦理的都市更新，其特色就是「一坪換一坪的都市更新方案」，現住戶30戶，不出一分錢就有新房屋，而實際上文林苑現住戶表面看起來不出資一坪換一坪，就有新房住，但問題在原有土地從30戶變成86戶持分，現住戶持分少掉2/3；換言之，現住戶是拿少掉的2/3土地去折價換新房，一坪換一坪是騙人把戲，天下哪有白吃的午餐，其後遺症是房價、地價都被炒高。

　　文林苑目前已交屋其賺取的金額絕非如建商所言微利，但個人要說的是，建商若遇到類似王家這種釘子戶，也有可能會資金不足撐不住而垮臺，血本無歸，這是其最大風險。倘若能克服或事先排除，一

坪換一坪的都市更新是一本萬利的好生意，從大臺北地區過去有如此
多的都市更新案就可得到證明，而協商釘子戶是目前臺北市都更建商
最大的痛也是都更龜速停滯不前的主因，文林苑事件更是宛如拒絕都
更的護身符。

　　一坪換一坪的都市更新方案在臺灣其他地區因地價低而無市場炒
作，因此非臺北地區都更工作是幾近停擺，面對大地震的威脅，非臺
北地區當然需要有新的都更方式，新的都更方式，個人比較傾向用給
錢與給人的獎勵方式來進行，只要住戶願意同意改建每戶補助200萬
元加上兩年租金補助50萬元，並由政府聘請重建建築師並支付設計監
造費，重建費用扣除200萬元，不足額由銀行全額貸款，興建期間利息
由政府負擔，完工交屋後再由私人負擔計息，利息比照國宅低利貸款。

　　個人提出此構想是目前建造成本一坪約10～15萬元，三十坪房
屋造價在300～450萬元之間，倘若政府能將房屋因災害全倒或半倒
的慰問金250～500萬元，提前將慰問金變成住戶改建補助金，每戶
個人建議為200萬元，說不定會減輕政府的未來負擔，同時也讓民眾
有一筆更新費用而更放心參與都更工作，這種思維包括大臺北地區，
全臺都可適用，同時是由住戶合意而成，可能會減少住戶想要暴利成
為釘子戶行為，盼望蔡總統能思索直接給人給錢來協助住戶推動都市
更新。

　　釘子戶是多數建商多年以利誘之養出來的，民眾要住新屋不花錢
是講不過去的，花不到300或400萬元，就能在你的居住環境重住新
房，可能比你賣掉舊房再補上300或400萬元也買不起原地段新房，因
此個人由衷推薦給錢給人的簡單都更，對負擔不起的住戶，政府不妨
用設定抵押權方式來解決，一方面確保人民的生命財產安全，另一方
面也創造內需，是一舉兩得新思維。

（2016年12月22日 工商時報）

7、加速都更正本清源之道

9/25、9/26有媒體連續兩天用多版面報導都市更新的牛步化，顯示部分媒體已看到、聽到問題的嚴重性，盼能避免當年921大地震和前年除夕夜，高南大地震維冠大樓倒塌的悲劇重演；加速都更是政府的迫切施政，推動都更會牛步化，最大關鍵在住戶都有「一坪換一坪」觀念，而不願拿錢來重建自己的房子，這個觀念來自政府目前各種獎勵措施讓建商包裝而成；其實「一坪換一坪」原住戶還是要付出代價，真的沒有白吃的午餐，真正賺到的是建商，原住戶原有持分土地可能減少一半或更多，而新住戶則是買貴了。

車子舊了危險性增強，民眾就懂得花錢再買新車代步，房子老了、舊了花錢整建或重建更是天經地義，實在沒必要讓建商用「一坪換一坪」來操作，只要住戶願意分攤重建經費，政府從旁協助找建築師或相關非營利組織就可操作，並避免土地價格被建商做帳而暴漲，但操作過程中，住戶間確實有付不起而反對，也有一些不考慮倒塌風險而不願重建，釘子戶還是可能產生。

《都市危險及老舊建築物加速重建獎勵條例》已通過，《都市更新條例》則修法中，但至今仍無法有效解決釘子戶問題；現行土地法第34-1條規定，共有土地或建築改良物，其處分、變更及設定地上權、農育權、不動產役權或典權，應以共有人過半數及其應有部分合計過半數之同意行之。但其應有部分合計逾2/3者，其人數不予計算。共有房屋改建與共有土地處分並無不同，建議內政部或未來立法院能運用此法精神，對單一建物只要有2/3住戶同意即可改建，擺脫目前都更由建設公司掌控方式，由住戶自主，但這一作法是要搭配給人與給錢獎勵措施，方能奏效。

　　目前臺北與新北是有現金補助，臺北是530萬元、新北是280萬元，以案補助是有些激勵，因此給錢是刺激住戶最實在誘因，只要住戶同意改建，政府每戶補助200萬加上兩年租金補助50萬，並由政府聘請重建建築師及支付設計監造費，重建費用扣除200萬不足額由銀行全額貸款，興建期間利息由政府負擔，完工交屋後再由私人負擔計息，利息比照國宅低利貸款，相信舊屋、老屋屋主會響應，都更的腳步就會加快。

　　目前建造成本一坪約10～15萬元，三十坪房屋造價在300～450萬間，若政府能將房屋因災害全倒和半倒的慰問金250～500萬，提前將慰問金的白包變成住戶改建補助金的紅包，每戶為200萬，而50萬重建房租津貼，對不同意或無力負擔更新住戶仍有提供居住權益保障，新屋完工後，住戶一樣可以進住，其新屋由政府設定抵押權，等出售或繼承，再由政府收回重建差額費用，這種更新方式打破「一坪換一坪」只有臺北地區能操作，而是全臺都可通用，同時也創造出建設公司代建的商機，根本不會打擊建設公司業務，創造多贏局面，盼賴內閣能參考一二。

（2017年11月 南方生活報）

8、打破一坪換一坪模式

　　日昨花蓮大地震造成花蓮地區多處民房倒塌，已有不少民眾殞命，這些悲劇一如當年921地震造成臺北、新北房屋倒塌，或者是大前年除夕夜，臺南大地震的維冠大樓倒塌。要避免倒塌悲劇一再重演，加速都更是當前政府的迫切施政，為何推動都市更新如此牛步？關鍵在許多住戶都有「一坪換一坪」的觀念，而不願再掏錢來重建自己的房子。

　　車子舊了危險性增強，民眾就懂得花錢再買新車來代步，房子老了、舊了，花錢整建或重建更是天經地義，只要住戶願意分攤重建經費，政府從旁協助找建築師或相關非營利組織操作，就可避免土地價格被建商做帳而暴漲，但操作過程中，住戶間確實有付不起而反對的，也有一些不願意重建的住戶。但已通過的《都市危險及老舊建築物加速重建獎勵條例》與修法中的《都市更新條例》無法有效解決釘子戶問題，不妨參考《土地法》第34-1條的立法精神來解決釘子戶問題，讓都更能順利推動。

　　《土地法》第34-1條規定，共有土地或建築改良物，其處分、變更及設定地上權、農育權、不動產役權或典權，應以共有人過半數及其應有部分合計過半數之同意行之。但其應有部分合計逾2/3者，其人數不予計算。共有房屋改建與共有土地處分並無不同，因此個人建議，內政部或未來立法院能運用此法精神，對單一建物只要有2/3住戶同意即可改建，擺脫目前都市更新由建設公司掌控方式，改由住戶自主，但這一作法必須配合獎勵措施，方能奏效。

　　目前自辦都更臺北市與新北市有現金補助，臺北是530萬元、新北280萬元，以案補助是有些激勵，給錢是刺激住戶最實在的誘因。

若住戶同意改建，建議政府給予每戶興建經費與房租補助，並由政府聘請重建建築師並支付設計監造費，重建費用扣除補助款後的不足額由銀行全額貸款，興建期間利息由政府負擔，完工交屋後再由私人負擔計息，利息比照國宅低利貸款，相信危屋、老屋屋主會響應，都更的腳步就會加快，新屋防震能力高，悲劇就不會重演。

　　對不同意或無力負擔的都更住戶，也建議新屋完工後，一樣可以進住，其新屋由政府設定抵押權，等出售或繼承再由政府收回重建差額費用，這種更新方式打破「一坪換一坪」的操作模式，全臺都可通用，同時也創造出建設公司代建的工作，根本不會打擊建設公司業務，可創造多贏局面。

（2018年2月8日　中國時報）

三、示範區

1、高雄自由經濟區，莫成空想

　　當初馬總統競選政見對高雄人最大的亮點，就是推動「高雄自由經濟示範區」。希望藉由這項策規劃與各國的FTA、兩岸ECFA、中美TIFA及TPP結合，使臺灣的經濟能再飛騰，高雄也再次成為臺灣經濟的領頭羊。這對一直處於發展低迷的高雄市是個好消息。但時間快速飛逝，直到最近才看到自由經濟示範區會在11月公布規劃結果報導，轉眼又過了快一年，作為高雄人實在很痛心。

　　我的痛心在於時間已不容許政府牛步化。「高雄自由經濟示範區」的最大用意在招商引資與築巢引鳳，但環視東亞地區有類似作法的城市也不少；國人熟悉的「仁川經濟自由區」是以空港為主體，目前已看到初步成果，也花了近十年。與高雄相似條件的自由經濟區有韓國的「釜山－鎮海經濟自由區」、中國大陸「天津濱海新區」。這兩個自由經濟區前者在2003年起動、後者在2006年開展，目前都按表推動，期程在2020年，「高雄自由經濟示範區」倘若不加緊腳步進行，可能會錯失商機。

　　釜山－鎮海經濟自由區的規劃有五大分區，二十一小區，每個小分區都有指定功能，遍及釜山市及部分慶尚南道土地；天津濱海新區以塘沽城區為兩翼的經濟自由區。規劃區土地劃分九個功能區：先進製造業產業區、濱海高新技術產業園區、南港工業區、濱海中心商務商業區、海港物流區、臨空產業區、濱海旅遊區、臨港工業區、中新天津生態城。

　　這兩個經濟自由區的規劃概念，與過去我們政府推動的自由貿易港區最大不同處，在於土地範圍更大，城市土地都有機會會被規劃成自由經濟區。但個人在媒體上看不到高雄市政府在這段期間有任何參

與規劃的報導，也沒有聽過高屏地區有人受邀參與規劃，直觀的認定未來公布結果，恐怕會令高雄人失望。

臺灣過去的「加工出口區」、「新竹科學園區」是一種小型功能單純的特區，類似釜山—鎮海自由經濟區、天津濱海新區的功能區。而根據我的觀察，過去它們成功的地方，在當時主事者能真正做到「放權、讓利、砸重金」。

因此非常盼望中央主事者能記取過去自由貿易港區成效不理想的教訓，將現行規定做大翻修，做好「放權、讓利、砸重金」，才能有效整合地方政府與國內外資金。

臺灣「加工出口區」、「新竹科學園區」是前一波經濟奇蹟的關鍵因素，韓國、中國大陸也曾派員多次拜訪取經。目前天津濱海新區、釜山—鎮海經濟自由區的推動成效，都已超越臺灣。臺灣經濟確實出狀況，諱疾忌醫會加速病情惡化。因此個人建議中央主管部會與相關部會以及高雄市政府，好好研究天津濱海新區、釜山—鎮海經濟自由區相關規劃與辦法，使自由經濟示範區能在高雄順利推動，再次引領臺灣經濟創新蹟。

最後筆者不客氣建言，「高雄自由經濟示範區」若要成功，請中央政府參考天津濱海新區、釜山—鎮海經濟自由區，先掛牌成立一個中央與地方共治平臺組織來專職推動此項工作，展現中央政府推動此案的決心與誠意。同時高雄市政府對轄區土地也應配合規劃做及時專案變更。時間又過了一年，臺灣許多優勢已不存在，盼望陳內閣能與陳市長劍及履及，起而行，莫讓「高雄自由經濟示範區」成空想，又再次重創高雄人心。

（2012年12月19日 中國時報）

2、高雄自由經濟區，怕是南柯夢

馬總統曾提出高雄自由經濟示範區的政見，期使臺灣經濟能再飛騰，而高雄也再次擔綱臺灣經濟的領頭羊。但這個政策提出就快滿兩年，我們一點也看不到有何具體方案在高雄實施，相反地是看到經建會把一個非常單純的「高雄自由經濟示範區」，複雜化成為六個「自由經濟示範區」，大大違反馬總統的初衷，也使高雄自由經濟示範區可能變成一場南柯夢。個人只能用「悲憤」兩個字形容。

我的悲哀在臺北官僚昧於外情，沒有掌握到「自由經濟示範區」的精義。高雄自由經濟示範區的最大用意，在招商引資與築巢引鳳；環視東亞地區也有類似作法的城市不少，仁川經濟自由區是以空港為主體，花了近十年功夫，目前已看到初步成果。還有韓國的釜山－鎮海經濟自由區和中國大陸天津濱海新區，前者2003年啟動、後者2006年開展，目前都按表推動，期程在2020年；但目前經建會的初步規劃，個人看不到政府的企圖心，更讓我對高雄自由經濟示範區沒信心。

我的憤怒在高雄自由經濟示範區被臺北官僚延宕快兩年，卻看不到有何官員負起應有的責任。「拖延」就是目前馬總統施政不理想的主因，「拖延」不但拉大與仁川、釜山、天津濱海新區等自由經濟區的競爭差距，也讓中國大陸在華南地區已規劃完成的廣州「南沙新區」、珠海「橫琴新區」、深圳「前海新區」，有機會瓜分未來高雄自由經濟示範區的市場；除此之外，「上海自由貿易區」也在日前正式成形，但臺灣自由經濟示範區能否成功，卻讓人不得不打上一個問號。

釜山－鎮海經濟自由區與天津濱海新區如火如荼推動，我觀察

兩個政府做到「放權、讓利、砸重金」，因此非常盼望中央主事者能將現行規定大翻修，並訂定新辦法而做好「放權、讓利、砸重金」工作，才能有效整合地方政府與國內外資金。

　　以經建會目前人力是無法負擔「五海一空」的自由經濟示範區，若要踏出第一步，請中央參考天津濱海新區、釜山－鎮海經濟自由區先掛牌，成立一個中央與地方共治平臺專職推動此項工作，展現中央推動此案的決心與誠意，也請高雄市政府對轄區土地配合規劃做及時專案變更，高雄自由經濟示範區可能還有機會成功。

（2013年7月17日 聯合報）

3、當上海自貿區發燙，我還慢慢爬

　　2011年馬總統在競選連任與時任行政院院長的吳敦義先生，共同提出「自由經濟區」戰略構想，並宣示優先在高雄市推動。轉眼間兩年已過，高雄人至今看不到類似上海自由貿易試驗區的招牌掛起，相反地，高雄人是看到一下子「五海一空」，隔不久又變成「六海一空」的「自由經濟示範區」，不但高雄人看得傻眼，全臺灣民眾也是一頭霧水，說實話，真的是把馬、吳的戰略構想搞砸了。

　　在上海自貿區啟動短短四天，上海市政府也立即與商務部會商發布「負面清單」供中外廠商參考，凸顯其行政效率與執行力。最近一個月來，外國相關智庫也相繼報導與解讀，顯示外商們不想錯過這個有效進入中國市場的機會；對照臺灣已公布的自由經濟示範區，不但外國智庫少見報導，而主管機關的相關資訊也無法滿足外商需求，因此上海自貿區熱得發燙，我們的自由經濟示範區萎靡不振。

　　上海自貿區相關文件公布後，行政院經建會也曾費心的公布我國自由經濟示範區與上海自由貿易試驗區的比較，似乎要凸顯我方的自由經濟示範區不會比上海自貿區差，甚至有些內容更優惠，但這項努力也無助於重燃外商或臺商對臺灣自由經濟示範區的注意力。

　　目前經建會公布自由經濟示範區的方案與條例（草案）兩項文件合計66頁，這66頁成果要花兩年來完成，其行政效率與執行力就可想而知，究其因，在行政院經建會不會用曾國藩的《挺經》第1條〈入局〉親自動手做研究與撰寫立法條文，事事委外，將原本一年可以完成的工作卻花兩年進行，機會就這樣白白溜過。

　　上海自貿區有其強項所在，但也有其弱項，而臺灣自由經濟示範區最大弱項在一下子就有七個自由經濟示範區，並且遲遲尚未掛牌，

令外商與臺商無所適從，加上產業政策並未具體明朗，同時未有明確可靠的土地供應，倘若經建會願意在短期內協商地方政府，突破土地供應問題與掛牌，個人深信臺灣的條件自由經濟示範區仍有可為。

　　上海自貿區後，中國大陸已研議開放天津東疆保稅區、廣州南沙新區與廈門象嶼保稅區為自貿區，這些特區如若一一開放，臺灣自由經濟示範區的成功機會更無望。盼望經建會能知己知彼、勤求敵情、實事求是，再檢視目前全世界最低稅賦的臺灣，為何還無法吸引外商前來投資的因素，並立即排除，上海自貿區的掛牌就當成是臺灣自由經濟示範區的警鐘。希望這個警鐘能震醒朝野立委在這個會期通過自由經濟示範區法案，讓臺灣經濟能量釋放，使臺灣經濟邁向另一個高峰。

（2013年11月14日 聯合報）

4、朝野放手，讓示範區條例過關

　　自由經濟示範區是馬總統競選連任的主要政見，原本優先在高雄示範實施，但臺北官僚規劃成「六海一空」外加屏東生技園區，讓優勢頓時消失，高雄人儘管不滿與失望，但仍對自由經濟示範區持肯定態度，希望透過開放與鬆綁，讓臺商與外資能入駐大高雄，使有新動能引領高雄經濟再成長，也解決高雄長期高失業率窘境。

　　自由經濟示範區這個名詞已用了快三年，不管國人或外商、外媒，應耳熟能詳，但立委諸公不明就裡，把《自由經濟示範區特別條例》改名為《中華民國策略經濟發展區設置管理特別條例草案》，包藏一邊一國臺獨概念，再比對審議前幾場公聽會，就會發現民進黨已展開杯葛第一步，未來這個條例勢必會被修正為四不像，當然會達不到目前主管機關的規劃目標，使馬總統連任四年一場空，毫無政績可言，讓民進黨有再度執政機會。

　　日前國內某商業周刊將《自由經濟示範區特別條例》的相關疑點，請正反兩方各自表述，反方意見認為，這個條例是政府根本不需要推動的；換言之，閉關自守，臺灣人就可以過生活。

　　這種論調，是置臺灣海島型經濟體質於不顧，臺灣有許多資源、原料或能源是缺乏或不足，不靠對外開放經貿作為，是無法靠貿易賺取外匯，來換取所須資源、原料或能源，倘若法案如反方意見大幅修正，讓主管機關的規劃目標根本做不到，《自由經濟示範區特別條例》精神就蕩然無存。坦白說，這個法案我也不滿意，但接受「有總比沒有好」，沒有自由經濟示範區，臺灣什麼機會都沒有。

　　從《服貿協議》到目前《自由經濟示範區特別條例》審議，爭議不斷，倘若規劃期間，規劃主管機關或受託單位，因便宜行事未能

廣納各方意見，找出令人能接受之內容，發生目前爭議狀況，那規劃主管機關眞的是咎由自取，怨不得人。倘若規劃機關早已善盡責任廣納各方意見，也針對疑問早就回應，像如此般的杯葛，個人就感覺是無理取鬧，只會將國家發展力道往下拉。因此非常期盼規劃主管機關——國發會好好將規劃過程講清楚，是政府咎由自取、還是在野黨無理取鬧？此時民眾自會有公論。

許多人喜歡談政黨政治，而政黨政治的最大特色就是責任政治，做不好就下臺或政權輪替，自由經濟示範區是馬總統主要政見，也是國民黨主要施政，照理說，國民黨早在馬總統就任不久後，就應通過該條例，而在野黨對法案也應盡速審議，才是忠誠反對黨，不料朝野都未善盡本分，目前《自由經濟示範區特別條例》的推動已有些遲延，恐怕會被中國大陸迎頭趕上，說不定，開放又會是一場空。

因此盼望立委諸公盡速照行政院版條例通過，不然，條文名稱、內容被大幅度修正，執行出問題或成效不佳，責任歸屬就會產生，在朝會指責在野的亂修正，讓法案窒礙難行，在野會回應執政黨不做政策辯護，法案結果當然執政黨要自負全責，朝野目前惡鬥大都出於此，因此希望在野黨將本法案如期如願通過，讓執政黨負政策成敗，做得好臺灣人之幸，做不好就換民進黨執政，推出改黨的方案，民主責任政治不就是如此？

（2014年5月28日 旺報）

5、高雄示範區要放手一搏

　　上海自貿區與高雄自由經濟示範區分屬兩岸第一個優先自由經濟區，坦白說，高雄還是先行者，但兩個自由經濟區發展境況，確實有天壤之別，上海自貿區揭牌不到一年，已有862家外資企業（含臺商）進駐，對照高雄示範區卻一事無成，還從唯一的優先示範區變成六海一空外加生技園區的八個示範區，優先變不見，與其他七個示範區一起排隊等待中央各種措施。

　　高雄示範區原本有優先之優勢，為何會有今日局面，中央政府與高雄市政府應各打50大板，首先談中央政府責任，明明有些工作不需要《高雄自由經濟示範區條例》就可推動，如國際醫療，教育創新、金融創新，但一拖就快兩年才提出，原本這些點子或創意是可給高雄人帶來一些振奮士氣，如今每個示範區都可提出，高雄無疑喪失其優先性，中央政府也喪失展現示範區興利的機會。

　　相形之下，高雄市政府缺乏主動出擊，也是一事無成主因。如這兩年間，市府其實也可以掛牌成立高雄自由經濟示範區專責機構，統籌未來工作，凸顯市府對優先推動高雄示範區的決心，同時也應明白，臺商回流與外商不願投資的困難點，在土地供應，市府這兩年好好做，說不定已規劃取得相當數量土地，供招商使用，此刻不是就派上用場。

　　臺灣自由經濟示範區規劃也不是那麼一無可取，「前店後廠」及「虛擬化」兩個概念，上海自貿區也借用，儘管目前僅規劃上海外高橋保稅區等四區為上海自貿區，但透過「前店後廠」及「虛擬化」這兩個概念運作，其影響小到浦東新區大到整個長江三角16個城市，這也就是外資一片看好之主因。

　　對照高雄市政府也委託中山大學進行「高雄市自由經濟示範區產業方案」努力要與中央規劃接軌，初步規劃六大產業，國際醫療、國際物流是與中央接軌，其他四項中，國際金融若無中央政府大力支持，高雄市政府不可能達成，其他三項市政府有機會達成，但具體規劃方案在那裡？高雄市到目前為止沒有整體旅遊規劃、人才規劃以及全市總體產業與個別產業規劃，因此高雄市政府要想讓示範區落實實踐，還須花更多心力。

　　前些日子上海市政府王新奎主任到訪高雄，有短暫交談，從談話中，上海市經濟（產業）規劃與全球生產網絡或區域生產網絡已準備透過上海自貿區進行連結，因此上海市配合重視自主創新能力提升，發展成果指日可見；對照高雄示範區提出MIT製造中心構想，是個好想法，但高雄市或臺灣的產業規劃中，若缺乏全球生產網絡或區域生產網絡連結，屆時MIT製造中心可能成為空想。

（2014年6月2日 旺報）

6、示範區不能沒有實體園區

　　《自由經濟示範區特別條例》目前正在立法院審議，原希望在這個會期通過，依目前這種龜速看來似乎不大可能。換言之，立法院在本會期對這個攸關臺灣未來經濟發展的法案，仍是一事無成，實在愧對全體納稅人。

　　《自由經濟示範區特別條例》在未正式審議前，立法院就依法召開多個場次公聽會，浮現問題多達十多項，國內有壹周刊將正反兩方意見做對比報導，示範區要突破目前土地使用變更，土地徵收與環境影響評估等議題最受爭議，倘若主管機關將這些土地使用變更，土地徵收與環境影響評估相關條文拿掉，個人認為《自由經濟示範區特別條例》就無訂定必要，因為這三項議題與實體園區的推動息息相關，臺商要回流或外商要投資，都希望政府能提供土地供其生產、研發、加值、配送與營運，沒有實體園區的土地，廠商哪有辦法投資設廠？沒有廠商投資設廠，哪有新的就業機會？

　　目前土地使用變更，土地徵收與環境影響評估分別由不同部會掌理，一個案子常拖個好幾年，讓廠商不得不放棄在臺投資而外移，日前越南排華暴動，臺商也不例外的蒙受池魚之殃，損失慘重，倘若國內有充足土地供應，廠商何須離鄉背井，遠赴他國投資？這種苦不是那些一味反對自由經濟示範區人士所能體會。目前主管機關也未能掌握土地變更使用、土地徵收與環境影響評估的這三者間關係，三者可以調整，但不是全數刪除。

　　多數土地取得來自農地，農地可否變更，就看會不會影響臺灣未來的糧食供應安全，假設農政單位預先有紅線數字與紅線區域，用地單位踰越紅線數字與紅線區域，規劃案就不成案，根本不須環境影響

評估與土地徵收。

若土地使用變更未踩紅線區也不影響糧食供應，就可進入環境影響評估，環境影響評估絕非目前作為，而應著重在有影響能不能補救？補救能不能達到居民或相關利益團體要求？不能補救或補救無法達到標準，就否定規劃案，當然也不會啓動徵收機制。

倘若能變更也能通過環境影響評估，此刻用地機關就可啓動徵收機制，徵收補償是目前被詬病之處，尤其是現住戶，被徵收後其補償金無法在原地購屋，倘若對現住戶能就地安置，徵收不公不義的批評或許可消弭，這些額外費用其實是可反映在徵收後土地增值空間取得。

不管中國大陸的「新區」、韓國的「經濟自由區」、日本的「綜合特區」都有實體園區的規劃，其用意就是提供土地供外商或本國企業投資設廠來振興經濟，當鄰國都如此積極在招商及留住本國企業時，反對黨和一些團體卻一味的反對目前的各種措施，有可能會斷送臺灣經濟再起的機會。

《自由經濟示範區特別條例》在土地使用變更、土地徵收與環境影響評估的爭議，不是不能解決，只要考慮臺灣經濟的發展、兼顧土地徵收的公平性，還是可以解決的。但沒有實體園區的示範區，將只是一顆空包彈。

（2014年6月6日 旺報）

7、示範區，不怕修只怕杯葛

任何一個法案或規劃，絕對不可能十全十美，自由經濟示範區特別條例當然不例外。

民進黨蔡英文主席走馬上任，就下達要大修《自由經濟示範區特別條例》，也提出要修正的理由，這些修正理由，個人覺得就是「杯葛」。

首先談其空白授權，既然叫示範區，就有一種特區條例的味道，行政機關當然希望有一些空間能便宜行事，對當過陸委會主委與行政院副院長的蔡主席，應該會體會其必要性。

其次談無明確產業政策，相對的蔡主席所提出的產業轉型或全面經濟戰略也不怎麼高明，產業轉型民進黨也執政八年，有何成效蔡主席與民進黨各要角更心知肚明，至於全面經濟戰略，國民黨好歹提出以ECFA為出發點的FTA戰略及自由經濟示範區，民進黨的經濟戰略有何白紙黑字想法，就請拿出來討論。

最後談遍地開花，國民黨第一次公布五海一空時，蔡主席提出這種指正是對的，為何會再加入臺南、屏東生技園區，蔡主席應好好了解這一個大轉彎的來龍去脈，再來評述遍地開花是否合宜。

民主政治本來少數服從多數；多數尊重少數，當民進黨從創黨以來向來不遵守這種規範，這也是民進黨無法讓中產階級人士接受主因；從服貿協議、兩岸協議監督條例到自由經濟示範區特別條例，民進黨一直霸占主席臺或運用其他議事手段杯葛議事，活像「三杯」政黨，令人無法接受。蔡主席說要好好把關修正，全民拭目以待是修法、逐條討論表決而非杯葛，最後容個人提醒蔡主席，有一天民進黨若再度執政，在野黨也加倍奉還，處處杯葛，不知妳會做何感想；民眾只盼望朝野政黨和諧能靜下心來修法、立法，使臺灣能迅速走出泥濘困境。

（2014年6月13日 聯合報）

8、別讓示範區重蹈服貿覆轍

　　日前某報用好幾個版面述說「自由經濟示範區」種種缺失與謬誤，但馬政府卻僅在國發會的網站做簡要回應，這種不成比例的回應，令人哭笑不得，不知是否我們的政府官員也如同馬總統一樣「溫良恭儉讓」，而不知為自己的政策做辯護。如果示範區是如此不堪，建議國發會也不要再耗費國人時間與金錢，乾脆撤案。

　　我們政府官員似乎已忘記《服貿協議》所引發的學運之痛，眼前「自由經濟示範區」說不定又會釀成另一次大型社會運動。其實該報早在學運之前也用好幾個版面敘述《服貿協議》諸多不是，當時經濟部如同目前國發會一樣掉以輕心，以不成比例的方式回應，讓耳語與懶人包充斥整個臺灣社會，致使人心惶惶，充滿不安，不但滅不了火反而引發學運，前車之鑑還傷痕累累，但政府官員似乎已忘了痛，不好好有效回應，為自己的政策辯護。

　　「自由經濟示範區」與ECFA都是臺灣經濟轉型升級必走之路，《服貿協議》與《貨貿協議》是ECFA的後續作業，目前因《服貿協議》卡關，《貨貿協議》也受影響，進度可能無法在年底完成。《服貿協議》殷鑑不遠，難道「自由經濟示範區」還要再重蹈覆轍？

　　民進黨的友好媒體可以用好幾個版面述說「自由經濟示範區」諸多不是，它的影響可能超過上百萬人的閱讀人，說不定更多，但政府這種無痛無癢的回應，真的是麻木不仁，希望江內閣不要再失誤，應好好做等量回應，能為自己政策辯護，才叫有為政府。

　　示範區的種種缺失、爭議與誤解，其實各部會有司人員，若願負責任及花時間，應可整理出來，好好進行內部溝通，並用民眾看得懂的文字與語言，用同樣版面來回應與溝通。政府官員深怕「置入性

行銷」這頂帽子而畏首畏尾，但只要將回應的素材準備好，交給友好政府的四大工商團體來協助政府回應，就無所謂的「置入性行銷」問題。而更積極的作法是，讓幾位相關部會首長，合資自己掏腰包買版面，為自己的政策辯護回應，將對臺灣有利經濟發展機會的「自由經濟示範區」能順利通過，才是負責任政務官。

否則，聽任悲劇一再重演，只會加深臺灣人民的無力感及對馬政府的不信任。最後還是要呼籲在野黨，議事杯葛是有法度的，但霸占主席臺絕對不是議事杯葛，而是無理取鬧，也是國際笑話。若把臺灣經濟搞垮弄亂，屆時民進黨縱有執政機會，對民進黨一點好處都沒有；搞不好國民黨在野時，也用同樣方式霸占主席臺，加倍奉還，民進黨想要做事也無從做起，到時候痛苦的，還是廣大的無辜民眾。盼望民進黨蔡主席與立委們能深思，好好審議《示範區條例》，讓《示範區條例》能及時通過立法。

（2014年7月24日 旺報）

9、試解藍綠示範區歧見

　　蔡主席為洗刷民進黨「反商」刻板形象，在本次立法院臨時會中，提出民進黨的示範區修正版本，讓示範區推動露出端倪，期盼朝野立委對重大差異好好溝通，務使法案順利通過，讓臺灣能真正拚經濟。

　　目前媒體報導藍綠示範區爭議有八項，不難化解，陳述於後：

　　(1) 主管機關：藍營主張經濟部，綠營主張國發會，其實經濟部家大業大，人力比國發會充裕許多，要想讓示範區順利運作，以經濟部為宜，國發會雖提示範區議案，但不代表有能力負擔運作，盼望民進黨不要在此議題做文章。

　　(2) 申設規定：藍營主張兩階段，第一階段為六海一空外加屏東生技園區，第二階段開放縣市政府申請；綠營主張以目前各種園區為優先，兩者並無衝突，綠營主張可與藍營第二階段結合，綠營可退讓。

　　(3) 租稅規定：衝突點有二：免內銷10%營所稅與外籍人士前三年所得稅減半，示範區主張開放與外銷，藍營前者可退讓；後者可參考日韓中國大陸再決定。

　　(4) 開放業別：爭執點在國際醫療機構、教育服務業、專業服務業（會計師、律師、建築師）應修相關專法解決，相關部會應立即回應，立院願意優先排入審議，因此藍營也可退讓。

　　(5) 進口規定：爭議點在綠營反對現行禁止進口之農工產品被取消，從示範區設立精神來看，進口原物料百分之百加工或組裝再出口，其實有利臺灣經濟。綠營擔心影響臺灣原物料供應商與農民生計，可用配套措施解決，盼綠營深思，也望藍營提出配套措施。

(6) 中資規定：藍營主張比照外資開放，綠營主張開放有所限制，爭議相當大，有違平等對待，但仍應對中資有所限制，如房產、國防工業等敏感產業，藍綠可好好溝通取得某些共識。

(7) 農產品規定：農業加值，綠營主張必須優先使用國內農產品，與藍營的協助增加國內農業加值並無衝突，重點是進口物料要國內不生產或生產不足或專門外銷產品，讓臺灣農產品不會因開放進口加工而國內加工業不願採購影響農民權益，藍營可運用某些配套機制來安民心並取得綠營諒解。

(8) 影響評估：綠營主張參與國際區域性經貿整合之計畫及其社會影響評估報告，每兩年一次，並送立法院，與藍營持續進行觀察並無多大衝突，綠營將時間具體化及送立法院，藍營應可退讓同意。

　　分析看來，藍綠應好好溝通，畢竟整體經貿大環境的時間壓力，都不在臺灣手上，唯有藍綠彼此互信合作，才能將陷入社經泥淖多年的臺灣脫困。

（2014年8月6日 旺報）

10、滬自貿區周歲，臺示範區難產

　　上海自貿區高唱滿周年生日快樂時，個人十分難過與無奈，馬總統提出「臺灣自由經濟區，高雄優先」快滿三年了，真想寫一篇高雄示範區生日快樂文章，無奈政府主管部會始終未能將馬總統的宣示，進一步規劃作業，無法類似對岸上海自貿區掛牌，除了《臺灣自由經濟示範區條例》草案送立法院審議外，並無其他積極作為，高雄許多機會已被上海捷足先登，作為高雄人只能「三聲無奈」。

(1) 找興利辦法走出去

　　《臺灣自由經濟示範區條例》在立法院已度過一個會期，這個會期是否能通過，仍在未定之數，對照上海自貿區實施屆滿一年，進駐企業有12,266家，其中1,677家為外資企業，臺資企業到9月前為153家，約占外資企業10%，排名第五位。

　　上海自貿區外資企業占進駐企業10%多，凸顯上海自貿區第一年的成效呈現「外冷內熱」。

　　上海自貿區在2013年中國大陸國務院公布《中國（上海）自由貿易試驗區總體方案》（方案）後，其相關部會也依金融開放、外資投資、銀行服務、文化服務、航運服務、行政改革、法制配套和保障、貿易便利化、平臺經濟、財政政策、專業服務等十二領域或修改法規、或訂定新辦法來放權興利，這些新措施，如平臺經濟的能源交易、大宗商品交易，本來高雄都有機會去進行，但上海自貿區在中央政府與上海市政府通力合作下，就做出成績。

　　看待中國大陸上海自貿區十二領域一年來三十五項的開放措施，臺灣示範區的主管部會是不是更要深切檢討，除了立法院的杯葛外，還有沒有其他興利辦法可讓臺灣的示範區能夠走出去。

　　上海自貿區跨境電子商務試點是三十五項新措施之一，中國大陸的企業充分把這項開放措施與保稅區結合，將貨品進口後，因區內免關稅，轉成內銷才做進口報關，可延繳關稅，增加資金運用。

　　因此目前的運作貨品價格比大型購物中心便宜，也打敗機場免稅店，找不到內銷訂單可再後運出口，也無關稅、增值稅、營業稅問題，因此就可明白了解上海自貿區「外冷內熱」的道理。

　　中國大陸從「深圳等四大特區」、「沿海、沿邊口岸城市開放」、「浦東新區試驗區」等一系列開放政策，讓中國大陸民眾深知開放背後的巨大商機與利益，因此紛紛表態支持政府在上海自貿區註冊登記，而其他省市看到上海自貿區的初期運作，也看到潛在發展機會，紛紛著手進行所在省市的自貿區規劃與申報工作，從相關資料可發現已申報（擬申報）的項目有天津自貿區、粵港澳自貿區等28處，就可看到中國大陸各地民眾對自貿區前景的盼望。

(2) 反省為何不如對岸

　　上海自貿區是中國大陸因應國際區域經濟戰略，如TPP、RECP所提出的改革開放新戰略，當《方案》公布後，中國大陸各智庫或大學也紛紛針對上海自貿區引發的相關議題進行研究，目前出版《贏在自貿區》等十多本圖書，在在說明中國大陸對自貿區貫徹執行的精神以及精益求精的決心。

　　面對上海自貿區的崛起與進步，政府與朝野政黨與立委是不是更應深刻檢討為何我們會不如對岸，而盡速立法來因應。

　　也期待政府更應主動邀請相關大學或智庫，研究檢討目前示範區不足之處，提出未來改進之道，讓臺灣不會因各大國國際區域經濟戰略而邊緣化。

（2014年9月30日　旺報）

11、因應陸第二波自貿區競爭

目前中國大陸公開申請自貿區的地方有28處之多，習近平已下達指令，要盡快且全面性讓自貿區遍地開花，因此第二梯次自貿區名單呼之欲出，看待此一訊息，不禁對躺在立法院的《自由經濟示範區條例》前景感到憂慮，深怕臺灣的示範區到頭來又是做虛工、一場空。

中國大陸對自貿區政策推動如此積極，除了開放紅利外，還有其他因素，在《中國（上海）自由貿易試驗區150問》一書可以找到答案。第5問「上海自貿試驗區的國內背景是什麼？」明白指出，設立上海自貿區，意味著中國大陸改革開放進入全新的歷史階段，是機制與體制的全面創新與升級，可以創造出一個符合國際慣例、自由開放、鼓勵創新的市場經濟環境。

第6問「上海自貿試驗區的國際背景是什麼？」清楚表示，中國大陸面對《中美雙邊投資協定》（中美BIT）、《跨太平洋夥伴關係協議》（TPP）、《跨大西洋貿易與投資夥伴關係協議》（TTIP）三大貿易談判壓力，美國參與這三項談判，都極度推行全面與高標準的貿易投資規則，可能對中國大陸經濟帶來重大風險。

因此，通過上海自貿區小範圍試點，測試中國大陸進一步開放、和接受美式高標準貿易投資規則的承受力、風險與防範機制，未來讓中國大陸更有能力發言與回應新國際貿易規則制訂。

從回應內容可看到，中國大陸欲透過自貿試驗區的戰略思維，積極主動出擊，以避免因三大談判的結果，讓中國大陸經貿邊緣化，進而影響經濟成長率與GDP。目前上海自貿試驗區已實施滿一周年，初步成果，如新設企業超過原上海綜合保稅區過去二十年的企業存量、落戶外資專案數量，達上海全市40%，成效比預期好，因此才有第二

波的自貿試驗區推動指令。

《中國（上海）自由貿易試驗區 150問》除闡述自貿試驗區原來立案的疑問外，並導入推動一年來各項問題的解釋，使上海自貿試驗區的經驗，拓展到其他省市；對照臺灣的示範區，馬總統在三年前就提出，主管部會與智庫的表現，令人失望，一再貽誤時機，使得臺灣經濟陷入邊緣化危機。

中國大陸第二波自貿試驗區名單，如果如外界猜測為廣東的前海、南沙與橫琴島；福建的福州、廈門、泉州及平潭；天津的濱海新區，勢必會影響未來臺商回流與外資進駐，尤其是福建自貿區的泉州又是「中國製造2025」的示範城市，對臺商的轉型升級會有很大助益。

期盼在野黨能盱衡時勢，理解臺灣經濟的處境，讓《自由經濟示範區條例》盡速通過，帶動新產業與就業機會，使臺灣經濟脫離困境。希望在野黨三思；更盼望政府相關部會，好好研究更多上海自貿區的相關報告或書籍，調整臺灣示範區的不足之處，來迎向中國大陸第二波自貿試驗區的競爭。

（2014年11月11日　旺報）

12、上海自貿區三年，我猶自閉

上海自由貿易示範區9月28日屆滿三周年，對照馬政府時代的「自由經濟示範區」（示範區），新政府不再推動，不禁令人感慨與悲痛。

示範區後續規劃失當，未能堅持優先在高雄推動，同時推動六海一空外加屏東生技園區，結果釀成三個和尚抬水沒水喝的悲劇。馬政府錯過示範區推動的大好時機，但卻讓臺灣看到必須進一步對外開放，新政府卻劃下示範區休止符，凸顯民進黨提不出比示範區更好的開放政策。

中國大陸、日韓等都提供各種名稱不同的示範區，來迎接全球自由化經濟的挑戰，正代表示範區概念是正確的，也是東亞各地區努力競爭的方向，臺灣這樣無聲無息的終止，豈不悲哉。更讓外商覺得臺灣新政府的開放政策，只是嘴巴說說，盼望新政府能提出替代方案後才終止示範區。

早先，新政府推五大創新研發計畫中的「亞洲矽谷」，取代示範區部分內容，如開放高階人才與創業、創投，但整體計畫被指破綻百出而中輟。個人覺得當初「自由經濟示範區特別條例」法案規劃，是要將分散各部會有妨礙開放市場規定的做集中處理，方向基本上沒錯，而新政府似乎要逐案回歸，由各部會自行修法來配合，不是不可行，只是更難掌握協商進度，同時又會顧此失彼，讓進度原地踏步。

中國大陸自貿區起步比臺灣晚，但後發先至，不但規劃作業超前，連法案的制定與配套措施也快速到位，在十三五期間恐怕會有更多自貿區在中國大陸設立，這就是複製策略，值得臺灣新政府學習。

過去在示範區法案制定過程中，民進黨一再杯葛議事，讓法案無

法成行，使示範區無從上路，把大好時機拱手讓給中國大陸。日前更宣布示範區已暫告一個段落，宛如春夢一場，明明是對臺灣經濟發展有助益的政策卻無法推動，真的有點傷悲。

　　馬政府時代推動示範區政策投入不少經費進行規劃與法案作業，這些計畫與法案作業的研究人員，目前也有人進入新政府服務，期盼這些人員能堅持當時的規劃理想與理念，說服蔡總統與林全院長續推示範區政策，來開展臺灣開放市場的決心。

（2016年9月30日　聯合報）

13、兩岸自由經濟區，命運大不同

8月22日上海自貿區成立屆滿四年，而中國大陸第三批自貿區是在4月1日正式掛牌，第三階段的自貿區包括遼浙豫鄂渝川陝七省市。這七個自由貿易試驗區就是3.0版，從其個別戰略任務可觀察國中國大陸愈來愈有信心對外開放，讓外資走進來，各自貿區內企業也相應更便利的走出去。

對比馬前政府力推的「自由經濟示範區」，蔡政府剛上任滿月時，國發會副主委龔明鑫受訪表示，示範區已暫告一個段落，不再推動，不禁令人感慨，兩岸自由經濟區命運為何如此大不同，一個是遍地開花，一個是無疾而終。

當初馬政府宣布在高雄推動自由經濟示範區，示範區政策一時成為矚目焦點，但後續規劃失當，未能堅持優先在高雄推動，釀成同時推動六海一空外加屏東生技園區的三個和尚抬水沒水喝的悲劇。

馬前政府錯過示範區推動的大好時機，但它讓臺灣看到必須進一步對外開放，可是民進黨只會杯葛，提不出能比示範區更好的開放政策。

環視東亞地區包括中國大陸、日韓等三地區都提供各種名稱不同的示範區，來迎接全球自由化經濟的挑戰，顯示示範區的概念是正確的。

對兩岸的示範區、自貿區而言，中國大陸的自貿區起步比臺灣晚，但後發先至，不但規劃作業超越臺灣，連法案的制定與配套措施也快速到位，在十三五規劃期間，可望會有更多自貿區會在中國大陸設立，這就是複製策略。

臺灣原本也可藉由高雄優先再複製其他地區，但馬前政府未堅持

初衷，反改同時遍地開花模式，而致阻力重重，至今一事無成。再加上民進黨一路杯葛，示範區於臺灣宛如春夢一場，明明是對臺灣經濟發展有助益的政策，卻無法推動，非常可悲。

蔡政府規劃的五大創新研發計畫中「亞洲矽谷」，有些內容如開放高階人才與創業、創投是用來取代示範區部分內容，但目前進度看不到有何具體方案。當初《自由經濟示範區特別條例》法案規劃，是要將分散各部會的妨礙臺灣開放市場的規定做集中處理，方向基本上是沒有錯，而蔡政府似乎要逐案回歸由各部會自行修法來配合，不是不可行，只是更難掌握協商進度，同時又會顧此失彼，會讓開放市場開放進度原地踏步，這也就是目前臺灣FDI的成效在國際評比處在後段班主因。

中國大陸的自貿區發展四年來，其成果已陸續複製到各主要城市如南京、青島，這些城市儘管尚無自貿區政策落地，但目前透過可複製機制，依然可以享受開放的好處，從自貿區設置數量一次比一次多，在在說明中國大陸掌握開放是一股不可逆的潮流。

開放同樣是臺灣唯一的出路，即使不拾馬政府的牙慧，蔡政府也應該提出類似示範區替代方案，來展示拚經濟決心，不要讓臺灣錯失亞太經濟崛起的新時機。

（2017年8月31日 旺報）

四、產業政策與規劃

1、發展臺式六次農業的好時機

　　六次農業這項新農業概念，是源自日本農林水產省在2010年3月的「糧食、農業、農村基本計畫」，其目的在活化地區資源、開創農林漁業者新事業，用以振興農林漁業、活化農林漁村、增進消費者利益、提高糧食自給率及減少環境負荷。

　　六次農業是指農業生產（一次）×農產加工（二次）×銷售、服務（三次），是將傳統農業融合加工與銷售服務的新農業，特別強調藉由工商融入來提升農產品的加值，增加農民收益或避免「量多價跌」情勢，日本近年來大力推動，確實帶來成果，增加農民自信心，不擔心進口農產品競爭，因此日本才這麼有信心要加入美國所主導的跨太平洋夥伴關係（TPP）。

　　最近美國歐巴馬總統所提出〈2014年貿易政策議程〉報告，持續敦促臺灣對進口豬肉訂出萊克多巴胺（瘦肉精）的最高殘留容許量（MRL），也指出臺灣無法在農產品的殺蟲劑和農業化學品訂定MRL，導致許多美國出口農產品被退運，因此建立豬肉的MRL及科學基礎上的可信賴食安制度對雙邊貿易非常重要；同時美國布魯金斯研究所最近出版報告〈臺灣與TPP：如何鋪路〉也點出臺灣加入TPP，必須要開放國內農業市場如爭議的美豬問題，同時也指出臺灣在農業問題可借鑑日本模式，除此之外也點出臺灣缺乏有科學基礎的食安問題。兩份報告都很清楚表明臺灣要加入TPP，首先就要面對美豬問題與科學論述的食安制度，絕非想像中那麼容易。

　　美豬（牛）問題與科學論述的食安制度是美國與歐盟、中國大陸的關鍵貿易爭議問題，TPP目前十二成員國與未來要加入的南韓基本上都接受美國的MRL遊戲規則，臺灣若沒有明定各種符合美方要

求的MRL，美方是不可能同意臺灣加入TPP。其實臺灣農產品濫用藥物經常耳聞，也常見報，因此農政與食安單位應好好會商一套科學論述的食安制度，導正濫用藥物問題，並落實推動執行（如標示MRL）。

　　近年來不少農民已做到日本的「六次農業」，使自家產品符合各種安全標準，進而價值提升，也減少被中間商剝削，他們成功的故事經常被媒體報導。農委會可廣泛蒐集這些成功農民的故事分享與農民，將其經驗標準化，研擬各種輔導農民的方法措施，使臺灣農業產品能做到美、日的安全標準，更將產品「品牌化」，使臺灣各種農產品如日本一般，可以精緻包裝銷售到國外。臺灣已有農民可以做到日本「六次農業」成果，現階段提倡臺式「六次農業」，從安全標準出發，提升臺灣農產品競爭力並解決農民產銷與低價值問題，也順道解決我們加入TPP的第一道難題。

（2014年3月17日　旺報）

2、臺灣應盡速訂定綠色成長計畫

齊柏林先生看見的《看見臺灣》剛好遇上前一陣子高雄日月光水汙染事件、彰化的電鍍工廠偷排事件，再加上清境農場過度開發問題，使得臺灣民眾更加重是我們的生存環境，過去國人一直因經濟成長而犧牲自己生活環境，但隨著國民所得提升，許多國人開始省思要不要為經濟成長，犧牲環境、賠上健康，環境保護與經濟成長就這樣拉扯。

聯合國在2008年提出「綠色經濟」、2009年倡導「全球綠色新政」，到目前，其外圍組織OECD最新系列GREEN GROWTH叢書，不難發現環境保護與經濟成長是可並存的，就看政府有沒有決心、企業有沒有良心要積極面對環境破壞問題，我們政府在綠色議題是有著如2010年「國家節能減碳計畫」也投入當經費推動，不能說沒有效果，只是未能徹底解決環境破壞與經濟成長對立問題。

韓國其實是最經典推動綠色成長計畫國家，它的處境與臺灣極為相似，都是能源、資源缺乏國家，在1998年金融危機經濟重創，2004年已回復元氣，但2008年又碰到另一波金融危機，此刻韓國大統領李明博先生斷然提出「綠色成長戰略」，將綠色科技成為其應付危機的戰略手法。

目前經濟部工業局也有在進行「產業綠色成長推動計畫」，但也讓我們看到臺灣在綠色經濟領域呈現各自為政，缺乏整體發展戰略，韓國的綠色成長戰略確實可讓我們借鏡，OECD也有許多資訊可供我們政府與企業參考，挽救臺灣山河與經濟，讓經濟成長與環境保護並行，或許我們真的需要盡速已訂定綠色成長計畫，讓綠色成長計畫成為臺灣經濟轉型產業升級的加速器，對加入TPP或RECP等大型FTA，將一如韓國般是有相當助益。

（2014年4月 南方生活報）

3、先進製造業是示範區的核心

目前公布經濟自由示範區的規劃並無實質產業規劃內容，僅籠統提出所謂「產業合作」，難免遺憾，民國101年7月底，經濟部工業局、技術處及經建會等籌組一跨部會考察團赴美國考察AMP（先進製造業夥伴關係）振興臺灣製造業計畫，時隔快兩年，並未看到相關部會針對先進製造業的振興提出具體方案。

(1) 美國定為發展戰略

美國早在1994年就由美國國家科學技術委員會指定其所屬的民用工業技術委員會制訂國家級先進製造技術發展戰略，其重點有四項：①支持國家實驗室、大學與工業界聯合研究開發先進製造技術；②通過國家級工業服務網絡幫助企業快速採用先進技術；③開發推廣有利於環境保護的製造技術；④積極實施與工程設計和製造相關的教育與培訓計畫，但一直未獲當時美國主政者重視，目前美國AMP計畫緣起於美國總統歐巴馬科技顧問委員會在2010年6月24日提交的「確保美國在先進製造的先導地位」報告，強調運用產官學合作，來振興美國正在衰退的製造業能量。

該報告後，美國政府就啟動AMP計畫，預計四年間投入5～10億美元。整個計畫的目標有四項：①強化攸關國家安全的關鍵產品的美國本土製造能力；②縮短先進材料由開發到推廣市場應用的時間；③開發下世代機器人；④研究開放創新的節能製造技術。最終目的在振興製造業，希望美國製造業把海外生產據點搬回美國，特別是屬於先進製造部分留在美國本土，不要一味往中國大陸等生產要素便宜的地方投資設廠，藉此促進美國本土就業機會。

美國再次重視製造業，主因在海外生產據點國家，無論在環境保護要求、工資水準，都不再有過去優勢，因此美國有不少製造業在部分國家大嘆不如歸去，歐巴馬總統看到此趨勢，遂提出這個因應計畫，配合AMP的推動，也提出許多產業政策配套措施，如對在美創造高附加價值製造業工作機會的投資，提供特殊稅收抵免優惠；增加對製造業研發的政策支持、降低進口關稅、以及行政激勵措施。

(2) 製造產業借鏡中國大陸

此外，美國也大力推動TPP、TTIP這兩個大型FTA，各國產品會因TPP、TTIP遊戲規則而增加成本；一旦美國製造業再度興起，各國產品在美國市場未必會有好處，這就是美國AMP計畫最核心所在。

中山大學接受高雄市政府委託規劃「高雄市自由經濟示範區產業方案」中提出MIT製造中心，其實與「產業合作」一樣空洞，對照中國大陸早在十一五時代就察覺產業轉型升級的必要，就在少數城市上海、杭州推動先進製造業產業規劃，目前已公布的十二五計畫有先進製造業計畫的地方政府，除上海、杭州外，增加東莞、惠州、佛山、廈門、蒲田、泉州、漳州、海西區、關中天水地區。省級單位從上海、浙江增加福建、廣東，可看到中國大陸也對美國AMP計畫的可能影響進行預處理，但也積極學習美國AMP計畫的內容與精神。

兩年前臺灣是看到了問題，也派員組團考察，但並無後續計畫，相當可惜，亡羊補牢仍有機會，臺灣未來示範區若有實體園區的規劃，個人覺得中國大陸前述城市的規劃內容，可供主管部會與縣市政府參考借鏡。

（2014年6月25日 旺報）

4、打造食品產業成明日之星

南韓趁中韓領導人碰面，拋出十三項未來明星產業要與中國大陸對接合作，其中一項是食品產業。

民以食為天，讓人民吃飽餓足是政府的天職，但更重要的是要吃得安全與安心，因此食品產業絕不是單純的傳統產業，配合新的科學技術發展，食品產業也可科技化與加值化。

目前政府未將食品產業列為明星產業，但仍有重視這一產業發展，「自由經濟示範區」的農業加值，基本上是要國內生產過量農產品物料加上進口農產品物料，將其加工並品牌化，使得臺灣食品產業能走向國際舞臺，產生更大附加價值。但國人卻因擔心中國大陸農產品進口傷害臺灣農民權益，一直阻擋《自由經濟示範區條例》通過，使得食品產業轉型升級無從進行。

中國大陸有13億人口，因此也格外重視食品工業的發展規劃，十二五規劃的首要任務為提高食品質量與安全水準，其重點發展十三項產業：糧食加工業、食用植物油加工業、肉類加工業、乳品加工業、水產品加工業、果蔬加工業、飲料加工業、製糖加工業、方便食品製造業、發酵工業、釀酒工業、食品添加劑與配料工業、營養與保健食品製造業。而整體計畫的首要任務為提高食品質量與安全水準，因此，臺灣食品產業界似可藉由這十三項產業在目前示範區或未來示範區進行產業對接。

中國大陸食品安全法規目前比臺灣嚴格，但執行層面未必落實，因此食安意外頻傳，讓中國大陸民眾對中國大陸食品沒有信心。南韓或許就看到這一點，因此在中韓FTA的農產品願意退讓，來換取其他產業條件，同時拋出食品產業對接，其目標可能會藉由中國大陸進口

的農產品進行加工，再回銷中國大陸市場，對南韓一點也不吃虧，相反又增加一塊中國大陸食品大餅。

南韓的香蕉牛奶、柚子茶、炸雞，配合其韓劇國外播放，逐漸有品牌化現象，臺灣產業界更應注意並急起直追，否則食品市場也會被南韓攻占。

臺灣的食品產業近幾年受少數不良廠商而壞了形象，但民眾普遍仍同意農民的厲害之處，會栽種及培養各種農漁牧產品，若生產過量則可透過保鮮技術或加工來輸出國外，讓農民有更大收益。「自由經濟示範區」的農產加值是有此項功能，但政府看到的是更廣大國外市場，當然也包括中國大陸，讓中國大陸符合兩岸安全標準以及外國符合兩國安全標準的農產品到臺灣來加工與加值，可達到保護農民與扶植食品業的雙贏。

養活養飽中國大陸人民是個大商機，南韓已看到了，但未必掌握到中國大陸民眾的口味，兩岸都是中國人，中國人當然最了解中國人的口味，這就是目前臺灣發展食品產業的最大優勢。期盼江院長能將食品產業列為臺灣未來重點產業，並投入更多措施，如運用新一代ICT技術於食品安全管控，讓臺灣的食品有更高的安全品質，並能在中國大陸與全世界立於不敗之地。

（2014年8月15日 旺報）

5、WiMAX起死回生

　　民國98年年底，政府宣布要推動十大重點服務業來加速臺灣產業轉型升級，WiMAX是當年政府挑選的項目之一，檢視當時的說法：臺灣WiMAX產業價值鏈完整，從核心技術到服務都已在臺灣生根，全球有90%以上WiMAX的終端產品由臺灣供應，把WiMAX說得前景光明，是臺灣未來明星產業。

(1) 蹧蹋納稅人辛苦錢

　　前些日，NCC因大同電信基地臺僅有681座，未達其事業計畫書的1,837座，而不同意給與換照；廠商負責人驚天一跪，民眾才方知大同電信是因為採購不到基地臺設備，才無法如期建置基地臺，無法採購的主因是WiMAX已不是通訊技術主流，許多設備也連帶不生產供應，對照當年政府那段話，似乎是笑話或謊言，我們的政府要以WiMAX業者因達不到原先規劃目標而要業者退場，只能說主管機關的規劃能力未免太差勁，無法辨識國際通訊技術主流，五年光景就讓一個產業倒地，連帶使得大力支持政府的投資人受到傷害，叫人不得懷疑要這個政府幹什麼，只會蹧蹋納稅人辛苦錢。

　　NCC的合議制，一般民眾無從理解，廠商可能也是一樣，日前傳出大同電信案有不同意見書，主張WiMAX可否技術升級，政府無明確政策，基地臺建置不足不應歸責業者，NCC這項不同意見書應該是要給業者一次補考機會。從目前4G通訊技術的發展有兩大主流：FDD LTE、TD LTE，其中WiMAX是可使用XGP等技術升級到TD LTE，讓WiMAX有起死回生機會。

(2) 重新檢視廠商權益

目前NCC主張FDD LTE技術，臺灣電信業者也採用FDD LTE，但FDD LTE的使用缺失在要求下載、上傳頻寬必須對稱，造成頻譜使用效率低，TD LTE使用則沒有這項缺失，頻寬使用彈性大，目前受到美、日、澳國家重視，中國大陸是採用TD LTE，但也針對FDD LTE、TD、FDD雙網融合應用進行發展研究，同時也為5G預作準備，顯示兩岸在4G、5G的競爭，臺灣是有落後跡象。

NCC宣布不同意廠商換照，表示NCC推動WiMAX服務業政策失敗，政策失敗讓國家產業轉型升級進度落後，NCC主事人員難道不需負政策成敗責任，有為的官員是視民苦為己苦，幫業者解決難題不是政府的職責嗎？

個人呼籲NCC能夠重新檢視WiMAX的廠商權益，讓廠商的投資心血因有新技術再獲得新生，不致浪費國家資源。近日兩岸舉行行動寬頻發展高峰論壇，中國大陸已啟動5G研究，進行TD、FDD雙網融合布局，更希望WiMAX往TD標準發展，處處看到中國大陸的前瞻性及對臺灣現況的理解。盼望科技部、經濟部、NCC應好好通力合作，將WiMAX服務業運用中國大陸的技術，朝TD標準發展，使WiMAX起死回生，並帶動未來4G、5G的發展，創造兩岸合作互利，並讓WiMAX能真正成為4G、5G相關服務業奠基產業的三贏局面。

（2014年9月21日 中國時報）

6、蔡主席，綠色產業不單指綠能

　　民進黨總統參選人蔡英文發表其產業政策，提出發展未來產業、綠色產業及生活產業政見，包括全力發展物聯網與大數據的應用服務，成為工業4.0的先進國家，建立可循環能源系統邁向非核家園及打造智慧城市示範區。隔日，在另一場集會中提出未來產業發展新的重點方向，為資通訊產業（ICT）、內需型生活產業及綠能產業。前一次看起來有格局但空洞，後一次內容具體，但格局做小了。

　　未來產業，在許多國家或稱新興產業，中國大陸以戰略性新興產業命名。中國大陸早在十二五期間已規劃出七大產業：新一代訊息技術、新能源、新能源汽車、高端裝備製造、節能環保、生物產業、新材料產業；南韓則是稱為動力產業，規劃出十三項之多，而中國大陸的七大產業與南韓十三產業是可對接，這也就是南韓要加速與中國大陸簽定FTA的主因之一，蔡主席的未來產業若只有ICT，臺灣經濟肯定救不起來。

　　綠色產業，是目前綠色經濟主軸，OECD國家的綠色成長戰略也以發展綠色產業為主要內容，但蔡主席把綠色產業侷限在綠能產業，真的是把它做小了；只要產業能朝節約資源、親和環境，就應視為是綠色產業。南韓十三項動力產業或中國大陸的新一代訊息技術、新能源、新能源汽車、節能環保、生物產業、新材料產業，均朝節約資源、親和環境發展，都可算是綠色產業；除此之外，傳統產業的生產方式，也朝節能減碳與再循環利用進行的話，也可列入綠色產業。因此，綠色產業是一種統合產業發展戰略，而非用單一產業來概括，蔡主席顯然錯置綠色產業真正意涵。

　　生活產業是個好點子，但若侷限在內需型生活產業，顯然太討好

臺灣民眾的小確幸,對臺灣的經濟發展是毫無助益。生活產業是現代服務業的一大項,另一大項是生產性服務業,臺灣的生活產業,其實不應侷限在內需型生活產業;相反的,是要鼓勵大家走出去,讓周遭國家能享受臺灣的小確幸生活,尤其是同文同種的中國大陸,使臺灣生活產業能加值化與規模化。

生產性服務業是臺灣未來產業轉型或升級的關鍵產業,臺灣應開放讓國外生產性服務業走進來,使臺灣生產性服務業迅速發展與升級,進而形成未來臺灣主力產業。

產業政策攸關臺灣經濟發展,蔡主席三言兩語的產業政見,凸顯民進黨對臺灣產業發展的不關心,要執政就要下苦功夫,中國大陸、日本、南韓、英美加德法澳,或以色列、新加坡兩國都有值得臺灣借鏡的產業發展政策。

（2015年9月12日 聯合報）

7、藍色經濟好構想，臺灣自己做小了

　　國家發展委員會為善用臺灣豐沛的海洋資源，日前提出〈藍色經濟整合發展構想—以東港、大鵬灣及小琉球為示範〉（草案），從自然環境、觀光遊憩、城鄉發展、產業及交通等面向，提出六大發展策略與三十三項行動計畫，來推動六級化藍色經濟，以活絡地方經濟，避免屏東縣中小型城鎮邊緣化，促進城鄉均衡發展。

　　這項計畫是個好構想，但把藍色經濟的範疇做小了。事實上藍色經濟本質上是海洋經濟的另一個名稱，而臺灣向來忽視這項工作，因此不論政府管員或民眾都對海洋經濟相對陌生或不知。

　　從國發會六大發展策略：打造大鵬灣the only one特色、適性適量發展小琉球海洋生態觀光、改善東港城鎮環境品質及人文風貌、深耕多元遊憩體驗與漁業發展、發展智慧觀光，連結行銷遊憩據點與遊程、建構便捷交通網，串聯重要觀光資源及其三十三項行動計畫不難發現，國發會的構想充其量是海洋經濟規劃的濱海旅遊或海洋旅遊，與真正的海洋經濟或藍色經濟內容有一大段差距。

　　中國大陸沿海省分及其重要港口城市也是在最近十年才開始發展海洋經濟或藍色經濟，山東半島及其所屬港口城市如青島、煙臺、威海、濰坊、東營都以藍色經濟為名；大連、天津、上海、寧波、溫州、舟山、廈門、寧德、深圳、廣州、茂名、湛江、北海、連雲港等則是海洋經濟，這些城市的海洋經濟或藍色經濟的規劃都值得臺灣縣市首長仔細一讀。

　　依中國大陸前述的港口城市海洋經濟的規劃內容，包括海洋產業（海洋先進製造業如海洋化工、海洋工程裝備、海洋能源、海洋生醫；海洋服務業如濱海旅遊、物流、金融；現代漁業）、海洋科技、

涉海基礎建設、海洋環境資源保護、海洋資源管理體制建立等事項；對照我們政府目前的規劃內容或規模，真的與對岸城市有極大差距。

其實中國大陸對海洋經濟或藍色經濟也在起步摸索中，反映在廣東海洋經濟綜合試驗區發展規劃、福建海峽藍色經濟試驗區發展規劃、浙江海洋經濟發展示範區規劃，這三個重要沿海省分正針對海洋經濟或藍色經濟進行試驗性規劃，值得行政院相關部會與有心想要發展海洋經濟或藍色經濟的縣市首長參考。

國發會此舉是打破過去國人迷思海洋經濟限縮在農委會主政的海洋漁業與造船業，因此踏出第一步應給予國發會肯定。發展海洋經濟或藍色經濟是臺灣未來經濟發展不可或缺的要角，因此規劃臺灣海洋經濟就顯得迫切需要，盼望國發會在進行〈藍色經濟整合發展構想—以東港、大鵬灣及小琉球為示範〉（草案）之餘，更應積極規劃臺灣的海洋經濟或藍色經濟藍圖。

（2015年10月1日 聯合報）

8、朱、蔡經濟政策—「五四三」…

　　朱主席的經濟政策歸納為「三弓四箭」，蔡主席的經濟政策則為「五大產業創新計畫」，把兩個人的構想合在一塊，就成了臺語口頭禪「五四三」。說實在話，「三弓四箭」與「五大產業創新計畫」都規劃不周詳，有些漏洞百出，有些陳腔濫調，當然救不了臺灣經濟。

　　首先談蔡主席的「五大產業創新計畫」，這五大計畫除國防產業外，若無與對岸做好協調分工，臺灣要成功，個人不表樂觀。綠色能源產業中，太陽能臺灣是有些技術優於中國大陸，但長期而言，中國大陸新材料工業的發展會趕上臺灣太陽能工業，藉時蔡主席的美夢將頓時成空。其他海上風能或潮流發電，臺灣無法在海上進行大規模施作，因此海上風能或潮流發電是空中樓閣，因此個人早就建議要調整為發展綠色經濟或低碳經濟。

　　物聯網、生技產業同樣面臨新興需求都在中國大陸。物聯網、生技產業也是中國大陸十二五、十三五的戰略產業，物聯網產業在智慧城市與中國製造2025兩大戰略的支持下，勢必會有大量需求。

　　同樣的情況在生技產業，中國大陸許多城市紛紛開展生命健康產業或養老養生產業，也會產生許多需求，不對接，蔡主席想用這兩大創新計畫來帶動臺灣經濟發展，恐怕會落空。

　　智慧機械業是目前臺灣有點領先中國大陸的產業，但須面對日德美機器人產業的競爭力，尤其是中國製造2025是與德國密切合作，倘若不對接，說不定智慧機械業又會因德國技術的引進而超前臺灣。

　　最後談國防工業，能恢復IDF生產線，就是了不起的成就，至於造艦沒有美方技術支援，只是空談，因此國防工業也無法帶動臺灣經濟發展。因此蔡主席的創新想法不與中國大陸對接開放，五大創新依

然是死胡同，救不了臺灣經濟。

　　朱主席的「三弓四箭」，其實其內容目前馬政府都有在推動，但並沒有將臺灣產業帶上來，因此蔡主席批判舊酒裝新瓶，真的是一針見血。但個人覺得目前政府所做的事，其實也是各國政府在努力的事，只不過企業並不全然清楚，例如：目前生產力4.0計畫，網路是可下載，但多數民眾或企業主，甚至學界可能也不明白對國家未來經濟發展有何影響，因此朱主席的主張並非毫無價值，但不懂溝通也是枉然，如同目前馬總統的困境。

　　中國大陸目前是製造大國，但未來是朝製造強國與消費大國方向邁進，在生產端若不與中國大陸對接，會讓臺灣製造業錯失許多升級或轉型機會，因此排斥紅色供應鏈是沒有必要的。中國大陸目前是朝城鎮化與小康世界目標前進，會帶動更多的內需民生消費，因此臺灣的產業真的不需自絕於中國大陸。

　　其實蔡朱兩位主席的政見都在臺灣產業戰略2020中，只是兩位主席並未深究，但若能落實開放、創新與溝通，臺灣的經濟依然有前景。

（2016年1月12日　聯合報）

9、三個不足，無法拯救臺灣經濟

　　馬總統對臺灣的經濟振興，從「六大新興產業」、「十大重點服務業」、「四大新興智慧產業」、「2020產業發展策略」、「2015/2020臺灣產業發展願景與策略」、「臺灣產業結構優化—三業四化」、「臺灣產業戰略規劃」、「自由經濟示範區」、「生產力4.0發展方案」，可觀察到馬政府確實有付出努力，但這些規劃可能因「開放」、「創新」與「溝通」三個不足而功虧一簣。無法創造佳績令民眾滿意接受。

　　首先談「開放不足」，臺灣近年來為何營商環境評比不差，但外資卻不青睞，原因只有一個「不夠開放」；臺灣與周遭國家洽談FTA協定進展緩慢，原因也在「不夠開放」，因此未來經濟振興要以開放為前提，同時緊守WTO相關規則，不能有歧視性差異，所以蔡英文新政府在規劃新經濟政策時，要特別注意。

　　以農業品為例，美日韓等國農產品目前充斥臺灣市場，貨貿協議進度緩慢是其來有自，如果新政府僅對美日開放而對中國大陸有歧視，RCEP是不必想；但政府開放前要做的事是強調臺灣產品的競爭力，品牌化是臺灣產品的唯一出路，日本安倍內閣此次同意加入TPP的主因在日本農產品已品牌化並可打入各國市場，臺灣目前日本高價位農產品不就是一項證明。

　　其次談「創新不足」，臺灣的企業投入研發預算比美歐日先進國家低是不爭事實，加上近十多年來，臺灣留學美國學生人數下降，讓臺灣研發動能逐漸喪失，因此前面提到的各種規劃，對新技術的研發或引進的力道都不足，這就是為何臺灣產業轉型升級，從李登輝總統主政以來，都無法有效成功的主因。

因此塑造好的創新環境，打造臺灣產業創新系統與積極培養新一代科技人才與科技金融，是強化臺灣產業創新的重點工作，生產4.0發展方案是有點到問題，但與美國工業互聯網或德國工業4.0仍有許多遺漏之處，對臺灣下一波的創新是有影響。

至於「溝通不足」，可謂是馬政府最大罩門，前面所提到的規劃都是好事，但為何一事無成，主因在政府許多良政無法讓中小企業與民眾理解，進而配合政府各種作為，服貿協議就是政府溝通不良最好證明；除此之外，政府其實有許多產業研發或產業政策報告，有些是中小企業廠商無法得知，有些是要花錢才能取得，對照美日韓等國智庫許多報告是免費讓中小企業與民眾使用，新知或新觀念透過溝通才能建立共識或找到新方向，因此未來政府要溝通無礙，就要開放各式各樣資訊與報告，才能讓政府順利推動，也可讓政府主導創新計畫散播出去，有好的溝通執行計畫自然會事半功倍。

如廁所述，臺灣是有些經濟振興計畫，這些計畫基本上是有參考先進國家如美日德的規劃，但少了些開放、創新及溝通，因此盼望未來蔡總統能在既有基礎下，加入開放創新溝通三要素，調整各計畫內容與實施策略，不要再另起爐灶提出五大產業創新計畫，臺灣的經濟絕對是有機會救起來。

（2016年2月 南方生活報）

10、沒有物聯網，智慧城市只是政策口號

3月22日臺北舉行「2016智慧城市展」，展覽主題為「以物聯網建設智慧城市」，是呼應即將就任的蔡準總統要發展物聯網產業政見，而智慧城市這項工作臺灣六都其實起步很早，有些成果還贏得國際殊榮，但智慧城市為何無法形塑成一項產業，而只停留為一種市政政績，個人觀察是無法透過物聯網的建設成為一種商業模式，進而做精、做強而推廣而獲利。

其實多數臺灣民眾對物聯網名詞相對是陌生的，物聯網顧名思義指物與物全面互聯的網絡，其主要特性在透過訊息感應設備獲取物理世界各種訊息，結合互聯網、通信網等進行訊息傳送與交互，採用智慧計算技術對訊息進行處理分析，從而提高對物質世界的感知能力，實現智慧化的決策和控制。

一般而言，物聯網是由感知層、網絡層與應用層組成，進而衍生物聯網產業，整體而言，物聯網核心產業，包括整個產業鏈的硬體、軟體、系統整合營運服務四大領域，產業是由各類感應器、晶片、感應節點、操作系統、數據庫軟體、中間件、應用軟體、系統整合、網絡與內容服務、智慧控制系統及設備等產業。其衍生的支撐產業包括微納器件、積體電路、通信設備、微能源、計算機、軟體；帶動產業則含現代裝備製造業、現代農業、現代服務業、消費電子、交通運輸、智慧城市及其他傳統產業改造升級與發展。

臺灣的縣市政府包括臺北市等六都，截止目前是沒有物聯網產業規劃，對照中國大陸目前有完整物聯網產業規劃個人從網路蒐集資料有17市，除成都、西安、內江、昆明在內陸外，其他13市都在東部沿海城市，以無錫市規劃最早，因此無錫還規劃國家感應網創新示範

區來配合，除此之外，無錫新區也另有規劃物聯網產業規劃，凸顯無錫市是中國大陸物聯網產業的領頭羊，這些17市規劃的內容著重在物聯網產業引進與建置、物聯網技術的自主創新與引進、各類創新或應用平臺的建立、策劃各種應用及配套措施，凸顯中國大陸的物聯網產業是已走在臺灣的前頭。

蔡準總統的產業之旅是發現臺灣物聯網業者對自身的技術或產品領先相當有自信心，但個人發現臺灣不少產品或服務若無法做出規模產品或服務，技術就無法精益求精，市場就很快會被競爭者侵蝕或瓜分，這是臺灣許多產業者最大危機，物聯網產業也不例外，過去臺灣手機無法在中國大陸做出規模，就是一個教訓，因此在未來物聯網產業發展規劃，臺灣業者應好好藉手機案例引以為鑑。

中國大陸目前有上百個城市公布其智慧城市總體規劃或實施方案，十三五期間應會有更多城市投入此項建設，因此臺灣縣市政府與物聯網業者其實是可盤點臺灣智慧城市的推動成果，整合出商業模式並參考中國大陸目前這17個城市的物聯網規劃內容，協助臺灣業者找到合作對接內容與對象，將臺灣的物聯網產業技術與產品透過智慧城市做精做強與做大，使物聯網產業成為臺灣未來主力產業，進而產生臺灣新的就業機會。

（2016年4月7日 工商時報）

11、國機飛得了嗎？

　　即將在520就任的新國防部長馮世寬曾經擔任過漢翔公司董事長，同時也擔任過空軍副總司令與作戰司令，讓人看到經國號戰機再製的曙光，也積極地回應蔡英文發展國防工業政策的決心。然而經國號戰機生產基地已移為他用，沒有航空產業專區，國機是無法再飛上天。

　　臺灣航太產業群聚原本在臺中，經國號戰機就是在臺中誕生，其發展成功歸因當年總統蔣經國大力支持國機自製自主創新，消息一出，美法兩國因此加速出售戰機於我方，深怕喪失市場，李登輝卻因美法同意出售幻象2000與F16戰機後，就減產原先規劃250架經國號戰機為131架，讓國機自主創新成就成為曇花一現，也讓臺灣發展類似韓國金鷹50教練機的國防工業市場喪失。

　　陳水扁繼任總統後，絲毫未以經國號戰機為榮，反倒將經國號戰機的代號IDF，戲稱「I don't fly」，同時過度傾向美國購買軍備，使經國號戰機再生產機會消失，臺中航太基地名存實亡，讓當年所培育各式各樣航空人力奔走他國，為他國所用，韓國金鷹50教練機就有當年經國號戰機研發人力協助，如今成果走在臺灣前面，讓人不勝唏噓。

　　原先臺中IDF戰機生產基地已變更移為工商發展，蔡英文要重新發展航太產業，首先要在臺中清泉崗機場周邊土地，再行規劃新航空產業專區，並利用清泉崗機場跑道方能進行戰機試飛，這個園區一方面可解決目前高齡的AT-3教練機汰換及培養並擴大航太零件產業；另一方面可進一步使航空工業人才回流並增加新的工作機會，因此航空產業專區土地取得，將會是蔡總統與馮部長恢復戰機生產的首要課

題。

　　從韓國經驗可知，國防產業出口的經濟價值遠大於一般工業產品，出口一架韓國金鷹50教練機的效果，可以與出口1,150輛重型汽車的效果相匹敵，這就是韓國最近十年來大力發展國防產業的主因，因此「國造高級教練機—藍雀」再製是引領臺灣國防產業自主再出發，但土地問題不解決，戰機是無從生產。

（2016年4月27日　中國時報）

12、自主創新是國防產業的核心

　　蔡英文準總統產業之旅先後拜訪高雄造船業與中科院，顯示未來要發展國防產業決心；嚴格說，發展國防工業並非是一個新點子，臺灣在上個世紀末，雄風飛彈、經國號戰機比韓國金鷹50教練機早十年開發成功，而今日的韓國金鷹50教練機已是目前許多國家採購的機種，為何臺灣軍功產業近十五年來卻不長進，蔡主席是不是更應探討其中關鍵因素？

　　臺灣航太產業群聚原本在臺中，經國號戰機就是在臺中誕生，其發展成功，歸因當年將經國總統大力支持國機自製自主創新，但其後繼者李登輝先生因美法同意出售幻象2000與F16戰機後，就減產原先規劃250架經國號戰機為131架，讓國機自主創新成就成為曇花一現。

　　陳水扁先生繼任後，有機會再回復生產，但陳總統絲毫未以經國號戰機為榮，反倒將經國號戰機的代號IDF戲稱「I don't fly」，同時過度傾向美國購買軍備，使經國號戰機再生機會真正消失，臺中航太基地也名存實亡，讓當年所培育各式各樣航空人力失去工作，而各自奔走他國為他國所用；韓國金鷹50教練機據悉是當年經國號戰機研發人力集體過去協助，方能在2002年試飛成功。

　　因此蔡主席要發展航太產業，只要在臺中清泉崗機場周邊進行恢復經國號戰機生產即可，一方面可解決高齡的AT-3教練機汰換及培養航太零件產業；另一方面可進一步使航空工業人才回流，並增加新的工作機會。

　　至於船艦工業，目前海軍或海巡署的船艦都由高雄、宜蘭造船廠製造，造船絕不是問題，臺灣軍用船艦的發展困境在無法設計，尤其

是武器系統，因此取得先進國家設計圖技術轉移與組裝技術，進而自主創新才是發展船艦工業的核心。

　　回顧最近十五年來的軍事採購案，這些採購案無形中排擠了國防自主創新工作，也排擠臺灣經國號戰機的研發、測試及製造以及中山科學研究院人才發展機會，因此國防工業自主創新、技術轉移與技術人才的回流、引進與經驗傳承，才是未來國防產業的發展重點。

　　從韓國媒體報導可知，國防產業出口的經濟價值遠大於一般工業產品，出口一架金鷹50教練機的效果，可以與出口1,150輛重型汽車的效果相匹敵，這就是韓國最近十年來大力發展國防產業的主因，並希望在2020年成為世界第七大國防產業出口國家，自主創新就是韓國國防工業能做大的原因。

（2016年5月 南方生活報）

13、開放是保1的第一步

　　日前準閣揆林全談到今年GDP成長率難保1，認為要提振經濟，主力要放在改善投資環境，增加投資機會。若從臺灣經濟曾發展出「臺灣奇蹟」，位居亞洲四小龍之首的成功故事中，不難發現背後關鍵要素就是臺灣過去一直不斷地開放，如加工出口區、科學園區，每一次的開放政策，都形成另一波經濟成長。

　　對照中國大陸在1978年起也開始掀起開放政策，從四大特區政策形成到沿海城市開放，以及廣設各種經濟技術開發區等，讓中國大陸成為製造大國。目前兩岸其實都同樣面對不同程度的產業轉型與升級，從兩岸過去經驗來看，「開放」依然是最大關鍵。

　　馬政府的「自由經濟示範區」與兩岸的ECFA協議，臺紐、臺新的自由貿易協議，基本上是臺灣新一波的開放政策，無奈因民進黨一再杯葛「自由經濟示範區」與兩岸ECFA後續的服貿與貨貿協議，連帶使臺灣對其他國家或地區的FTA沒有進展，臺灣經濟走不出去，也讓包括中資的外資走不進來。許多對外市場，如歐盟、美國、中國大陸，因韓國與這些地區國家完成簽署FTA而被侵蝕，臺灣經濟始終無起色。

　　中國大陸享受開放成果之餘，也察覺進一步的開放市場是無法避免，因此也全面規劃與各國或地區簽署FTA的工作，讓中國大陸能大步走出去；同時為讓中國大陸各省市能適應未來經貿市場的遊戲規則，則透過「自由貿易試驗區」試點城市的推動，讓國內市場能先行開放來引領中國大陸各地的經濟發展，兩波「自由貿易試驗區」的推動，已讓中國大陸各界體會到進一步開放對未來成長的重要。

　　從兩岸目前的開放政策觀察，中國大陸的籌碼比臺灣多，若新政

府能穩當推動「自由經濟示範區」與兩岸的ECFA後續開放政策，臺灣並非沒有機會。適時認同九二共識，臺灣加入TPP或RCEP還是有機會，配合中國大陸的「一帶一路」戰略，臺灣經濟其實還有許多出口著力之處。

（2016年5月6日　中國時報）

14、五大產業創新，翻轉不了臺灣

新總統就職演說的第一件大事是拚經濟，但提到的具體內容仍然是競選中的「五大產業創新研發計畫」，有點令人失望，畢竟就其質與量而言，五大計畫是無法翻轉臺灣經濟的。

五大產業中，國防產業根本是臺灣的弱項，將國防產業列入拚經濟項目，根本就未戰先夭，對臺灣經濟與就業毫無助益。

綠能產業中，太陽能在臺灣是有些技術優於中國大陸，但長期而言，中國大陸的新材料工業發展會趕上臺灣太陽能工業，屆時臺灣美夢將頓時成空。其他海上風能或潮流發電，由於臺灣缺乏在海上進行大規模施作能力，因此海上風能否成潮流發電是空中樓閣，綠能產業的就業效益也受質疑。

IC產業的新一代技術：物聯網、大數據、雲計算，臺灣目前積極發展中，但與先進國家仍有一段距離。IC產業要與智慧城市與新工業生產方式結合，才會有大量需求，但若未掌握中國大陸市場，IC產業恐怕也無力救臺灣經濟。

同樣的情況也發生在生醫產業。中國大陸許多城市紛紛開展生命健康產業或養老養生產業，也會產生許多需求，沒有中國大陸龐大市場，生醫產業要帶動臺灣經濟發展，恐怕會落空。

至於智慧機械業是目前臺灣強項產業，但須面對日德美機器人產業的競爭力，目前中國大陸與德國密切合作，臺灣倘若不重視這個市場，說不定智慧機械業會拱手讓給德國。期盼新政府能靜下心來注意五大產業創新研發計畫的不足處加以修正。

臺灣傳統產業到目前為止，仍得不到新政府的青睞，尤其是石化、鋼鐵、紡織與食品，也需要產業創新來帶動產值、產能提升。石

化、鋼鐵業與新材料、節能環保、軌道等新興產業相關，重視這兩大產業的創新研發，可再帶動許多產業包括新材料、節能環保、軌道，盼望新政府莫忘這兩項基礎產業。紡織與食品是民生工業，加入新技術附加價值就提升。這四項工業可帶動或保持一定就業人數，因此各國政府依然支持，尤其是在中小企業領域，盼望新政府能重視傳統產業的創新研發。

眼前的「五大產業創新研發計畫」真的比美日德法的新經濟戰略不足，甚至不如「中國製造2025」或韓國新產業戰略，盼望蔡總統與未來主事者能夠盱衡各國戰略，盤點臺灣優勢，提出翻轉臺灣經濟的產業戰略。

（2016年5月23日 聯合報）

15、救觀光，300億抵不上九二共識

　　觀光業者今天將上街頭抗議，林全內閣在第一時間做出「紓困、減稅、促國旅」三策略來協助觀光產業，但業者並不領情，說他們要陸客，並不是要錢。

　　馬政府時代，兩會簽署《海峽兩岸關於中國大陸居民赴臺灣旅遊協議》後，陸客從每日數額3,000人，調升至每日數額4,000人，再調升到目前5,000人，從此臺灣觀光產業蓬勃發展，來臺觀光人數年年創新高，目前已突破千萬人次。一改過去日本為臺灣最大客源地，中國大陸成為臺灣最大客源地。

　　整體而言，臺日韓三地過去幾年的最大觀光客源國都屬中國大陸，原因無他，就在鄰近地區，若航線航班密集來去方便，當然中國大陸觀光客就會愈來愈多。臺日韓三地中國大陸遊客，在2015年赴韓620萬人次，赴日500萬人次，赴臺415萬人次，在三地之中，臺灣是最少，當然有一部分是來自兩岸各自政府的管控。若管控放鬆，陸客來臺觀光人數必會超過日韓兩地，因此臺灣若放棄中國大陸市場，是非常不智之舉。

　　日本觀光人數在2015年逼近2,000萬人次，其中500萬人次是來自中國大陸，對日本而言，中國大陸市場是其金雞母，南韓因為MERS影響，2015年不到1,300萬人次，其中陸客有620萬人次，兩地最大客源地與臺灣相同，也凸顯臺日韓三地觀光產業是處於競爭狀況。

　　臺日韓的陸客消費力，南韓每人平均約71,000臺幣，日本為75,000臺幣，臺灣則為49,000臺幣，顯示三地臺灣觀光產業賺陸客的錢最少，凸顯臺灣對陸客的觀光內容要大幅調整，同時對陸客的自由行限制更要進一步放寬。目前這種崩盤式的客源減少，只會讓日韓兩

地賺更多陸客財。

從三地的消費金額來看，臺灣真的沒有賺到陸客更多錢，以陸客在日本買各式各樣電器用品、藥妝用品，這些現象臺灣並不多見。同樣情形，南韓藉由韓劇置入性行銷南韓各種服飾用品與食品，也讓其消費金額比臺灣高，因此如何調高陸客來臺消費金額，其實是下一波臺灣觀光產業重點。

換言之，發展可讓觀光客，尤其是陸客必買、願意買的各式各樣產品，是臺灣觀光界與相關產業未來努力方向，陸客不來，無消費就無產值與就業機會，紓困、減稅、促國旅策略是無助臺灣未來觀光發展，盼望新政府能延續馬政府時代「九二共識一中各表」政策，先恢復過去八年來觀光產業的榮景，再謀精緻永續發展，使觀光產業成為臺灣主力產業。

（2016年9月12日　旺報）

16、創新不能與先進國家趨勢脫節

　　全球經濟學家都不會否認，創新是解決各國主要經濟問題核心關鍵。蔡總統組成的新政府也不例外。但對照美國2009年再工業化（Manufacturing Renaissance）後來的全美製造業創新網絡計畫（NNMI）及美國國家創新戰略（A Strategy For American Innovation）發展經驗，可以發現，蔡總統的「五大產業創新研發計畫」＋2，似乎是走偏了，會讓臺灣與美國的創新活動脫節，這對臺灣的未來經濟發展會有不利影響。

　　從美國國家創新戰略可了解美國未來的創新，聚焦在九大領域：先進製造（Advanced Manufacturing）、精準醫療（Precision Medicine）、大腦計畫（Brain Initiative）、先進汽車（Advanced Vehicles）、智慧城市（Smart Cities）、清潔能源與節能技術（Clean Energy and Energy Efficient Technologies）、教育技術（Educational Technology）、航太探索（Space）、電腦新領域（New Frontier in Computing）以及一些通用技術（General-purpose Technologies），如奈米技術、機器人技術和自動化系統、先進材料、生物學和工程學，配合這些創新技術的發展，歐巴馬總統於2012年開始推動NNMI計畫，截至目前，美國已成立增材製造、數字化製造與設計創新、輕質金屬製造、複合材料、下一代電子電力製造、半導體、光子集成、清潔能源、創新纖維紡織等9個重點領域的研究所。整體而言，美國對前述創新技術要建置45個研究所，預計十年達成。

　　目前成立這9個研究所都集中聚焦製造環節的四大領域：一是製造過程和加工工藝的開發，如美國製造已制定出未來十五年從設計、材料、工藝到價值鏈、增材製造基因組等5個增材製造領域關鍵環節

技術創新路線圖。二是先進材料的低成本生產方法研究，如低成本的碳纖維複合材料，以及大型太陽能發電或下一代集成電路所需新材料研發。三是使能技術（Enabling Technology）的研製與開發，如將低成本感應器有效利用到製造工藝的智慧製造的基礎設施和關鍵技術研發。四是工業環節研究，如改善醫療設備或材料的生產過程，來提高藥品、化學品的安全性與品質；創造新的工具來優化生產過程、控制成本支出以及下一代汽車或航太製造工藝技術研究，從美國的技術領域、NNMI計畫的重點內容，其實我們可以很清楚看到新政府的規劃是不足以全面帶動臺灣製造業透過創新來轉型升級，同時也看到臺灣研究創新不像過去與美國緊密連結。

　　美國的製造業從其創新戰略的推動，確實有回流現象，進而帶動美國就業機會增加，也引起各國關注，分別提出新的計畫，如德國工業4.0以為因應，對岸中國大陸則提出中國製造2025來面對各先進國家的競爭。馬政府時代有規劃生產力4.0計畫，而新政府則提出五大產業創新研發計畫，兩種計畫在質與量都不足應付未來各國競爭挑戰以及國內產業需求，盼望新政府能好好參酌美、日、英、德、法，甚至中國大陸與南韓，不要故步自封的拘泥在五大產業加2，做好規劃臺灣的創新戰略，讓臺灣的產業能受惠於創新，進而轉型升級而根留臺灣，使臺灣的經濟能持續繁榮發展。

（2016年10月21日 工商時報）

17、產業5+2，創新仍不足

　　蔡總統與林院長上任強調，「五大產業創新研發計畫」+2，用創新帶動臺灣經濟；目前雖推出包括臺南綠能科學城等三個實施方案，但個人感受5+2，充其量是產業發展規劃，創新的含金量不高。以下從美國與中國大陸科技創新戰略內容來說明。

　　美國政府國家創新戰略，其創新聚焦九大領域：先進製造、精準醫療、大腦計畫、先進汽車、智慧城市、清潔能源與節能技術、教育技術、航太探索、電腦新領域，及一些通用技術，如奈米技術、機器人技術和自動化系統、先進材料、生物學和工程學。配合這些創新技術的發展，總統歐巴馬自2012年開始推動NNMI計畫，成立增材製造、數字化製造與設計創新、輕質金屬製造、複合材料、下一代電子電力製造、半導體、光子集成、清潔能源、創新纖維紡織等九個重點領域的研究所。

　　中國大陸配合中國製造2015戰略的推動，也將原先十三五科技發展規劃，正名為十三五科技創新規劃，除增加部署十五項科技創新2030。其中第十項「引領產業變革的顛覆性技術」，重點在開發移動互聯、量子訊息、人工智慧等技術，推動增材製造、智慧機器人、無人駕駛汽車等技術的發展，並重視基因編輯、幹細胞、合成生物、再生醫學等技術對生命科學、生物育種、工業生物領域的深刻影響，開發氫能、燃料電池等新一代能源技術，發揮奈米技術、智慧技術、石墨烯等對新材料產業發展的引領作用，與美國九大領域非常相似。

　　從中國大陸十三五科技創新規劃內容，可發現他們創新成分在提升，並積極縮小與美國的差距。

　　盼新政府虛心檢視中國大陸的後發先至，參酌美、日、英、德、

法、中國大陸與南韓的科技創新戰略，做好規劃未來產業發展的創新戰略，讓臺灣產業能受惠於創新，進而轉型升級、根留臺灣，使臺灣的經濟能持續繁榮發展。

（2016年10月29日 聯合報）

18、不過度防衛的開放，才是開放

我國經濟發展成功故事，曾被譽為「臺灣奇蹟」，也被稱讚為亞洲四小龍之首，這些讚譽的背後關鍵就是臺灣過去一直在推動不斷的開放如「加工出口區」、「科學園區」，每次開放政策都形成另一波經濟成長；對照中國大陸在1978年起，也開始掀起開放，從四大特區政策形成到沿海城市、沿邊城市開放，以及廣設各種經濟技術開發區、高新技術產業開發區與保稅區等，同樣也和臺灣一樣快速成長而讓中國成為製造大國，世界最大經濟體，兩岸其實都同樣面對不同程度的產業轉型與升級，從兩岸過去經驗觀之，「開放」依然是最大關鍵。

馬政府的「自由經濟示範區」與兩岸ECFA協議及臺紐、臺新的自由貿易協議，基本上是臺灣新一波的開放政策，無奈因2016後兩岸關係冷和，讓「自由經濟示範區」與兩岸ECFA的後續服貿與貨貿協議跟著停頓，連帶使臺灣對其他國家或地區的FTA沒有進展，除了臺灣經濟走不出去，也使包括中資的外資走不進來，臺灣對外經貿形勢幾乎邊緣化。

許多對外市場如歐盟、美國、中國因韓國與這些地區國家簽署FTA而被侵蝕，讓臺灣貿易受到不公平競爭，新政府押注美國主導的TPP美夢，因川普入主白宮而破滅，臺灣勢必要加強與各國雙邊FTA進度，否則可能加重影響臺灣經濟，但光從目前美方的各種訊息，含萊克多巴胺的「美豬」不開放，TIFA臺灣連想都不必想，盼望蔡總統與新政府能夠深刻領悟臺灣處境，好好思索規劃臺灣FTA戰略。

中國大陸享受開放成果之餘，也察覺進一步開放市場是無法避免，也認清走出去的重要，因此也全面規劃與各國地區FTA簽署工

作，企圖讓中國能走出去，也讓外資走進來，同時為使中國大陸各省市積極適應未來經貿市場遊戲規則，並透過「自貿試驗區」的試點城市推動，讓其國內市場能先行開放來引領中國各地的經濟發展，兩波「自貿試驗區」的推動已讓中國大陸各界體會到進一步開放對未來成長十分重要，伴隨著「自貿試驗區」與FTA推動，中國更從利他兼利己的角度積極推動「一帶一路」戰略來擴充「自貿試驗區」與FTA成果，手法高明。

　　從兩岸目前的開放政策觀察，中國的籌碼比臺灣多，許多工作做得比臺灣快與好，但臺灣若能穩當推動「自由經濟示範區」與兩岸的ECFA協議後續開放政策，並不是沒機會，只要新政府不要對中國大陸過度防衛，並與中共共同達成尊重「九二共識，一中各表」事實，臺灣要加入RCEP應該會有機會；倘若新政府能與北京當局一齊排除政治障礙，用更宏觀開放角度攜手合作推動「一帶一路」戰略，臺灣經濟其實還有許多出口市場機會。

（2017年4月 南方生活報）

19、產業政策5+n+n+n……企業如何布局

　　蔡總統競選總統時，競選政見的產業政策是五大創新產業。即將就職滿周年，其產業規劃卻一再出現髮夾彎，先+2為農業與循環經濟；而後工商界人士對5+2有微詞，於是再+3為數位經濟、文創產業與半導體產業。

　　若把馬英九總統時代的產業規劃與產業5+2+3比對，會發現差不多，但蔡總統一再髮夾彎的產業規劃卻一直漏掉強化現代服務業。沒有現代服務業，製造業要轉型升級會很辛苦；又因同時也讓產業結構調整，人力少了出口，影響就業機會，因此蔡總統重新規劃產業，不要忘記服務業。

　　政策當然不能食古不化，要能因地制宜及與時俱進，因此調整是有其必要性，但幾個月就加一次，就成為5+n+n+n+n……的產業規劃，會讓企業主不知政府的發展走向而無所適從，甚而無法決定是否在地繼續投資或赴海外布局。

　　近日有多位國內指標型企業主表示欲赴美投資，個人認為與蔡總統的產業規劃一再髮夾彎，而失去對新政府信心有關；當然也與臺灣美國沒自由貿易協議有關，而選擇出走剛好可以解決產品銷售美國關稅問題，可謂是一舉兩得。但個人深怕企業主若有更多人有此想法，臺灣產業會掀起另一波空洞化潮，蔡總統與新政府不能等閒視之。

　　馬政府時代曾請相關智庫規劃臺灣未來產業發展，新政府團隊中也有人參與或主持相關研究案，建議蔡總統可請這些人好好檢視其過去的規劃，配合最新國際科技與產業發展趨勢，將屆滿一年的產業規劃徹底檢討，重新提出有前瞻、能救臺灣經濟的產業規劃。

　　假如蔡總統要重新啓動產業規劃，請別再將先前的循環經濟、數

位經濟當成一項產業。循環經濟、數位經濟是經濟發展的方式,幾乎所有產業都可與循環經濟、數位經濟掛勾;循環經濟、數位經濟絕對是臺灣經濟轉型升級不可缺的元素。

(2017年5月10日 聯合報)

20、發展現代服務業，帶動臺灣經濟

　　李開復先生日前在臺灣大學畢業典禮演講，呼籲政府要重視服務業，其實馬政府時代就提出發展十大新興服務業：國際醫療、國際物流、音樂和數位內容、會展、美食國際化、都市更新、WiMAX、華文電子商務、教育、金融服務，有無成效，從目前的就業狀況就可看到端倪，其中都市更新、WiMAX更是政府打敗政府讓業者黯淡下來，也凸顯出政府對服務業的不重視，新政府至今仍提不出要如何發展現代服務業，便是一項事證，但從產業轉型與升級，服務業是不能缺少，期盼新政府能重視發展現代服務業。

　　學理上，現代服務業基本上可區分兩大塊：生產服務業與生活服務業，前者通常包括研發設計、第三方物流、融資租賃、訊息技術服務、節能環保服務、檢驗檢測認證、電子商務、商務諮詢、服務外包、售後服務、人力資源服務和品牌打造；後者則包括家政服務、健康服務、養老服務、旅遊服務、體育服務、文化服務、法律服務、批發零售服務、住宿餐飲服務、教育培育服務，這二十二項現代服務業是目前中國大陸十三五期間現代服務業可能發展的重點，從二十二項內容，不難發現馬政府時代的規劃除都市更新外，大都符合未來趨勢。

　　個人從已公布各省市自治區與各級城市的十三五服務業或現代服務業的規劃內容，粗略檢視並未超出這二十二項內容，其實這二十二項內容中，尤其是生產服務業更是臺灣尤須強化，因此開放生產服務業引進是臺灣當前重點工作，不開放對臺灣的產業升級轉型非常不利，同時開放生產服務業有助於產生新就業機會，會引發人才流動，激發一波調薪，讓臺灣擺脫低薪困境；對照生活服務業是臺灣優勢，

但臺灣受限無經貿協議而無法有效輸出，讓臺灣人力流動化與國際化，對臺灣擺脫低薪窘境會有助益。

臺灣經濟發展起步比中國大陸早二十多年，因此在服務業表現會優於中國大陸，尤其是生活服務業，ECFA的後續服務貿易協議，是讓臺灣生活服務業者有機會進入中國大陸布局，尤其是十三五城鄉一體化規劃，會讓中國大陸人民因城市化而改變許多消費行為，帶來龐大商機，但目前新政府在野時，發動太陽花學運，選擇拒絕，把商機拱手讓人，至於生產服務業因臺灣市場開放不足，外商一直裹足不前，馬政府設計自由經濟示範區來突破，但新政府在野時是一再杯葛反對，執政後讓示範區無疾而終，至今也提不出有效替代方案，反觀中國大陸透過自由貿易試驗區設計，已吸引不少生產服務業進駐。

新一代的臺灣人接受高中職以上教育比重相當高，是臺灣發展現代服務業最大優勢，但很可惜是政府相關部會無法認識現代服務業的意涵，以致在教育或職業技能培訓無法有效規劃，學用落差大，讓臺灣生產服務業或生活服務業無法應對國際化趨勢，因此個人衷心期盼中央或縣市政府不妨放下身段，好好閱讀中國大陸十三五服務業或現代服務業的規劃報告，趕緊提出臺灣現代服務業發展規劃，說不定會有助臺灣各縣市產業轉型升級並帶動新就業機會與臺灣經濟，擺脫低薪並降低失業率。

（2017年6月16日 工商時報）

21、重視與時俱進的新加坡經濟戰略

新加坡未來經濟委員會（The Committee on Future Economy, CFE），於2017年2月提出未來十年新加坡七大經濟戰略，以保持新加坡經濟持續成長，新加坡代表處在第一時間是有將摘要譯成中文，但很可惜國內相關部會並未重視，沒有把全文譯出，讓全體公務人員失去理解新的拼經濟方式的良機。

未來新加坡七大經濟戰略全文含附件為144頁，報告書內容強調新加坡已是成熟經濟體，加上當前全球經濟、政治、科技等領域出現很多變化，新加坡很難像過去那樣實現每年5%以上的高速成長。因此提出的三大途徑、七大經濟戰略來發展新加坡經濟，三大途徑分別是新加坡要保持開放性，繼續與世界接軌；要與時俱進、精益求精，這就要求新加坡人掌握和善用精深技能，企業增強創新能力；新加坡政府、企業和新加坡人民要探索新的合作方式，協力落實有助經濟成長的策略。七大經濟戰略包括：深化並擴展國際聯繫、掌握並善用精深技能、加強企業創新與狀大能力、增強數位能力、打造機遇處處的蓬勃互通城市、發展並落實產業轉型藍圖、攜手合作促進創新與成長。

從新加坡未來十年經濟戰略可發現，市場開放、人才精進、官民一體是國家發展的重要核心，新加坡政府看到了，而七大戰略是環繞這三個途徑，因此各戰略下的方案或計畫是讓戰略彼此間緊密相扣，因此深入閱讀全文是有其必要性，小英政府是可責求相關部會將全文譯出（含附件），會對國內產官學思索臺灣下一步，個人認為相當有幫助。

臺灣產業轉型多年並沒有大幅進展，新加坡政府此次經濟戰略

規劃中的第六項發展並落實產業轉型藍圖，個人認為相當值得臺灣借鏡參考，產業轉型藍圖係新加坡政府針對各產業特定需求及面臨不同環境變遷的挑戰，由一個相關政府部門專責統合各方意見，提出客製化的轉型藍圖，每個產業轉型藍圖皆包含生產力、工作與技能、創新與科技、貿易與國際化等，在2016年新加坡政府財政預算案中提出的構想，彙整各產業相關的政府、公協會、工會及產業界等單位意見制定而成，規劃將陸續針對23個、涵蓋新加坡80%GDP的產業提出各產業的轉型藍圖，目前已針對6個提出，產業轉型藍圖之執行則由「技能、創新與生產力理事會」（Council for Skills, Innovation and Productivity, CSIP）領導相關單位執行。

　　新加坡是比臺灣在面積、人口、資源都少的國家，整體產業規劃都提出二十三項來進行，希望透過這二十三項產業繼續帶動GDP成長，從新加坡的案例小英政策的五大產業創新+2再+3，合起來才十項，還是比新加坡政府少上一截，顯示小英政策並未全面看到臺灣經濟真正問題，個人認為政府要拚經濟，不妨先參考新加坡政府作法。二十多年前臺灣是四小龍之首，四小龍國民平均所得臺灣最高，如今新加坡已突破5萬美元（US$53,224/2016），臺灣還不到2萬5千美元（US$22,082/2016），不到新加坡一半，主要原因無他，臺灣產業轉型不成功，新加坡目前又再提出產業轉型來提升生產力與競爭力，讓新加坡能保持成長，新加坡這種與時俱進作法，臺灣豈能不參考借鏡。

（2017年9月5日 工商時報）

22、數位經濟潮流，臺灣戰略待強化

數位經濟（數字經濟）在20國集團（G20）「數字經濟發展與合作倡議」中，認為是以使用數位化的知識和資訊作為關鍵生產要素，以現代資訊網路作為載體，以資訊通信技術的有效使用，作為效率提升和經濟結構優化推動力的系列經濟活動。蔡政府在5+2產業創新政策後再+3，亡羊補牢地把數位國家創新經濟發展方案列入。

網路建設已成全世界公認的基礎建設，不會低於傳統的鐵、公、機建設。近年來，一些國際組織，如OECD、世界銀行、20國集團等，也陸續發布數位經濟報告與宣言，凸顯數位經濟會是未來經濟主流。

為迎接數位經濟的到來，先進國家莫不重視數位建設，如美國從2010起的寬頻計畫、雲計算戰略、大數據研究與開發、數位政府、數位經濟議程、人工智慧研究與發展等；歐盟2010年也開展歐洲數位議程、數位單一市場戰略、產業數位化規劃；其他如英、法、德、日、澳大利亞也都有類似發展計畫來因應數位經濟。新加坡也走在IT技術與產業前緣，目前的數位戰略則為「智慧國2025」。

臺灣目前的數位戰略可分見「數位國家創新經濟發展方案」與「前瞻基礎建設計畫」，將兩個計畫內容對照可歸納為六項：寬頻建設與網路安全、軟體建設、數位經濟發展、服務建設（數位政府、平權網路社會、智慧城鄉）、內容建設與人才建設，兩項計畫約1,200億元。若與德國「數位戰略2025」的十項計畫：千兆級光纖網、強化創業風潮、建立更多投資管理與創新機制、鞏固智慧化聯網、加強資訊安全與主權等，投入經費約1,000億歐元相較，會感受到我們的數位戰略在質量都差上德國一大截。

建議新內閣重新檢視前瞻計畫，參考先進國家數位戰略，強化臺灣數位戰略，勿錯過數位經濟潮流。

（2017年9月20日 聯合報）

23、不要錯失發展VR／AR／MR產業機會

　　宏達電的手機部門被Google購併，對許多國人是憂喜參半，喜的是宏達電不會走向威盛的悲劇，憂的是臺灣又失去一項主力產業。所幸宏達電近年來力推VR事業，目前是有所成，不少國人殷切盼望VR會讓宏達電未來再創另一高峰。個人觀察宏達電鑑於過去手機產業未能重視中國大陸市場，讓中國大陸手機如小米、華為、OPPO等品牌崛起的慘痛教訓，已將研發重點與中國大陸主要VR/AR/MR產業企業合作，畢竟中國大陸絕對是VR/AR/MR產業的主力市場，其規模將超過550億人民幣或更高，因此宏達電有機會藉由中國大陸市場做大做強。

　　前一段時間，臺北國際電腦展中VR/AR/MR便是今年的亮點之一，VR/AR/MR產業近年來在先進國家迅速發展起來，2016年美國高盛投資銀行專門為此產業發布一份長達58頁的報告，描述虛擬現實（VR）與增強現實（AR）產業的未來發展狀況，報告中預估VR/AR產業規模在2025年將達到800億美元，一個如此龐大商機的新興產業，臺灣是應即時將VR/AR/MR納入臺灣新興產業項目。

　　VR/AR/MR代表三種技術，在技術層面是相通的，VR是呈現虛假，用戶要佩帶載具如特製VR眼鏡，才能看到人物與場景，是虛擬的；AR是呈現假真，主要在透過光學+3D重構的場景之中，將「假」的存在導入「真」的畫面；MR是VR與AR混合體，表現在真真假假、虛虛實實。

　　依高盛投資銀行的分析VR/AR應用在九大領域：視頻遊戲、事件直播、視頻娛樂、醫療保健、房地產、零售、教育、工程和軍事，但從相關研究可發現VR/AR目前影響的產業有電影、遊戲、直播、

媒體、旅遊、教育、房地產、室內設計、汽車、醫療、金融、軍事、工業生產、城市規劃、能源開發、救災演訓、電商、文物藝術、服裝、健身、圖書出版、社交、零售已超出這九大領域，因此「VR+產業」將成為未來新經濟發展的重點，VR經濟有可能是未來經濟發展的新引擎。

　　臺灣在這一波VR/AR/MR發展熱潮中，宏達電的Vive表現不會比日本Sony的PS VR、美國的Oculus的Rift遜色，絕對是臺灣發展VR產業的領頭羊，政府應好好掌握此機會，整合以宏達電為主體發展VR硬體產業、人機交互設備產業、行業應用模擬器、虛擬環境產業、移動終端VR產業、VR平臺軟體與嵌入式系統產業、VR服務產業、VR園區與育成中心，讓臺灣建立起VR產業群聚，說不定會讓臺灣有一個新經濟成長機會。

　　發展VR/AR/MR產業，個人觀察臺灣目前腳步是慢了一點，但許多研究機構預測VR會一如電腦、手機一樣改變世界，因此VR+將會為各行業、各領域創造更多新技術、新機會與新模式，因此新內閣應盡速將臺灣VR/AR/MR產業的廠商納入臺灣新興產業藍圖，不要遲疑，好好要求相關部會與工研院，及宏達電等相關企業合作，製作臺灣VR/AR/MR產業技術路線圖（Technology Map），讓臺灣不要錯失發展VR/AR/MR產業時機。

（2017年10月12日 工商時報）

24、別再迷信國艦國造

　　蔡總統推動五大創新產業中的國防產業，其重頭戲—國艦國造，因慶富公司的能力不足讓獵雷艦夭折，不禁讓人懷疑臺灣是否值得發展所謂「國艦國造」、「國機國造」。

　　「國機國造」在過去蔣經國總統時代已初步實現，但其繼任者李登輝先後大量採購幻象2000與F16A、F16B，而中斷IDF戰機的後續生產。如果IDF戰機目前仍持續生產，相信在全球戰機市場中是有可能外銷輸出，國防工業只有輸出才會對國家經濟發展有意義。

　　過去所有的IDF戰機生產條件，包括試飛官人才、組裝人才、設計人才都沒有繼續培養，目前重提「國機國造」，說實在話已緩不濟急，同時新戰機又以汰換目前教練機為主體，並不延續IDF戰機基礎來發展，採慶富獵雷艦模式的技術移轉，但數量比過去IDF戰機少。過去IDF的戰機數量都無法讓戰機生產線永續經營下去，數量少的教練機自造生產線若無法提升，或恢復能力來進一步汰換目前的IDF戰機，對「國機國造」並無多大意義。

　　「國艦國造」其實早就實現，如過去的飛彈快艇、現階段的沱江艦，只不過對數量不多的「獵雷艦」是否也要自造，就值得討論。就算未來臺灣會造「獵雷艦」，臺灣內需早已飽和，要輸出可能也要美國原設計公司洛馬公司與美國政府同意才可行，同時也要面對許多先進國家「獵雷艦」的競爭，因此能否成為一項產業，尚在未定之天。

　　蔡總統的國防幕僚昧於情事，過度樂觀造成蔡總統誤判。而更糟糕的是得標廠商慶富公司，自己能力不足，妄想蛇吞象，完全是因為資本額小、資金不足，無法滿足外商價金的供應，有沒有能力造艦也不清楚，不但誤己也誤國，海軍的招標工程顯然有問題。但這一切還

是歸咎於政府太迷信「國艦國造」，國防部的國艦國造與國機國造政策沒有一貫，中間斷層且摻雜太多政治因素，才造成今日風風雨雨的弊端。

　　講實在話，臺灣要發展國防產業必須要有輸出能力，有兩種項目最有機會：飛彈與傳統的槍砲，前者臺灣目前都能自製，性能也不差，若能再提升為中程飛彈，對防禦臺灣比採買戰機、戰艦來得有效。而傳統槍炮是每個國家都有需求的基本武力，且需求量相當大，臺灣若能在這些傳統武器上做更精緻加工與功能提升，相信臺灣未來也可做到手槍、衝鋒槍的外銷。

　　期盼這次慶富公司獵雷艦案的教訓，能喚醒國人不要迷信「國艦國造」、「國機國造」，意圖藉此來發展國防工業；若能轉向飛彈與傳統槍砲的研發製造，才是臺灣國防工業的生機。

（2017年11月28日 中國時報）

25、南臺灣產業的嚴冬

　　冬季給人的印象是寂靜、凋零，2017年是民進黨完整執政的第一年，南臺灣的產業的處境，無論是農漁業、製造業、或服務業都陷入一種說不上來的困境，這種困境宛如嚴冬般一樣，處處冷颼颼，而這個困境多數臺灣民眾會認為是來自蔡總統不願馬規蔡隨認同「九二共識」，沒有「九二共識」，對南臺灣產業造成多大影響，個人的觀察分述於後。

　　首先談農漁業，馬政府認同「九二共識」後，兩岸ECFA隨即達陣，農漁產品包括石斑、芒果都可向中國大陸輸出，造就南臺灣農漁村一片榮景，其間中國大陸各省均有採購團來臺購買水果與虱目魚契作，讓南臺灣農漁民倍感興奮，認為農漁業的春天來了。但蔡總統的兩岸政策無法讓中國大陸認同，ECFA的讓利方便門就此關上，農漁產品銷售中國大陸無法再依臺灣的標準輸出，以至於不少農漁產品被退運或銷毀，讓農漁民白忙一場，血本無歸。前些日的香蕉生產過剩問題，若在馬政府時代，中國大陸的採購團來，臺灣的香蕉價格也不致崩盤。臺灣的農漁產品品質好，中國大陸民眾樂於購買，然而這一切美好畫面，都因沒有「九二共識」而消失。

　　其次談製造業，兩岸ECFA達陣後，早收清單出爐，面對南韓在中國大陸的競爭，確實是讓南臺灣的製造業出現再出發的機會，因此希望貨物貿易協議能夠在短期間達成，好讓南臺灣製造業能在中國大陸布局，卻因目前執政黨鼓動「太陽花事件」，貨物貿易協議就此打住，讓南臺灣的製造業經營更加困難，或關廠、或出走，促使南部地區失業率居高不下。

　　服務業是臺灣對中國大陸的強項，因此中國大陸願意優先讓服務

貿易協議生效，好讓有心到中國大陸的臺商優先布局，搶得比日韓歐美大國服務業先機，這一切因「太陽花事件」的諸多謠言，如開放美髮業會臺灣人讓中國大陸的業者「洗腦」，以致於服務貿易協議到現在依然躺在立法院，也讓中國國民黨兩次選舉輸掉執政權。服務業在中國大陸自貿區陸續建制下，臺灣已喪失優先布局，加上沒有「九二共識」，團體陸客就開始減少，嚴重影響南臺灣各種服務業如旅館業、糕餅業、金飾業，甚至夜市遊客也大量減少，屏東墾丁大街人潮不若昔日，許多業者不禁懷念起馬政府時代那一段美好時光。

　　南臺灣以高雄為首，高雄在六都中，人口居老二地位被臺中市追上，在在凸顯出經濟發展不如，原本寄望ECFA帶來一絲經濟春天，伴隨不認同「九二共識」而消失，整個高屏地區又失去活力機會，最近看到知名廠商在高雄撤店，真的會感到南臺灣的產業處於寒冬狀態。

（2017年12月4日 公論）

26、臺ICT唯一出路，市場規模

　　臺灣ICT技術與產業在1990年與2010年間是領先中國大陸，但隨著中國大陸自主創新戰略的形成，中國大陸許多ICT技術與產業都已壯大，甚至超前如智慧型手機，小米、華為、OPPO、VIVO、中興都在世界各地發光發亮，相形之下，臺灣的hTC與ASUS在各地一一被取代，臺灣各界包括政府部門是應該好好檢視我們的ICT技術與產業政策。

　　新一代的ICT技術與產業已在全世界如火如荼展開，引發了數位經濟與智慧製造時代的來臨，但個人觀察，臺灣只有注意技術研發或引進，並未落實成為一項產業而形成一個產業群或產業鏈，無法落實成為產業技術或產品，要再精益求精是相當不易。反觀中國大陸大數據、雲計算、VR/AR、區塊鏈、物聯網、人工智慧（AI）等技術，在許多城市都落實成為一個產業群或產業鏈，如貴陽市是中國大陸推動大數據與區塊鏈；無錫、西安、成都、北京、上海、青島等市在十二五期間都推動物聯網產業；上海、哈爾濱、北京也在十二五期間發展雲計算產業。

　　VR/AR、AI以及5G是十三五的發展重點，廈門已率先制定VR/AR發展規劃，北京也落實推動AI產業方案，而5G在華為與中國大陸三大通訊集團合作下，未來一年將在中國大陸城市試驗，而十二五期間推動的大數據、雲計算、區塊鏈、物聯網更是在中國大陸各地開花，中國大陸能將新技術轉換成產業，這也就是中國大陸能夠持續維持一定經濟成長率原因之一。

　　個人從十一五期間就開始關心中國大陸產業發展議題，的確中國大陸是常用市場來換取技術引進，新一代的ICT技術包括大數據、雲

計算、VR/AR、區塊鏈、物聯網、AI以及5G也不例外，但技術領先者並不會因技術被中國大陸引進而消失自己優勢，仍藉由本身研發能量不斷推陳出新來保持領先，而中國大陸在引進技術後能充分運用市場規模，來修正技術或改良技術讓市場規模愈來愈大，智慧型手機、高鐵都是很明顯的好例子。

　　臺灣缺乏市場規模來坐大與精進技術能力，始終無法擺脫技術追隨者角色，臺灣目前ICT產業普遍獲利被譏為「毛三到四」都來於此。找尋規模市場是臺灣未來ICT技術與產業的唯一出路，中國大陸的未來ICT技術與產業也正在起步當中，台積電、宏達電的VR都往中國大陸布局，就是要用中國大陸市場來精進技術，維持技術領先。

　　蔡政府若不忍臺灣ICT技術與產業被彎道超車，而讓臺灣的經濟主力消失，請相關部會好好研讀中國大陸新一代的ICT技術包括大數據、雲計算、VR/AR、區塊鏈、物聯網、AI以及5G的規劃，同時思索如何讓目前臺灣的優勢與中國大陸對接。

（2018年1月8日 旺報）

27、落實循環經濟與數位經濟，臺灣低薪才能解套

　　報載韓國國民年均所得將在今年春季達到3萬美元，對照蔡總統在2017年年終記者會，提出要用「五箭」來消除臺灣低薪狀況，是一個非常大的諷刺，也凸顯臺韓的差距愈來愈大。

　　蔡總統的話是想挽回目前20～29歲年齡層年輕人對民進黨執政信心崩盤，但個人認為這「五箭」是抓錯藥、用錯方，挽救臺灣低薪的核心是讓臺灣產業轉型升級，讓產業加值化。個人觀察世界先進國家的產業發展政策，都將循環經濟與數位經濟作為其產業發展的新途徑或方式，任何產業都能與循環經濟與數字經濟掛勾；就個人觀察，目前循環經濟工作也是藉數位經濟來達成，麥肯錫公司前些日直言臺灣數位化落後全球，個人認為，循環經濟亦是如此。

　　綠色經濟是目前全球經濟發展主流，而要做到綠色經濟，其前提是要能減碳、節能與零排放，而減碳、節能與零排放又正好是循環經濟的核心。臺灣減碳、節能與零排放的工作並無多大進展，其中碳排反因廢核而加劇，同時事業廢棄物或汙水排放等環境公害仍時有所聞，凸顯循環經濟並不到位，隨著全球新貿易規則對環保標準的提高，臺灣各式各樣產業，包括農業若不正視減碳、節能與零排放，將來臺灣製造將會被許多市場拒絕、產品賣不掉，哪有加薪機會。

　　數位經濟在德國的工業4.0與美國矽谷的共享經濟雙雙提倡下，先進國家提出各式各樣數位戰略，以迎向數位經濟時代的來臨。數位經濟本質上是新一代ICT技術，如物聯網、大數據、雲計算、區塊鏈、AR/VR、人工智慧運用在各產業，將過去做不到的事情化為可能，因此產生許多新業態、新經營模式與新產業。這些新業態、新經營模式與新產業讓美國、德國、英國、法國、澳大利亞、韓、日與新

加坡等國數位經濟先進國家的經濟持續成長，其數位戰略值得臺灣參考，除可協助各式各樣產業轉型升級，讓產業加值化，同時也能增加新工作機會。

臺灣經濟是以中小企業為主體，多年來減碳、節能與零排放都無法落實，當然循環經濟就無法順利推動，從國外的研究與報導發現，數位經濟的推動會有助於減碳、節能與零排放工作，甚至可以預防因工業災害所衍生的環境危害。因此，個人認為循環經濟與數位經濟是臺灣經濟轉型升級雙引擎，然而多數中小企業的循環經濟與數位經濟知識與能力是不足的，當然需要政府來協助，同時臺灣目前各種形態的工業區的循環經濟與數位經濟規劃與建設也是不夠，也需要政府大力投入。

目前臺灣數位國家創新經濟發展方案與前瞻基礎建設方案的預算，加總起來到2025年也才臺幣1,000多億，比德國數字戰略2025的1,000億歐元，真的少得可憐，蔡總統若覺得循環經濟與數位經濟是啟動臺灣經濟轉型升級雙引擎，新年之際，個人由衷建議賴內閣，將前瞻預算的軌道預算移撥到數位經濟與循環經濟，讓循環經濟與數位經濟雙引擎真正動起來，讓臺灣產業轉型升級，低薪狀況才能解套。

（2018年1月19日　工商時報）

五、FTA

1、不做FTA研究，當然原地踏步

　　貴報報導FTA賽跑，南韓衝刺奪標，臺灣原地踏步。韓國今日FTA的績效應該歸因金大中、盧武鉉、李明博三任領導人都能以FTA為核心，做出將外交部改組外交通商部，訂定FTA戰略藍圖以及新亞洲構想將韓國成為亞太地區FTA樞紐政策。

　　韓國與歐盟的FTA今年開始生效，緊接著韓國與美國的FTA也會在今年底生效，倘若中國也與韓國展開FTA談判，屆時韓國將與中、美、歐三大市場連結，臺灣的經貿競爭壓力將會更加沉重。個人在國內相關部會網站及國內相關經貿研究機構網站並無發現臺灣與相關國家類似FTA機制的研究報告；相反地，筆者在韓國國際經濟政策研究院（Korea Institute of International Economic Policy, KIEP）的網站上可以找到上百篇有關韓國與相關國家地區的FTA研究報告。

　　臺韓的產業結構極為相似，因此在經貿戰場相互是對手，從目前韓國與世界各國簽訂FTA狀況看，臺灣顯是處於不利情況，從智庫或政府部門的研究報告來看，造成今日的劣勢是其來有自，倘若政府相關部會願意以KIEP的資料做起點，再輔以日本JETRO、NIRA兩個研究機構的FTA研究，後發也有可能會後來居上。

（2011年7月15日 中國時報）

2、朝野應向韓國學習FTA

之前總統大選辯論，三位候選人都提出救經濟的方向，馬總統「家有產業、產業有家」、宋主席「臺灣試點、中國大陸發展、行銷世界」、蔡主席「發展在地經濟」，基本上都忽略了FTA。試想未來臺灣生產的各種產品，若無法有效與他國，尤其是韓國競爭時，臺灣的經濟光靠內需是難以為繼，依目前行政院主計處估計2011年臺灣國民平均所得可望突破2萬美元，就個人觀察，應與兩岸簽定ECFA有關。

蔡主席日前在一場競選活動中提出韓國的FTA政策能力優於臺灣，宋主席在辯論會中也指出韓國在經貿戰已超越臺灣，都點出韓國在FTA政策執行力優於臺灣韓國的成功關鍵因素有三項。

首先是韓國政府很早就體會到它是個資源匱乏、人口相對眾多的國家，提高國民收入的唯一途徑就是透過對外貿易來創造附加價值，因此早在2003年就開始推動與多個國家的FTA談判，進而融入全球FTA的潮流中，在2005年就達成十五項FTA協議，對照民進黨在那期間執政最多不到五項，韓歐、韓美也在這段期間不斷談判、協商，終於在2010、2011年分別取得成果。臺灣的背景與韓國非常近似，韓國能，為何我們不能？其中道理很簡單，我們當時的領導人陳水扁總統及其團隊，包括目前的「蔡蘇配」都不盡心也不用心，一天到晚忙於鎖國，與人「對抗」、「衝突」，雖然簽訂五項FTA，卻都是中美洲邦交國，與臺灣貿易量很小，無助於創造附加價，這也是為何民進黨執政期間，我國民平均所得無法有效提升，甚至被韓國超過的主因。

韓國早期推動FTA政策核心機關為「FTA促進委員會」會長由韓國政府組織調整前之通商交涉部長擔任，通商交涉部在業務上協助「FTA促進委員會」並擔任實際談判主體，並非專人在推動。2004年

韓國政府改造後，FTA工作移由外交通商部主政並新設「自由貿易協定局」（FTA局），下設FTA政策科、FTA地區交涉科、FTA商品交涉科、FTA服務交涉科等四科，從此有了專門執行FTA談判的部門及人員，在2005年除完成FTA十五項協議外，還至少有三十七項FTA正在談判中，由此就可明白專責機關設立的必要性，這也是韓國FTA成功策略之一。

韓國另一成功策略在懂得「取捨」、「布局」，對主要競爭對手就搶在前面，如韓歐FTA、韓美FTA就搶在中日兩國之前，如果單獨與他國簽定FTA後，可能承受不均衡負擔，韓國就會採多個國家同時談判，以使韓國國內產業之間損失與利益平衡，ASEAN+3就是代表。

韓國這些動作都在民進黨執政期間進行的，蔡主席連續多次批判馬總統的FTA執行力，若仔細查核民進黨執政八年的成果，才乏善可陳，蔡主席在美商年會的演講，也指韓國的FTA優於臺灣，這或是事實，但她似乎忘了自己先後擔任陸委會主委、行政院副院長，都與FTA業務有關，把自己的責任卸得一乾二淨，有點不負責任，教國人如何相信她有能力治國。

馬英九總統上任後，打破兩岸僵局並積極與中國大陸洽商ECFA事宜，將原本會耗時多年的工作，在短期間實現，讓國人享受到更多利益，除此之外，馬總統也在EGEA生效後積極規劃與東協（ASEAN）相關國家如新加坡洽商FTA談判工作，也積極與美國洽談TIFA（臺美投資暨貿易架構協議），更拋出要加入TPP（泛太平洋戰略經濟夥伴關係協定），樣樣都有在努力，是三位總統參選人最有FTA政策規劃執行力，但容個人不客氣的點出ECFA的成功，有大半是來自對岸的「讓利」，面對與其他國家FTA談判有許多問題要面對，絕對不會像中國大陸是那麼短期間就可達成，韓國與各國FTA的成功經驗，值得朝野共同學習。

（2012年1月10日　工商時報）

3、CEPA是ECFA一面鏡子

　　ECFA或許是臺灣近年來經貿最佳成績，如何繼續擴大其成效，臺灣經貿官員或許無此經驗而無法因應，也遭受各界責難，前一陣子總算簽訂服務貿易協議，但這個協議也在臺灣掀起抗爭與政爭，探討原因，個人認為臺灣經貿官員未用心將香港與中國大陸從2003年簽訂CEPA的主體文件後，隔三個月又簽署6份文件（俗稱CEPA第一階段），從此之後到2013年9月，雙方又陸續簽訂9份補充協議（俗稱CEPA第二至第十階段）等文件來說明臺灣與中國大陸的未來經貿發展方向與內容，讓國人能及早準備因應。

　　在WTO架構下，中國大陸基本上將ECFA與CEPA視為一種類似於自由貿易區的安排，因此香港的經驗，臺灣似可借鏡參考。香港的CEPA主要內容分為三大部分：(1)貨物貿易自由化；(2)服務貿易自由化：逐漸減少對香港服務提供者的限制措施；(3)促進貿易投資便利化：截止目前有通關便利化；商品檢驗檢疫、食品安全、質量標準；中小企業合作；產業合作；電子商務；貿易投資促進；法律法規透明度；智慧財產權保護；品牌合作與教育合作等十項。

　　從香港的經驗軌跡是利大於弊，即將在2014年生效的補充協議十內容包含目前臺灣的服貿協議項目，香港十年談判結果，臺灣在對岸善意兩年就達陣，臺灣朝野應好好珍惜，並思考我們的路要怎麼走才會更快更穩，香港是臺灣一面非常好的借鏡櫥窗，希望朝野政黨與政商各界不要再猶豫服貿協議，中日韓FTA已重新啟動再一次說明，時間已不在我們手上，如果不運用擴大ECFA效益來加深臺灣經濟轉型，我們的競爭力會在未來消退。經濟部公布中日韓FTA成局的話，臺灣GDP將會影響1.49%，屆時臺灣經濟壓力更險峻。

（2013年10月 南方生活報）

4、服貿不過，經濟難飛

ECFA因為不是完整的FTA，所以才會有後續服務貿易、貨品貿易、投資保障與爭端解決等四項協議。投資保障協議已生效，對國人赴中國大陸投資更增一層保障，緊接著應為服貿協議，好不容易兩岸雙方簽署，但在野黨立委卻在立院百般刁難，硬是將服務貿易協議卡在「喬家大院」，讓服貿協議原本可作為臺灣FTA戰略全面開展的助燃劑，反轉變成為絆腳石，這一切作為讓韓人、日人竊喜在心頭。

從加入WTO那一刻起，臺灣政府就應好好教育與訓練國人熟悉FTA各項遊戲規則與基本常識。但從李登輝擔任總統時，政府這一塊工作就做得不理想，因此老百姓、立委不理解FTA、ECFA、服貿協議相關作業是可理解的。

個人非常期盼，政府應痛定思痛強化國人熟悉FTA各項遊戲規則與基本常識，也引進韓美制度，讓立法院能有效協助談判，而不是攔路虎，使臺灣未來FTA戰略能順利開展。

而眼前服務貿易協議不過關，RCEP、TIFA、TPP談判將更形困難，期盼朝野能清楚認識臺灣經濟困境，不走出去，也不讓人走進來，臺灣經濟會更形惡化，誰執政，誰就接臺灣經濟惡化燙手山芋。

（2013年11月1日 聯合報）

5、臺灣FTA總體戰略思維

　　臺紐、臺星的類FTA已達陣，但政府可不要高興太早，臺美TIFA、臺歐類FTA不是八字沒有一撇，就是尚無著落，關係著臺灣經濟發展機會。目前兩個大型的FTA總體戰略正如火如荼在進行，以美國為首的「跨太平洋經濟夥伴協定」（TPP）或以中國大陸為首的「區域性全面夥伴關係」（RCEP）都與臺灣未來經貿興衰極其相關，臺灣未來FTA總體戰略應該從這兩大FTA為出發點思考。

　　美國前一陣子公布〈食品安全檢驗與動植物防疫檢疫措施〉（SPS）報告，果不其然，點名臺灣不要拖延對美牛雜碎與美豬訂定萊克多巴安最高殘留容許量，對復談臺美TIFA，其實已設下第一道絆腳石，因此沒有談成TIFA，TPP就不可能實現。

(1) 韓國策略，值得研究

　　韓國政府FTA戰略拼圖從歐盟、美國到東盟+3與印度一塊一塊的拼上，連同今年年底快談成的中韓FTA與目前正在商談的中、日、韓三國與日韓FTA，這幾大塊若讓韓國完成，韓國將擁有占全世界5/6的人口市場。臺韓兩國產業結構如此相似，同時又以外貿為經濟主體，對臺灣而言，這自然不會是好消息，看待韓國一再攻城掠地，臺灣經貿相關部會是不是應好好檢視韓國FTA戰略一再如願的背後關鍵因素。

　　從韓國國際經濟政策研究院（KIEP）的相關報告，可以很清楚知道韓國與眾多國家的FTA談判的基本工夫做得十分扎實，因此與美國、歐盟、東盟這三大經濟體，都於2010年、2011年先後完成，相形之下，臺灣連八字都沒有一撇。

其實，韓國也曾面臨美牛、美豬與美國其他農產品進口壓力，但韓國政府能透過相關策略輔助，克服國內反對壓力，將開放市場的損害降到最小，而創造最大的利益；經貿談判本來就是互相開放市場，有本事的國家當然就能取得更大的利益空間。

從韓國的經驗可發現，韓國其實是掌握技術創新、品牌建立來強化其製造業，使其開放市場能取得更大利益空間，這就是韓國在1997年金融危機後能再爬起來，並超越臺灣的最大關鍵因素。

(2) 及時調整，迎頭趕上

美國最近為何開始重視TPP與TIPP這兩項大型FTA工作，乃因美國政府已發現製造業才是王道，因此也開始鼓勵美商回流並提倡「先進製造業夥伴關係」（AMP），一方面帶動就業機會，另一方面改善貿易逆差，增加國民所得，除此之外也藉由市場開放之美名，將其大量農畜產品傾銷到各國，可謂是一舉數得的戰略，美牛橫行世界各國就是一個明顯實例，臺灣必須認清這一點。

因此期盼相關部會能好好研究韓國國際經濟政策研究院（KIEP）這個智庫與FTA有關的戰略研究報告，順道檢視臺灣現有FTA戰略有何不足或遺漏之處，將我方的戰略做全面調整，並注意知財、技術標準、綠色規範、與技術性貿易壁壘（TBT）、國營企業與勞工問題等新貿易障礙，讓臺灣各行業都能及早因應，否則會產生市場看得到卻吃不到的窘境，徒然白白開放市場。

我們不必羨慕韓國目前的成就，只要朝野能夠確實檢討過去的不足之處，願意及時調整，臺灣的底子比韓國健全，即使目前落後稍許，不代表我們永遠趕不上，眼前是朝野應放下成見，合力促成服貿協議與未來貨品貿易協議通過，先透過ECFA架構加入RCEP，並加強

國內相關配套措施來促談TIFA，有了TIFA，TPP就有望。盼望江內閣能立即行動，建立臺灣新的FTA總體戰略。

（2013年12月6日　旺報）

6、TPP與RCEP可分進合擊

　　2011年吉隆坡舉行的「泛太平洋戰略經濟夥伴關係」(TPP）第十輪談判後宣布的協議框架來看，未來的TPP有五大特點：第一「全面市場準入」，清除關稅及其他阻礙商品和服務貿易及投資的壁壘；第二「完全地區協議」，為TPP成員國之間生產和供應鏈的發展提供便利，支持創造就業，提供生活水準、改善福利及推動永續發展；第三「交叉性貿易議題」（cross-cutting trade issues），包括推動實現規則一致性、促進競爭與商業便利化、解決中小企業的關注等；第四「新貿易挑戰」，推動創新型商品與服務的貿易及投資，包括數字經濟和綠色技術，確保TPP範圍內的競爭性商業環境；第五「與時俱進的協定」（living agreement），使協定能不斷更新來適時解決未來可能出現貿易問題，以及隨著新成員加入、協定擴大引起的新議題。

　　從這五大特點可進一步理解目前TPP的談判內容，包括：原產地原則、農業、技術性貿易壁壘、智產權、法律和制度性問題、服務業、環境、工業產品、衛生與植物檢驗標準、電信業、金融服務、關稅、政府採購、勞工、投資、紡織品與服裝、電子商務、競爭問題、貿易能力建設、規則一致性、透明度、企業流動性、市場准入、臨時准入、監管合作、貿易救濟、增加中小企業對貿易和發展參與、國有企業的行動規範，非相容性措施，有些是傳統的貿易協定，有些是新的貿易問題或未包含在以前貿易協定的交叉議題。

　　日前經濟部長張家祝對媒體表示已展開蒐集韓美、韓歐FTA以及加入TPP的資格與條件等資料，看到這一段報導，我的心裡頓時涼了半截，這些工作不是應該早該做的嗎？

　　光從TPP內容名稱不難發現，政府確實有太多工作沒有做或剛起

步，誠如前副總統蕭萬長所言，時間已不在臺灣手上，臺美的TIFA都尚未敲定，就想要一步登天到TPP，不是不可能，但做事總要有系統、有條理才有機會成功，「美豬」開放進口其實是TPP規則一致性，不知政府要如何應對，TIFA未定，TPP達陣機會其實不大。

TPP的談判涉及國家至少有12個，未來可能14個，會比TIFA複雜，同時TPP目前是由美方在一手主導，沒有TIFA就沒有TPP。政府可藉由TPP的談判內容來檢討臺美的TIFA有何不足之處，來進行修法、立法與相關配套措施，TIFA能成，TPP基本上就能水到渠成，成為一塊踏腳石。否則TIFA就會成為一塊絆腳石。

TPP的12成員國貿易額為臺灣貿易總額35%，RCEP的16成員國則為56.6%，對臺灣未來經濟發展都非常重要，兩者成員國是有些重疊，從現實面來談，TPP門檻要比RCEP要來得高，RCEP應可優先推動，但眼前《服貿協議》都無法成行，RCEP就也如TPP一樣變得有些困難。

這兩超大型FTA都涉及到大量資訊的蒐集、分析、修法、立法與溝通與宣導，是需要大量人力投入，馬總統邀集民間部門參與方向是正確的，但TPP、RCEP所涉及的內容有些會重疊，可事先區隔避免重複做工，浪費時間與人力，因此建議成立兩個小組同時進行工作，分進合擊，互相支援，任何一項達陣對臺灣都是利多，對突破目前的困境都是有助益。

（2014年1月22日 旺報）

7、中韓FTA傳佳音，我獨自傷神

中國大陸國家主席習近平訪韓，習朴會後的聯合聲明中，決定爭取年底前完成雙方自由貿易協定（FTA）談判；對臺灣而言，只能為太陽花學運將兩岸服貿協議擱置，連帶影響後續貨貿協議及相關國家的經貿談判獨自傷神。

坦白說，臺灣在2000年加入WTO，到2008年，臺灣的FTA成果是不足為道。馬政府上任後啟動與中國大陸類FTA談判，2010年有了ECFA初步成果，在國際FTA經貿競爭總算扳回一點。但不知何種原因，兩年後才繼續進行貨貿與服貿談判，如果時光倒回兩年前，若緊鑼密鼓的一鼓作氣談完，說不定就有可能避開「太陽花學運」，早早生效了，兩岸說不定已享自由貿易紅利。

馬總統應該好好探討，中韓兩國的FTA戰略，究竟有何過人之處，好好調整我們政府的作法。

就個人近幾年接觸中韓相關智庫資料；發現兩國的基本功，做得早也做得詳細，讓第一線談判人員無後顧之憂，專心談判。相形之下，國內卻很少看到臺灣與相關國家FTA的研究，因此談判人員當然對敵情不熟，談判自然不會十分流暢，建議政府應好好運用中韓兩國智庫資料，充實我們談判人員對各國資訊的掌握。

服貿協議不通過，殃及池魚貨貿協議，貨貿協議如果在中韓FTA生效後再談成，臺灣諸多產業，如面板、石化、機械、汽車、鋼鐵，都會受到相當大衝擊，恐怕會造成大量失業。

個人觀察，臺星、臺紐的FTA服務貿易內容與兩岸服務貿易協議，發現其實我們談判人員做得並不差；但是對照中韓兩國，會將談判成功第一時間與人民溝通分享，讓人民知道未來有何商機與困難要

面對。

　　中韓對內勤於溝通；對外做好各種資料搜索與分析，因此佳音頻傳不是偶然。盼望馬總統能及時調整政府目前各種作為，眼前一時挫折，知道缺失及時修正仍未晚。

（2014年7月6日　聯合報）

8、化解臺灣FTA困境的功課

　　近一個月來，東亞地區的國家及經濟體的FTA好消息頻傳，前些日子的日加、韓加FTA達陣，近日則是香港與東協要啟動FTA談判以及中瑞、中冰FTA要生效；人家好事連連，我們中華民國卻因「太陽花學運」，把ECFA的後續《服貿協議》弄得斯人憔悴，徬徨在全世界FTA舞臺上。

　　檢討《服貿協議》如今困境，在野黨及學運團體當然要負相當責任，如果民進黨這個在野黨不那麼不負責任一直霸占主席臺；也斷無張慶忠委員30秒通過事件，學生其實就無理由攻占立法院，而立法院長王金平，未在第一時間驅散學生，釀成這個舉世矚目「憲政大笑話」，也註定《服貿協議》會困在立法院一段時間。

　　《服貿協議》被民進黨立委及同路人稱為「賣臺協議」，實際上各國簽訂的FTA，都是想要把各國貨品、服務賣出去，賺外國錢，因此《服貿協議》被稱為賣臺協議一點也不為過；而釀成學生與民眾不安的主因，其實是政府「溝通」不夠，造成耳語、懶人包滿天飛，讓民心更加不安，引發「太陽花學運」一點也不意外，如何化解民眾對《服貿協議》的各式各樣疑問，就是化解《服貿協議》困在立法院的最佳解決方式。

　　臺灣在2002年加入WTO後，對執行FTA工作並不積極，扁政府儘管簽訂中美洲4個邦交國的FTA，因占貿易總額非常低，不到1%，對臺灣實質經濟成長並無多大幫助。馬政府2008年上任後，首先簽訂ECFA讓全世界嫉妒萬分，《服貿協議》是ECFA的後續計畫，讓臺灣服務業有機會走出去，不料事與願違，太多人因認識《服貿協議》不足，釀成這一場幾乎是非自有公論，迄今批評《服貿協議》的元素

依然存在，在在說明政府還是溝通不足。

《服貿協議》內容究竟是否有負責任完成，要問責其實是可透過比較方式來論斷；臺星、臺紐FTA最近完成，中星、中紐則是在2007、2008年簽訂，其實經濟部是可就服務貿易部分來對照說明政府的努力，也驗證不會比中星、中紐FTA差，同時也把《服貿協議》加入說明來證明政府官員絕非是立委或學運分子所言「賣臺」，《服貿協議》相形之下說不定比中瑞、中冰簽訂的FTA有更好條件「賣臺」。

近日中瑞、中冰簽訂FTA，經濟部主事者若能在第一時間取得中瑞、中冰FTA文本及附件，好好就服務貿易部分做比較，倘若是臺灣優於瑞士、冰島，就理直氣壯說出，說不定《服貿協議》很快就過關，對照假如《服貿協議》內容比新加坡、紐西蘭、瑞士、冰島都不理想，此刻我們主事人員應深刻反省，並向中國大陸提出修改建議。因此政府用比較、比對這4國服務貿易協議內容，是化解目前臺灣FTA困境的處方，期盼江院長與張部長能深思。

習近平主席近日訪韓，其實是預告中韓FTA可能會在今年年底叩關，這一結果是多數國人所不樂見，誰執政誰就要負大部分責任，眼前經貿戰爭壓力絕非學運無知學子所能想像，盼望朝野立委能靜下心來好好檢視《服貿協議》與中星、中紐、中瑞、中冰，有何差異，簽得好就給政府官員拍拍手，無異議通過備查，有問題，朝野就好好聯手向中國大陸抗議。

（2014年7月8日　旺報）

9、迎接亞太自貿區時代

APEC年會今年在北京舉行，會議主題設定在亞太自貿區（FTAAP），FTAAP其實不是新鮮詞，早在2004年就由加拿大提出，此一構想在2006年由美國前總統布希在APEC成員國間推動，但因當時各國間自由貿易協定（FTA）簽訂並不多，遭到反對而中止，僅達成在2025年設立的願景共識。

近年來，亞太各國FTA項目愈來愈多，其中TPP最引人矚目，原本是新加坡、紐西蘭、汶萊、智利4國間的FTA，因美國邀集澳洲、越南、祕魯加入，而成為亞太地區大型FTA，馬來西亞、加拿大、墨西哥、日本，也紛紛表示要加入，目前是以這12國進行談判，由於貿易量與GDP都十分龐大，TPP成為美國重新主導亞太地區經濟戰略，同時有助於執行美國出口行動計畫。

中國與東協FTA在2002年簽署《中國—東協全面經濟合作架構協議》，即東協10+1，東協為進一步擴大其經濟量，也提出東協10+3《東亞自由貿易協定》（EAFTA）；10+6《東亞全面經濟夥伴關係》（CEPEA），10+6在中國積極介入也出現另一名稱：《區域全面經濟夥伴關係》（RCEP），RCEP的貿易量與GDP比TPP小，但相對人口數量比TPP多，更有經濟發展潛力。

美國主導的TPP中，加入RCEP的東協國家有越南、汶萊、馬來西亞及新加坡4國；泰國與菲律賓有意願加入，東協10國有6國加入TPP；而日本、南韓、澳大利亞、紐西蘭也是10+6成員國，會影響到有無建立RCEP的必要，這也是中國為何拋出要考慮加入TPP的因素之一，而FTAAP路徑圖的提出，也是中國對美國主導TPP經貿戰略的回應。

　　2010年APEC橫濱峰會發表〈通往FTAAP之路徑〉領導人聲明，清楚指出實現FTAAP的三條路徑，包括10+3、10+6或TPP，美國智庫學者Peter A. Petri等人研究，歸納為兩種軌道：TPP為跨太平洋軌道；10+3或10+6則為亞洲軌道，兩種軌道基本上都有可能實現FTAAP，跨太平洋軌道會比亞洲軌道有效率，美國在跨太平洋軌道是最大贏家，而中國是亞洲軌道的最大贏家，但其取得效益比跨太平洋軌道為少，這也許是中國對加入TPP想法鬆動的因素之一。

　　TPP或RCEP都有機會實現FTAAP，但各自有內部歧見，談判協商都不順利，要在其規劃期程達陣，都有難度，臺灣對TPP、RCEP都有意願加入，美國一再以「美豬」議題而不願實質進行臺美TIFA談判，沒有臺美TIFA，加入TPP的機會根本不可能，同時TPP的高門檻規定，相對要付出一定代價，臺灣是否在內部形成準備付出的共識，並做好衝擊配套補償？對照加入RCEP，臺灣條件相對比較無壓力，唯一問題是兩岸協商，而服貿、貨貿等議題未定案前，恐怕也無法展開，因此臺灣對TPP、RCEP，應該更積極排除各種障礙因應。

　　中國大陸在此次APEC峰會提出「APEC實現FTAAP的北京路徑圖」，美國智庫評論為不切實際，這是酸葡萄心理，原本是美國人的好牌，換成中國人來打，設想，如果這個議題仍由美國人主導，美國智庫會評論不切實際嗎？

　　盼望我們政府與相關智庫，能好好研究此一路徑圖，同時也深入了解美國、日本、南韓相關智庫對TPP或RCEP的研究，努力配合排除相關障礙，讓臺灣能及時搭上TPP或RCEP列車，而不致於在2025年前，失落在亞太自貿區門外。

（2014年11月5日 旺報）

10、韓澳後發先至，時間不站在臺灣這邊

　　中韓FTA以及中澳FTA紛紛後發先至，讓臺灣六大工商團體膽戰心驚，24日拜會行政院江院長，盼望行政院能協商立法院，盡速讓兩岸服貿協議通過生效，並加速兩岸貨貿協議談判，將中韓FTA、中澳FTA對我方的衝擊降低。

　　中韓FTA、中澳FTA，對中國大陸推動亞太自貿區（FTAAP）戰略是利多消息，但對臺灣是經貿發展邊緣化警訊。兩岸ECFA原本領先，中韓、中澳FTA後來居上，不是自己在野黨扯後腿，哪會有這種情況發生。

　　就中國大陸的RCEP版圖而言，如果中國大陸能與日本、印度放下領土糾紛，中印、中日的FTA也會有機會達成，中國大陸的RCEP版圖就完成，而這兩個FTA其實是已研究多年，臺灣若無法及時加入，真的會被邊緣化，被孤立在FTAAP門外，臺灣朝野應該好好關注中國大陸經貿戰略的進展，及早因應。

　　中韓FTA達成，但生效可能在半年後，因此執政黨與政府應好好與在野黨將兩岸協議監督條例、兩岸服貿協議盡速通過。臺灣與韓國比較，臺灣最大利基在以中文為母語，服務業是需要用言語溝通的產業，韓國人短期內無法有大量懂中文人才，一時還無法攻城掠地的展店，但韓國人若懂得授權，運用中國大陸人才，臺灣服務業登陸的機會將會流失，請朝野立委要明白時間已不站在臺灣這邊。

　　臺灣已錯失許多機會，我們也不須再為往日的錯誤與相互指責，重要的是政府與執政黨能不能上緊發條多做FTA情蒐工作，整理成中文資訊，定時向國人說明，讓國人明白FTA的諸多利益與可能損害，讓國人能及早因應，不要再被錯誤資訊誤導。

　　中國大陸在此次APEC年會要成立一個各國間FTA平臺，讓進度落後國家有更多資訊來準備談判工作，就是人家已做好情蒐工作，才提出這一方案。盼望經濟部與在野黨立委能善用中國大陸商務部轄內智庫的研究報告與資訊，來理解世界各地的FTA進展，減少不必要誤解；更期望在野立委多想想別的國家一直想與中國大陸簽FTA的理由或看到韓國手頭上的FTA成果，不要再杯葛兩岸協議監督條例、兩岸服貿協議以及未來兩岸貨貿協議，使臺灣產業有機會與中國大陸經濟再發展結合，來發展臺灣產業延伸至中國大陸，有些產業還能走進世界舞臺，創造新臺灣經濟。

（2014年11月25日 聯合報）

11、兩岸不和諧，TPP、RCEP就沒份

中韓FTA南韓國會11月30日同意，有可能在今年年底生效，屆時與南韓達成自貿協定的國家將占全球GDP的73%，比原先61%大幅增加，對一向與南韓競爭的臺灣出口而言，當然是不好的消息，要挽回頹勢最快的方法是臺灣能短期間加入TPP與RCEP。

臺灣與TPP12國的貿易額在去年占臺灣貿易額34.82%，RCEP的16國則占56.31%，如能同時加入，會讓臺灣的經濟能量增溫，但若無法在2016年有所突破，臺灣的經濟能量可能會進入失溫狀況，勢必影響就業市場，影響人民生活安定信心，因此朝野政黨在總統大選期間應表態具體戰略與作法。

TPP由美國主導，12會員國中有一個國家反對，臺灣就無法加入；韓國與印尼也表態要加入第二輪TPP談判，顯示TPP規模擴大就有機會形成亞太自由貿易區（FTAAP），臺灣若在第二輪談判不及時加入，會成為亞太經貿孤兒。

TPP會員國中汶萊、澳大利亞、馬來西亞、新加坡、越南、日本及紐西蘭也是RCEP成員國，與中國大陸有密切關係，兩岸關係不正常勢必會影響臺灣與TPP會員國接觸談判。

大選期間，朝野目前表述的經貿政策，個人歸納為全面開放與有限（歧視性）開放，國民黨是以「九二共識、一中各表」下的ECFA戰略來推動TPP、RCEP、加入亞投行與自由經濟示範區；民進黨則是排斥「九二共識、一中各表」，並拒絕ECFA下的服務貿易、貨物貿易，排斥亞投行與自由經濟示範區，而主打優先加入TPP。

朱主席的戰略，基本上是延續馬總統的政策，馬總統執政近八年因突破兩岸經貿障礙，簽署ECFA協議，才有後續臺星、臺紐協議，

其他國家協議卻因太陽花反服貿協議而中斷，因此可觀察到兩岸經貿關係是與臺灣經貿往來密切國家掛勾。

　　蔡主席至今仍不鬆口承認「九二共識、一中各表」，而全世界都在觀察馬習會後這種空前的和諧關係會否因大選變天而生變，容個人提醒，目前的ECFA是建築在「九二共識、一中各表」基礎上，否定「九二共識、一中各表」就否定兩岸和諧關係；就個人觀察，沒有ECFA就不會有RCEP，而TPP之路將會異常艱辛，最大路障是中國大陸有權單方使用ECFA第16條文——終止條文，使臺灣對外經貿關係回到原點。

　　因此，蔡主席主打「臺灣優先加入TPP」是一種錯誤迷思，盼望蔡主席與民進黨能夠深思兩岸關係和諧才是加入TPP與RCEP關鍵。

（2015年12月2日 聯合報）

12、加入TPP，事前做好三件事

　　美國國會通過貿易促進授權（TPA）法案讓TPP其他11成員國吃下定心丸，就很快的在今年10月5日將文本定案，各國將各自回去國內尋求支持，TPP 12會員國的總貿易量占全球36%，也不得不讓中國大陸從不考慮變成考慮要加入，而事實上，中國大陸早就對加入TPP與否進行得失評估；換言之，中國大陸已朝加入TPP做準備。對照從WTO的網站資料可看到臺灣與周邊國家或主要經貿對手國的FTA進度相當不理想，對未來經貿活動的拓展勢必產生不利影響，也必然會影響臺灣未來經濟成長，加入一個大型的區域經貿協議，是挽救雙邊經貿協議或FTA落後的最佳策略，因此加入TPP，臺灣勢在必行。

　　目前TPP 12會員國設計未來新會員要加入第二輪談判前，先要取得12會員國一致同意方能成行，因此未來12會員國有一個國家反對，臺灣就無法加入，因此加入TPP工作更須要臺灣全民一起參與，上下一心，朝野合作，因此有三件事需要事前預應，方能成功。

　　第一件事是美豬問題，眼前臺美經貿TIFA談判，從美方各種層級官員的談話，可發現核心問題在准許含有萊克多巴胺（瘦肉精）的美國豬肉進口，偏偏是馬政府因民進黨的壓力下做出「牛豬分離」前提，讓含有萊克多巴胺的美國牛肉進口，而不同意含有萊克多巴胺（瘦肉精）的美國豬肉進口，因此朝野若對含有萊克多巴胺（瘦肉精）的美國豬肉進口不取得一致意見，TIFA就無法談成，沒有TIFA，就沒有TPP。

　　日前文本內容公布長達30多章節1,000多頁，政府目前也要求各部會盤點文本內容與國內現有制度、法規有無衝突，並提出因應策略，個人認為美方既然坦蕩蕩的開誠布公的將文本內容公告，表示遊

戲規則就是如此，沒得商量，要加入就做好一切要求，因此第二件事是建議國發會將TPP文本內容全部提供中譯本，讓全國民眾了解未來這一仗是臺灣經濟發展關鍵之所在，也讓全民能集思廣益提供政府建議或建言，更能讓受損的團體或民眾能盡早規劃因應出路，更可讓民眾理解FTA的實質內容，免得又受類太陽花團體的不當或錯誤資訊影響，而壞了全民利益。

　　韓國與印尼也先後表態要加入第二輪TPP談判，顯示TPP的規模擴大，就有機會形成原先美國推出但目前由中國大陸主導研究的亞太自由貿易區（FTAAP），臺灣若在第二輪談判不及時加入，恐怕會成為與北韓般的亞太經貿孤兒，嚴重影響臺灣未來發展，而加入TPP除與美國等12會員國有關外，多數會員國也與中國大陸有密切關係，兩岸關係不正常，勢必會影響臺灣與TPP會員國接觸談判，第三件事是與未來有機會執政的民進黨有關，因此盼望蔡主席為首的民進黨與其同路人能認清時勢，妥善處理兩岸目前空前的和諧關係，不要自做路障，將自己絆倒在TPP路途中，讓臺灣一再錯失加入區域型經貿組織機會，嚴重影響臺灣未來發展。

（2015年12月 南方生活報）

13、新政府經貿戰略，重新考慮RCEP吧！

馬政府經貿戰略是TPP與RCEP並重，從外交部與經濟部建置TPP/RCEP專區資訊解讀，國人可清楚這兩大戰略的異同及對臺灣未來經濟發展的影響。

蔡準總統在競選期間一再表明加入TPP是施政重點，而RCEP並未列入。

從TPP與RCEP的談判進度來看，TPP文本已定稿，12會員國的國會都同意方能生效；而RCEP進入第十三輪談判，預計今年完成，進度是落後於TPP。但TPP文本雖定，各國內部歧見卻相當大，就拿支持最大力的美國來說，其政府也面臨改選，共和與民主兩黨最可能出線的總統候選人川普與希拉蕊都不支持TPP，讓TPP推動生變。新政府應盱衡局勢，重新思索獨厚TPP經貿戰略。

新政府與馬政府最大不同處在親中與恐中或仇中，因此新政府對RCEP視而不見，並提出新南向政策；但新南向是無法與RCEP抗衡的，也凸顯新政府對RCEP的內容資訊掌握不足。

RCEP是從五個「東協＋」發展而來，東協與陸、日、韓、印度與澳紐都簽定自貿協定，這五個協定內容有明顯差別，整合得花上一些時間，目前已完成十二輪談判，預計年底完成。RCEP包括貨物貿易、服務貿易、投資、制度規定，內容與兩岸ECFA非常近似，因此臺灣要加入RCEP的困難度遠低於TPP。

從人口與貿易額看，TPP遠不如RCEP，因此馬政府不會因要加入TPP而忽視加入RCEP的可能性，但因太陽花事件讓服貿受挫，連帶影響貨貿，而讓RCEP會員國對臺灣誠信失去信心，盼望新政府能加以重視與彌補。

　　TPP是美國為首的大型FTA，RCEP則是以中國大陸為首，因此臺灣要加入這兩大FTA，都得要中國大陸或美國先點頭。美國一再表明臺灣若未同意讓含瘦肉精豬肉進口，連門都沒有，新政府是不是要拒絕，國人正密切觀察。相對地，新政府若認同「九二共識，一中各表」，先行恢復服貿協議，再完成貨貿協議，加入RCEP就可能水到渠成，因此期盼新政府重新思索調整臺灣未來經貿戰略方向。

（2016年5月10日 聯合報）

14、無視九二共識，RCEP沒門

　　中國大陸在今年APEC年會是豐收的一年，將其研究的「FTAAP路徑圖」列入領袖宣言，對照歐巴馬總統力推的TPP，將隨川普入主白宮胎死腹中，加入TPP一直是蔡總統的美夢，也是新政府經貿戰略的主軸，這個夢隨著川普入主白宮而消失，因此蔡總統應好好思索臺灣經貿戰略的下一步。

　　蔡總統若再不接受「九二共識」，加入RCEP是連門都沒有，眼前能做的事只有一項，加強與主要貿易國家的雙邊經貿關係的簽署，尤其是亞洲近鄰國家如日本、韓國、菲律賓、越南、泰國、馬來西亞、印度等人口眾多的國家，但是這些國家都與中國大陸都有外交關係，因此沒有「九二共識，一中各表」，恐怕雙邊FTA或經濟合作協議（ECA）也走不通。

　　日前加拿大與歐盟的FTA在比利時中央最後一刻說服地方政府同意而達陣，顯示雙邊貿易協定依然在世界各地如火如荼進行。反觀蔡總統的FTA戰略進度，僅成立院級層次的辦公室及指定前朝經濟部長為首席談判代表，其他該有的戰略規劃卻一言未提，對照選前的侃侃，不啻是一大諷刺。

　　臺灣貿易最大的競爭對手韓國，與歐盟及美國、中國的FTA早已生效，後續對我不利影響已經出現，而臺灣和美國及其他主要貿易國的FTA卻毫無進展，讓多數廠商心頭不安，不知其企業要如何繼續運作。臺灣若沒有經貿協議，要振興臺灣經濟是難上加難。

　　馬總統任內打破兩岸僵局並積極與中國大陸洽商ECFA事宜，讓國人享受到更多利益，除此之外，馬總統也積極規劃與東協國家及南太平洋國家洽談FTA，新加坡與紐西蘭兩國FTA在其任內達陣，也積

極與美國洽談TIFA，更拋出要加入TPP與RCEP，其中RCEP因太陽花學運事件而中止，徒留遺憾。

民進黨在野時一直對ECFA的後續談判《服貿協議》與《貨貿協議》進行杯葛，取得執政權後，不願面對「九二共識，一中各表」，也食言未積極推動兩岸監督條例立法，其最明顯的後遺症就是許多國家與我方的FTA談判都停擺。

亞洲地區的兩個大型多邊貿易協定TPP與RCEP，即使日本跳出來要承擔TPP，但扣除美國其他10國是否買單，尚在未定之天；但RCEP會因「FTAAP路徑圖」列入領袖宣言加速形成，對臺灣新南向政策推動更加不利。新政府不管要進行雙邊或多邊FTA，沒有「九二共識，一中各表」，到處走不通。

蔡政府至今似乎仍無視「九二共識，一中各表」此一通關密碼，臺灣經貿的下一步不知道在哪裡？

（2016年11月25日 中國時報）

15、走出太陽花，活絡經貿

太陽花學運屆滿三年，蔡總統與民進黨是這波學運的受益者，藉著反服貿、反貨貿將馬政府癱瘓而取得執政權，但這一事件卻是臺灣經貿戰略的分水嶺。

馬總統上任後，打破兩岸僵局並積極與中國大陸洽商ECFA事宜，讓國人享受到更多利益；在ECFA生效後，馬政府也積極規劃和各國洽談自由貿易協定（FTA），新加坡與紐西蘭的FTA更在其任內達陣。但太陽花學運後，在野時的民進黨對ECFA後續談判的服貿與貨貿協議不斷杯葛；民進黨執政後，更不願復談，其後遺症最明顯就是許多國家與我方的FTA談判停擺，讓臺灣在國際經貿地圖中逐漸被邊緣化。

從經濟部的兩岸經貿資料不難發現，兩岸進出口值在民國103年是微幅成長2.8%，104年呈現大幅度減少12.4%，105年微幅減少0.2%，有人會說這是受全球不景氣影響，但細究原因應是受太陽花學運影響。

以兩岸經濟統計月報第279期資料來看，民國105年臺灣對歐洲出口129.8億美元，一反過去兩年的趨勢，增加1.4%，但此一時期臺灣對中國大陸出口328.2億美元，減少47.8億美元最多，衰退12.7%；對東協、日本及美國則分別減少8.9%、3.9%及7.6%。數據顯示臺灣對中國大陸出口衰退比其他國家、地區嚴重，因此說太陽花事件重創臺灣出口，一點也不為過。

南韓對中國大陸的出口值在2014、2015、2016年都呈現負成長，但中韓FTA已在2015年底生效，這說明南韓出口的衰退與全球景氣有關。而臺灣對中國大陸出口近三年比南韓好，部分原因應是來

自ECFA早收清單生效比中韓FTA早，更凸顯服貿與貨貿協議的重要性，如果沒有立即補上此兩份協議，恐怕臺灣經貿出口會更形惡化，為國家整體利益著想，民進黨政府應理性思考。

蔡總統原先的盤算是以臺灣加入《跨太平洋夥伴協定》（TPP）作為經貿戰略的突破口，但隨著美國川普新政府上臺後退出TPP，蔡政府美夢成空；而TPP的其他11個成員國已有部分國家發起邀請中國大陸加入，雖然中國大陸第一時間婉拒，但中國大陸有可能是戰略上希望短期間先促成《區域全面經濟夥伴協定》（RCEP），再將TPP的內容做局部調整，並邀TPP成員中非RCEP成員的國家加入，如此亞太自貿區（FTAAP）雛形就形成了，到這一刻臺灣就真的被邊緣化，成為國際經貿孤兒了。

蔡政府因太陽花學運取得執政權，但如果不能消除太陽花學運對臺灣經貿戰略的不利影響，挽救臺灣經濟，政權也難以長久。

（2017年3月20日 中國時報）

16、若TPP＋RCEP＝FTAAP，則臺灣經貿邊緣化

　　當川普入主白宮那一刻，代表著美國前總統歐巴馬力推的TPP與TTIP已胎死腹中，加入TPP一直是蔡總統的美夢，這個夢隨著川普入主白宮而消失，因此蔡總統與新政府應好好思索臺灣FTA戰略的未來布局路徑圖，不要讓臺灣成為國際經貿孤兒，而從智利的TPP發起邀請中國大陸加入TPP，讓原本兩條平行線，出現轉彎而有交集，值得蔡總統與新政府注意往後發展。

　　亞太地區是過去五、六年來全球經濟最活絡地區，其間有兩個大型多邊貿易協定TPP與RCEP在不斷溝通開會，某種程度也代表中國大陸與美國兩大經濟強權在競爭，TPP的文本在2015年11月5日在紐西蘭宣布定案，並交由與會12國國會通過後執行，進度比RCEP超前，讓蔡總統與新政府樂在心裡，根本不理會中國大陸主導的RCEP，不料川普入主白宮後，立刻下令退出TPP，此舉除令其他11成員國無以為繼，而臺灣頓時成尷尬一方，兩頭落空。

　　面對這種局面，新政府眼前能做的事只有一項，加強與主要貿易國家的雙邊經貿關係的簽署，尤其是亞洲近鄰國家如日本、韓國、菲律賓、越南、泰國、馬來西亞、印度等人口眾多國家，當然與美國、歐盟的雙邊經貿關係也要進行、畢竟美國、歐盟是臺灣產品主要輸出地區，但與這些國家簽訂的類FTA，因無正式外交關係，並不是那麼容易，可能都要付上頭期款或入場費，這些頭期款或入場費都會造成臺灣產業一定衝擊，蔡總統與新政府若不妥善規劃，認真做好各種FTA談判前置作業研究，包括哪些產業、產品會受影響，並提出各種因應對策，有可能會再碰上馬政府被太陽花學運修理的慘痛場面。

　　TPP其他11成員國，如智利在最近是建議邀請中國大陸加入

TPP，中國大陸以RCEP進度為要而婉拒，國人若有關心TPP與RCEP，可發現RCEP是傳統FTA擴大版，TPP則是傳統FTA的升級版，TPP的文本高達30章，RCEP與傳統FTA途徑內容近似，紡織業與服裝、跨境服務貿易、政府採購、國有企業與指定壟斷、合作和能力建設、監管一致性、勞工標準、環境與氣候變化、中小企業、競爭力和商務便利化、反腐敗、管理和機構等內容都是傳統FTA所沒有的項目，但傳統FTA內容在TPP內更是採更高標準，這也就是TPP被稱為第二代或升級版FTA道理，目前經濟部已將文本翻譯成中文，將有利於產業界理解與因應，但重要的是新政府應好好提出整體臺灣FTA戰略以及相關因應措施。

雖然蔡總統與新政府有看到問題，但不願承認「九二共識」除讓ECFA的後續貨貿、服貿無以為繼外，臺灣與各國的雙邊FTA也會因中國大陸之故，無法順暢推動，個人觀察中國大陸目前已對亞太自貿區（FTAAP）進行不同研究，也獲得APEC成員國肯定，因此個人不得不擔心假如中國大陸對TPP高標準內容進行調整，並結合RCEP內容，同時整合兩邊成員國，這一刻FTAAP的雛形就形成，此刻臺灣真的是惡夢一場兩頭空，FTAAP、TPP都是美國主張的政策，FTAAP已為中國大陸借用，TPP未來也有可能，希望蔡總統與新政府要及早因應，不要讓臺灣成為亞太自貿區的經濟孤兒，被邊緣化。

（2017年3月30日 工商時報）

17、核食換CPTPP？病急亂投醫

今年APEC年會剛閉幕不久，會中中國大陸也主導亞太自由貿易區（FTAAP）未來方向，凸顯中國大陸對亞太地區影響力有增無減。過去歐巴馬力推的跨太平夥伴協定（TPP），已因川普入主白宮，而胎死腹中，目前日本將TPP原先內容調整成為跨太平洋夥伴全面進展協定（CPTPP），讓蔡總統又點燃新夢，列為新政府經貿戰略的主軸。

APEC年會中，區域全面經濟夥伴協定（RCEP）成員國決定在2018年完成所有談判，對以經貿為主體的臺灣經濟是一項警訊，蔡政府不接受「九二共識」，眼前能做的事只有一項，加強與主要貿易國家雙邊經貿關係的簽署，尤其是亞洲近鄰國家，如日本、韓國、菲律賓、越南、泰國、馬來西亞、印度等人口眾多國家，但這些國家都與中國大陸有正式外交關係，沒有「九二共識」，恐怕雙邊自由貿易協定（FTA）或經濟合作協議（ECA）都走不通。

眼下亞洲地區的兩個大型多邊貿易協定CPTPP與RCEP，CPTPP目前是由日本主導承擔，但從安倍內閣積極與中國大陸修好情況下，會甘冒得罪中國大陸風險讓臺灣加入？蔡總統應該心知肚明，因此現在傳出政府要對日本核食輸入解禁，來取得CPTPP入場券。

對照越南前些日才公開宣示「一個中國」政策，越南等CPTPP成員國可能因中國大陸因素而不同意，日本也無從幫忙，這無疑是給臺灣加入CPTPP潑上一盆冷水。個人希望蔡政府不要病急亂投藥，把臺灣的好牌包括美豬、核食品標準放寬，而讓臺灣FTA戰略陷入不利情況。

民進黨與蔡總統在野時一直對ECFA後續談判的服貿協議與貨貿

協議不斷杯葛與反對，目前取得執政權，雖然有意願與中國大陸對談，但不願面對「九二共識」，也食言未積極推動兩岸監督條例立法，中國大陸當然不願復談貨物貿易與服務貿易，其後遺症最明顯的就是許多國家包含目前新南向政策的國家與我方的FTA談判都停擺。「九二共識」不只在兩岸之間，恐怕還會成為臺灣許多FTA戰略包括加入CPTPP或RCEP的通關密碼。

（2017年11月29日　聯合報）

18、沒FTA，怎振興經濟

　　去年對岸新簽了4個FTA，今年初中國大陸公布有10個FTA要進行談判，並啓動10個可行研究項目；10個談判項目包括RCEP、以色列、斯里蘭卡、海合會、巴基斯坦等FTA談判或升級談判，其中RCEP談判已歷五年20輪，對岸有信心在2018年取得實際進展，屆時一個囊括全球1/2人口、1/3GDP、1/4貿易額、1/5外資的多邊自由貿易協定就達陣。

　　相對臺灣而言，蔡總統執政500多天，沒有新成果也沒有新進度，2016大選前自誇最懂FTA談判的蔡總統是不是應該跟國人講清楚、說明白，而不是一再打FTA戰略空包彈。

　　蔡政府始終不接受「九二共識」，眼前能做的事只有一項，加強與主要貿易國家的雙邊經貿關係的簽署，尤其是亞洲近鄰國家如日本、南韓、菲律賓、越南、泰國、馬來西亞、印度等人口眾多國家，但這些國家都與中國大陸有正式外交關係，別的國家不說，蔡總統最親近的日本，會跟臺灣簽經濟合作協議嗎？答案可想而知。

　　馬政府時代，打破兩岸僵局並積極與中國大陸洽簽《ECFA》，將原本會耗時多年的工作，在短期間實現，讓國人享受到更多利益。同時也在ECFA生效後，積極規劃與東協（ASEAN）國家與南太平洋國家洽談FTA談判，新加坡與紐西蘭兩國FTA也在其任內達陣，並積極與美國洽談TIFA（臺美投資暨貿易架構協議），更拋出要加入TPP與RCEP，樣樣都有在努力。

　　原本最有可能繼紐西蘭之後，與臺灣簽署FTA，但因臺灣政治變天，而胎死腹中，相當可惜。對照馬政府的成果，蔡總統執政500多天，也應該向國人報告臺灣FTA戰略與進度。

　　亞洲地區的兩個大型多邊貿易協定CPTPP與RCEP，CPTPP目前是由日本主導承擔，但安倍內閣會干冒得罪中國大陸風險讓臺灣加入？蔡總統應該知道「不可能」。

　　越南不久前才公開宣示「一個中國」政策，無疑是為臺灣想加入CPTPP潑上一盆冷水，讓蔡總統的FTA成績始終掛零，原地踏步。

　　以目前經貿情勢，不管蔡總統要進行雙邊或多邊FTA，沒有「九二共識」鐵定到處碰壁。臺灣貿易最大的競爭對手南韓，與歐盟及美國、中國大陸的FTA早已生效，後續不利影響已出現，但臺灣和美國及其他主要貿易國的FTA卻毫無進展，讓多數廠商心頭不安。沒有經貿協議，要振興臺灣經濟是難上加難，經濟無法向上提升，就無法擺脫目前年輕人低薪之苦。

（2018年1月31日 旺報）

六、新南向

1、新南向政策 vs. 一帶一路

　　外傳即將出任我駐印尼代表的前外交部長、現任民進黨國際事務部主任黃志芳，不久前向準總統蔡英文報告「新南向政策」，整個政策著重在，新政府未來將成立新南向政策辦公室和國家層級的東協與南亞研究智庫，並以此為雙核心，在五年內，推動東南亞國家協會（ASEAN）與印度為主的南向政策，積極推動臺灣與東協和南亞人才、農業、產業、教育、文化、觀光等雙向交流，為臺灣開創以人為核心的臺灣新對外經濟戰略。

(1) 韓歐亞協議可參考

　　民進黨標榜的新南向政策，除延續過去政府推動的東協市場外，新增以印度為首的南亞市場，但個人觀察，不管東協市場或南亞市場，基本上，脫離不了中國大陸目前十分火熱的「一帶一路」戰略範疇，因此未來，民進黨主政的新南向政策，會因兩岸關係而與中國大陸的一帶一路戰略，產生競爭或合作關係；因此，新政府對此趨勢，應提早規劃提出因應之道。

　　面對中國大陸一帶一路戰略，許多國家都積極回應，提出因應之道，例如：南韓就提出「歐亞協議」來與一帶一路戰略對接，並且在前些日子，趁中國大陸國務院總理李克強訪韓時，由朴槿惠大統領提出兩國合作。

　　南韓的歐亞協議，與臺灣新政府的新南向政策，非常相似，目的都在強化既有市場與開發新市場，而以南韓對外經貿政策研究院（KIEP）為首的智庫，是透過長期對各國經貿戰略研究，並對中國大陸一帶一路戰略，積極深入研究，才提出歐亞協議戰略。

其構想在於，透過「一體的中國大陸」、「創造的中國大陸」、「和平的中國大陸」，來實現歐亞地區的永續繁榮與和平，兩個目標，第一項為謀求經濟振興創造第二漢江奇蹟；另一項則為準備實現統一。

因此，南韓歐亞協議的實施戰略，在透過構建覆蓋歐亞中國大陸的交通網、能源網、物流網及訊息通信網等4大網絡、和若干核心產業據點，來經濟開放目標、延伸與融合發展來實現其目標。

個人曾翻閱中國大陸一帶一路戰略相關文件與研究報告，發現南韓的4大戰略，與中國大陸一帶一路戰略的實施戰略方案，是可完全對接。

民進黨黃志芳主任在記者會，信心滿滿陳述新南向政策，與過去南向政策最大不同處，在拉高「新南向政策辦公室」位階、及國家級智庫設立，但這兩大核心戰略，對未來新南向政策的具體實施戰略的研擬，是否有助益？個人是持懷疑態度，甚至覺得兩個新單位是疊床架屋，起不了作用。

(2) 不必浪費時間金錢

對新南向政策，個人是肯定的，但過去的政策為何不顯著？個人曾觀察與閱讀一些日、韓智庫的研究報告，發現主因在於，臺灣相關智庫對東協或南亞的研究，廣度深度，都做得不夠，因此，鼓勵與獎助臺灣目前研究東協與南亞的學術單位或大學，進行廣度與深度研究，才是重點。

說不定，請國內相關智庫，將日韓相關智庫報告，翻譯成中文，提供相關執行機關參考，說不定，比成立新南向政策辦公室及國家級智庫，還要來得有效率，盼望新政府，能即時調整方向，避免政府又

花冤枉錢及浪費時間。

　　說實在話，新南向政策能否有效，與兩岸關係良窳，絕對跑不掉，因此，蔡英文準總統與民進黨，其實應好好閱讀中國大陸的一帶一路戰略相關文件與研究報告，才能明瞭，中國大陸在東協與南亞的實施內容。否則，真的會提出與對岸打對臺的措施，個人不樂見有這種結果發生。畢竟，最終吃虧是在臺灣，聰明的作法，一如南韓的歐亞協議，是借力使力，利他也利己，盼望新政府，能正視新南向政策與一帶一路戰略競合關係。

（2016年5月3日　旺報）

2、對新南向政策該做的基本功

臺灣對南向政策一直著墨不少，可從近幾年馬政府時代的經濟部投資業務處編撰的各國投資環境簡介的內容，看到政府努力的方向，但成效未盡人意。其實原因很清楚，目前東協各國都是美日歐韓等國的投資目的國，日韓智庫對東協各國的投資環境簡介資料r 有些內容比臺灣更扎實，我們的基本功的確不如人。

東協10國人口高達6億多人，當然是個重要市場，但相對的東協10國是多種族地區，區內各國除新加坡外，都保留其語言與文字，對要進入其市場的外商都是面臨首要課題。由於臺灣對東協諸國語言人才的缺乏，連帶使臺灣對東協各國資料或資訊的掌握比不上韓日，甚至中國大陸，因此南向之路不好走，就可想而知。

因此，如何善用東南亞外配成為臺灣培訓東南亞語言人才種子，是新政府南向政策的第一件事。

此外，臺灣顯然沒有掌握東協各國國家發展規劃。國家發展規劃是表明一國的施政重點，當然包括各種重大基礎建設、產業布局與規劃，臺商若無法知道各國的未來發展方向，要他們如何配合政府往南向投資？

以東協人口最大國印尼為例，其最新發展藍圖為「加速和擴大印尼經濟發展總體規劃（2011～2025）」（MP3EI），其內容為實施打造六大經濟走廊、加速網路建設與提高人力資源和科研水準等三大戰略，並在十五年間集資4,700億美元，興建電廠、道路、橋梁、鐵路、機場等370項基礎建設，讓印尼在未來十五年經濟年均成長率為7～9%。

六大經濟走廊則為爪哇走廊、蘇門答臘走廊、加里曼丹走廊、蘇

拉威西走廊、峇里—努沙登加拉走廊、巴布亞—馬魯古群島走廊，各走廊都依據各地區比較優勢而有其重點規劃產業與建設，進而形成各具產業特色的工業中心。

　　不知道這些規劃及其更細部內容，要臺商如何到印尼打天下？因此當下新政府南向重點工作首先是蒐集南向各國的國家發展規劃，並翻譯成中文，讓臺商能清楚了解其未來可能投資方向或內容。

　　這些規劃網路上都可取得，新政府不需要疊床架屋另設南向新機關或智庫，整合目前國內智庫與各大學東南亞或南亞研究中心，撥款限時將各國計畫做翻譯整理，再搭配日韓、中國大陸對東南亞、南亞的研究成果，是新政府南向政策該進行的第二件事。

　　南向政策投資對象基本上是從東協擴充到南亞，顯然與中國大陸的海上絲路與絲路經濟帶的南路重疊，因此兩岸若不協調分工，就會產生衝突。面對過去南向是與日韓競爭，未來再加入中國大陸，兩岸不合作只會讓日韓占便宜，中國大陸未來有亞投行與龐大經濟實力和外匯存底做後盾，不見得會吃虧，但臺灣鐵定會有苦說不出。

（2016年6月7日 旺報）

3、倉促新南向，三個看不清

　　新政府上任二個月多，各界對新南向政策仍然是一團霧水。儘管多個場合中，新南向政策辦公室主任黃志芳一再強調，兩岸在南向政策可分工合作，前景可預期；但從執政黨立委蘇治芬訪越傳護照被扣事件，與台塑越南鋼廠排廢水被罰巨款，以及不對等開放泰國、汶萊免簽等，加上三個看不清，新南向政策並不被看好。

　　第一個看不清，是不清楚東協開發課題。黃志芳揭示新南向政策的重點：盼以五年為期，推動臺灣跟東協、南亞國家人才、產業、教育、文化觀光、農業等的雙向交流合作關係。但這五項工作，中國大陸未提出「一帶一路」戰略前，就積極與東協進行社會經濟整合，並提出十一項優先領域，且日韓兩國也積極介入這十一項領域，新政府真的是不明中國大陸與日韓在東南亞與南亞的布局，難怪臺商不看好。

　　第二個看不清，是不了解亞銀智庫功能。臺灣是亞銀的正式會員，但臺灣運用亞銀的機會，比亞洲各國少得許多，倘若新政府能運用亞銀智庫功能，就不會提出如此空泛的五項工作。

　　個人觀察，目前亞銀核心工作源自2009年亞洲開發銀行研究報告《完善基礎設施，共建美好亞洲》一書，要積極協助東協及南亞各國發展基礎設施，也體會到基礎設施不足是落後的主因。中國大陸也因此由報告書發現，亞銀資金不足以解決各國需求，才順勢推出亞洲基礎設施投資銀行，並配合其基礎設施建設，協助東協及南亞各國，也促使中國大陸順勢推出一帶一路戰略。

　　若新政府願意深入亞銀智庫功能，進一步看到亞銀對東協各國的開發指導，如緬甸未來2030發展願景是由亞銀協助，同時也發現亞

銀主導東協經濟發展工作是以發展經濟走廊為主軸，大湄公河計畫是代表，其觀念影響印尼經濟發展總體規劃，打算發展印尼六大經濟走廊。能掌握亞銀資訊，就能提出更貼近現勢的南向政策。

第三個看不清，是不清楚「九二共識，一中各表」是兩岸事務與涉外工作的基礎。從蔡總統就任後，沒有「九二共識，一中各表」，兩岸陷入冷關係，新南向政策分工合作，當然連門都沒有。

同時，如果沒有這個基礎，臺灣要向亞銀或亞投行申辦各種資金，來推動新南向政策恐怕是難中之難，沒有銀彈，許多計畫是無法付諸行動而淪為空談，對國家發展一點助益都沒有。

推新南向政策，宛如新政府的神來一筆，只是顯得十分突兀。期盼政府先看清楚「九二共識，一中各表」與東協諸多政經情勢，再提出新南向政策仍未遲，不要連知己知彼工作都未明，就倉促上陣。

（2016年8月3日 聯合報）

4、螞蟻新南向，一紙空洞綱領？

　　總統府新南向政策辦公室主任黃志芳指中國「已經站滿一群大象，螞蟻進去爭什麼」，新南向勢在必行。不過，蔡總統要國人不要用百日來衡量她的政績，但個人對百日成果失望透頂，卻正是來自日前的「新南向政策綱領」，百日成果竟然只是一紙數百字，令人傻眼，更讓工商企業人士大失所望。

　　如果說「新南向政策綱領」，是蔡總統端出的一項國家戰略，從目前呈現的數百字內容來講，質與量都太過於簡略，絲毫沒有掌握東協趨勢發展重點，如「東協共同體路徑圖」或「東協共同體2025年一攜手前行」所陳述的願景。

　　首先，就綱領兩項長期目標來說，若新政府有注意目前東協經濟共同體的推動狀況，就不會整理出如此空洞不具體的綱領。短中程目標有四項，是有告訴國人新南向政策，政府要努力的方向，但這四項目標，其實馬政府時代早就在做，但依然比不上「東協共同體路徑圖」或「東協共同體2025年一攜手前行」內容。至於十大行動準則，個人感覺有講等於沒講，細節內容都沒有，其中第九項「兩岸善意互動及合作」更是一廂情願，沒有「九二共識、一中各表」，兩岸互動連門都沒有，因此更讓人覺得新政府的新南向政策規劃工作一點都沒有準備好。

　　容個人提醒新政府，東協在去年將「東協共同體2025年一攜手前行」定稿後，發布宣言及提出「互聯互通總體規劃」，並在今年起陸續規劃農林礦業能源合作與交通通信等多項戰略計畫，政府要南向不妨就從參與這些計畫出發。

　　馬政府時代本來就承續扁政府時代的南向政策，因此也持續編列

經費進行南向工作規劃推動。假如新政府幕僚能多用點心，盤點馬政府時代南向政策的推動計畫與研究，個人深信就不會拿出區區數百字的「新南向政策綱領」，讓國人懷疑新政府的治國能力。

新政府若能虛心採納馬政府時代的研究成果，加上自己覺得可以力推的獨特工作，並深入探討最新的「東協共同體2025年—攜手前行」內容，不是就可讓政策更完善？否定前人成果另起爐灶，往往事倍功半，一紙數百字的「新南向政策綱領」就是最佳寫照。

盼望蔡總統與新政府團隊能再細膩、周延、深思新南向政策，否則只會讓國人看破新政府的治國能力不過爾爾，更會讓日韓貿易對手國與中國大陸看穿臺灣未來無競爭能力。

（2016年8月25日 聯合報）

5、新南向政策，宜有整體規劃

　　日前蔡政府召開密集新南向政策協調會，並要求各有關部會要訂出關鍵績效指標（KPI），要求規劃成立新南向政策有關18個國家的服務平臺，來協調國人南向時能進行風險評估。這些內容看似新政府要非常有積極作為，但國人若仔細深思，會發現新政府的南向政策的呈現內容是毫無章法，無完整規劃。

　　目前蔡政府的南向政策仍無新規劃內容，侷限在黃志芳先生過去揭示的重點：盼以五年為期，推動臺灣跟東協、南亞國家人才、產業、教育、文化觀光、農業等各項密切的雙向交流合作關係，中國大陸在未提出「一帶一路」戰略前，已積極與東協進行社會經濟整合，並提出十一項優先領域：能源、運輸、文化、公共衛生、觀光、農業、資訊科技、雙向投資、人力資源發展、湄公河開發及環境議題，蔡政府這五項內容都不在人家的規劃執行內容，已注定陷入紅海競爭。

　　臺灣過去的南向政策或馬政府的「東協+3+1」政策，為何成效不彰？甚至在前一段時間，越南「排華糾紛」時，我政府束手無策，理由其實很簡單：我們政府與民間對東協各國的基本調查研究並未扎實，市場不明、不知重點，也未充分掌握當地民情，因此投資效益未能如意是可想而知，蔡政府如今一下子要成立18個國家的服務平臺，立意良好，但新政府未能從績效性與必要性來評估，只有凸顯出新政府的無知與好大喜功。

　　日本智庫亞洲經濟研究院（IDE-JETRO）、韓國智庫韓國國際經濟研究院（KIEP）、中國大陸社科院與有關東南亞、南亞研究智庫，以及亞洲開發銀行（ADB）都有大量東南亞、南亞相關研究包括投資環境的風險分析，因此蔡政府若能消化這些資訊，會比成立18

個平臺有意義，平臺建立若無資料展現，就失去設立之意義與功能。

　　並不是看衰蔡政府的「新南向政策」，相對的是要提醒政府及主事者，要做好基本功課，亞洲開發銀行（ADB）是亞洲各國的金主、也是智庫，因此可看到亞銀對東協各國的開發指導，如緬甸未來2030發展願景是由亞銀協助，同時也發現亞銀主導東協經濟發展工作是以發展經濟走廊（economic corridors）主軸，大湄公河計畫就是其代表，其觀念影響到印尼、泰國、馬來西亞等國家的發展規劃，政府可從亞銀資料去進行了解18個國家的發展規劃，印尼政府目前提出「加速和擴大印尼經濟發展總體規劃（2011～2025）」（MP3EI），要發展印尼六大經濟走廊，很遺憾，國內很少討論，不知印尼六大經濟走廊規劃內容，要談進軍印尼會是個大笑話。

　　2009年亞銀提出「完善基礎設施，共建美好亞洲」研究報告書，點出東協及南亞各國發展落後的主因在基礎設施不足，而亞銀資金不足以解決各國需求，因此中國大陸才順勢推生亞洲基礎設施投資銀行（AIIB），並配合其改革開放三十多年來的基礎設施建設累積經驗、人力培養與各式各樣建材開發，是可協助東協及南亞各國，分享中國大陸從基礎設施完善而帶動經濟發展、改善民眾生活經驗，菲律賓新總統杜特蒂就是看清這一點而調整其外交政策，希望中國大陸能協助菲律賓發展經濟。

　　據此，個人期盼蔡政府能做好基本功，了解東協與南亞各國的基本需求，再規劃出一些有別於中國大陸與日韓正在著手或預期的工作，整理出完整的南向政策論述，包括各分項計畫或方案，沒有完善分項計畫或方案而訂定關鍵績效指標（KPI），對公務人員是強他們所難，非常荒謬，無助於臺灣未來經濟發展，只會將臺灣經濟帶入沒有必要的紅海競爭中，白白浪費臺灣有限資源與資金。

（2016年11月3日 工商時報）

七、石化業

·1、做好工安、防汙，國光設高雄有何不可？

2、讓高雄成為石化產業群聚的家

3、防汙、工安沒做好，別談石化

4、石化、工安防汙，政府硬起來

5、趕走石化業，不如做好災害控管

6、高雄設石化專區，先協調遷村

7、輕率立法趕石化，高市何不設專區

8、五輕打烊、八輕斷頭，臺灣石化缺口誰補

1、做好工安、防汙，國光設高雄有何不可？

過去，從中北部搭火車南下，只要進入楠梓就會聞到惡臭，這代表高雄已經快到了，這是在大高雄居住三十年以上的市民，所共有的特殊經驗。

火車上所聞到的臭味，是來自中油高雄廠。不過，在一、二輕除役，五輕進駐後，臭味明顯改善；近年，從相關環境數據來看，楠梓地區的空氣品質亦已改善許多，這些事實說明國內石化業的技術是在進步，也代表中油努力在改善大高雄地區環境品質。

說實在，國光石化進駐彰化地區，個人是反對的，理由是政府把一個既有的石化產業群聚打散，再到另一個地點設立新的群聚，不但浪費時間且花費的成本更高。更何況，彰化大城一旦被用在工業用途之上，就很難再回復到本來的原貌及農作使用。

個人要說的是，石化業並沒有想像中可怕，反國光的訴求之一，是中部地區民眾的健康風險將非常之高。如果按那些數據來推論，石化業重鎮的高雄，五十歲以上的民眾豈非應有相當多人罹病而亡？但事實上，高雄人五十年來還是活得好好的。

依土汙法規定，中油楠梓廠區要轉換為其他用途，須先進行除汙作業，非短期內可達成，因此許多人想五輕遷廠，那塊土地就可另作他用，那是不切實際的想法，個人強烈建議以國光石化取代五輕在中油高雄廠興建。

且以新加坡為例，城市內都容許石化業的存在，也將石化業列為國家發展的主力產業。個人深信新的石化工業技術，不但效能、效率會比五輕好，對環境的衝擊也會比五輕輕微許多。如果能以國光取代五輕，高雄才能保有臺灣難得完整的石化產業群，也避免造成大量的

失業人口。

　　若國光建於高雄，個人強烈要求國光石化要做好工業安全工作，如有工安意外，二話不說，當地廠區員工的績效獎金先扣半個月作為補償金；另外，中油並應在廠區多餘土地成立環境汙梁事業部，進行水汙染、土壤汙染、空氣汙染相關產業的研發，以帶動大高雄未來環境產業的發展。

　　如果工安與防汙設施都能確保無虞，國光沒有理由不能設在高雄。

（2011年4月23日　聯合報）

2、讓高雄成為石化產業群聚的家

生活在高雄超過三、四十年的人，都會感覺這一片土地有許多事物一一在消失，公司行號如：台鋁、台機、林商號；產業如：合板、水泥、拆船業，這些廠商或產業，都曾經為高雄帶來繁榮，但現在幾乎已消失在高雄人的記憶，這些廠商或產業，目前僅能從史料去回味，高雄似乎成為一個沒有「根」的城市。

如果中央政府遵守當年閣揆郝柏村、經濟部長蕭萬長的承諾，於民國104年將五輕除役或遷移，仁大工業區的石化業中小游廠商將會面臨缺料而致關廠。國光石化原本是五輕的替代方案，但因環保問題已告停擺，經濟部的備選方案為將四輕擴充產能，雖可解決仁大石化園區的缺料危機，但並不是長治久安之道，因此仁大石化園區的廠商面對已該汰換的設備也裹足不前，深怕一旦投資下去卻無料可生產，投資等於做了白工，這種情況不但容易造成環境汙染，也增添工業生產過程中的安全危機。

高雄縣市未合併前，高雄縣在石化產業獨領風騷，民國99年底，大高雄新市府的成立，新的高雄市掌握了全國最大的石化產業群聚，轄下有三個石化產業園區，包括林園、仁武、大社，也肩負著數十萬市民朋友的就業及生計，五輕一旦吹熄燈號，許多市民將面臨失業或被迫到他鄉工作的困境。

高雄石化產業群聚是生活在這一片土地的前人，犧牲了他們的健康，及生活環境所造就的一個成果，從過去一、二輕到目前的五輕，高雄市民尤其是後勁地區的民眾，應該可以感受到空氣品質相差很大，一個對高雄經濟發展如此有貢獻的產業，如此輕率地把它終結，倘若仁大工業區的廠商也不再加碼投資而選擇集體出走，再加上三、

四輕的除役，石化產業真的會消失在高雄，此時高雄人又再喪失一個「根」，高雄會成為沒有記憶的城市。

高雄人過去反五輕，現在又反國光石化在高雄，筆者可理解這是因為高雄市民，長期受中油、台塑等石化廠商汙染及工業意外事故之苦，對石化產業沒有信心及不信任，故而認為高雄市不需要發展石化產業，主張用其他產業來替代，但多數市民似乎都輕忽五輕關廠所造成龐大失業危機，並非任何新興產業一時之間所能補上，高雄石化產業群聚的成長是花費高雄人一甲子的歲月，但高雄人若不及時醒悟，毀滅它卻是一夕之間的事。

有不少人都說高雄人口愈來愈密集，石化產業已不適合在高雄發展，但筆者要說，比利時安特衛普、荷蘭鹿特丹、美國休斯敦、新加坡裕廊島、德國路德維希是世界排名前五大的石化工業園區，這些都是港口都市，人口也相當密集，以新加坡裕廊島為例，新加坡目前人口約400萬比高雄市多，但面積遠不如高雄，難道他們的人民都不擔心健康風險、工業意外嗎？當然不是，但他們的政府以及投資的廠商可以把石化產業園區的環保、工安做得令人放心，因此石化產業是二十一世紀新加坡的主力產業之一，新加坡政府能，高雄市政府有何不能呢？

目前行政院正在推動「產業有家，家有產業」政策，鼓勵地方政府發展特有產業，石化產業群聚是高雄的寶，高雄人應該珍惜它，因此個人建議行政院及高雄市政府攜手合作，在高雄打造一個新的石化園區，建議方案初步想法如下：

(1) 大林蒲鳳鼻頭遷村，空出土地加上運用八八風災高屏溪土石進行填海造陸，除可容納楠梓及仁大園區外，更可積極招募外商前來投資，再加上鄰近三、四輕林園石化園區，有機會成為東亞最大石化

基地。

(2) 配合填海造陸期程，延長五輕五至十年才除役，確保仁大園區不缺料。大林蒲鳳鼻頭居民遷村，一方面可讓居民脫離孤島般的惡劣生活環境，同時也可消化高雄市區的新建餘屋。

(3) 捷運延伸到林園，提供新石化園區及林園石化區民眾通勤之用。

倘若馬總統與陳菊市長願攜手合作此一方案，石化業廠商就能安心繼續根留高雄，填海造陸之程啟動，大林蒲鳳鼻頭遷村會立即給高雄人帶來無限商機及就業機會，同時並可解決高捷運量不足而面臨破產的困境，誠是一舉數得的主張。

（2011年5月11日 工商時報）

3、防汙、工安沒做好，別談石化

　　國光石化董事會已經自彰化大城環評案撤案，儘管董事會宣稱，國光石化繼續保留，並且將會尋找國內、外投資機會，但是以目前的社會氛圍看，國光石化在國內「復活」的機會似乎不大。

　　其實，石化業的產業鏈是十分龐大的，尤其是出口導向經濟的臺灣，各項產業幾乎都與石化業緊密相關，一旦石化缺料，相關產業的零組件生產勢必受到影響，倘若供料不及，必然會影響相關產業的生產，對整個國民經濟生產毛額自然會產生衝擊。

　　從過去反五輕到現今反國光石化，石化產業在臺灣猶如一個人人喊打的產業，從北到南，國內似乎沒有一個縣市政府願意接納，好像這產業應該會消失在這個島上，然而，石化產業在臺灣還是不可缺。

　　就筆者長久居住在石化重鎮的高雄觀察，民眾對石化，始作俑者是中油和台塑，兩個集團長期汙染環境又未做好工業安全，台塑六輕與嘉義廠兩場大火以及仁武石化廠的水、土壤汙染，更引發民眾對此一產業不安全感。

　　面對這一情況，經濟部不論是否推動國光石化異地投資，都應強烈要求中油及台塑以及其中下游廠商，確實做到乾淨生產及零災害事故，如此才能夠挽回民眾對石化產業的信心。畢竟，民眾如果對石化業沒信心，國光石化無論到哪邊，誰都不歡迎，硬建的結果可能使廠商會集體外移，石化業真的會消失在臺灣，有可能引發另一股失業潮，政府宜盡早審慎回應。

　　對照中國大陸在金融海嘯危機後，提出擴大內需以因應，在2009年出臺的九大產業調整與振興規劃，其中一項即是石化產業的調整和振興。

　　在中國大陸中央政府指導下，各省如廣東、福建、山東、江蘇、安徽、河南、四川及部分城市如廣州、寧波、杭州，也相繼提出省市的石化產業調整和振興規劃方案，這充分顯示中國大陸中央與地方，都體會到石化產業對帶動民生內需或出口經濟都有著密切關係，更在方案中明確指出，要做好工業安全及清潔生產。

　　在中國大陸這些規劃方案當中，江蘇省的案例可以作為參考：該省的規劃不但指出未來需提升或是引進特定的關鍵技術，同時也把石化產業分為十個小群（基礎石化、通用和專用合成材料、精細化學品、化工新材料、生命科學化學品、鹽化工、煤化工，循環經濟、農用化工、石化裝備）作為未來發展方向。

　　這些內容讓人很清楚地理解江蘇省未來石化產業的發展重點及願景，而臺灣的石化產業未來何去何從，在網路竟然找不到相關資訊，這叫民眾如何相信石化產業會有一個美好的明天？

　　從中國大陸省市政府對石化業的重視，可看出各省市都希望夠掌握一定的石化原料，也了解發展經濟，石化業是必要存在的產業，從臺灣經濟發展的軌跡，我們真的，能發現臺灣不能沒有石化產業，但從國光石化的停擺，令人無從想像臺灣石化業的明天在哪？

　　期盼經濟部能與相關石化業團體，好好的規劃臺灣未來石化產業政策，而在政策出爐前，更期望經濟部能嚴格要求中油及台塑等相關業者，確實做好清潔生產，做到零工安意外，唯有如此，才能夠讓民眾放心，臺灣石化業也才能有立足及發展之地。

（2011年5月19日 工商時報）

4、石化、工安防汙，政府硬起來

　　台塑六輕在去年7月25日大爆炸滿「周年」之際，再傳火警，憤怒的麥寮鄉民忍不住怒吼：「好像是在燒紀念的」。

　　營運安全與汙染防治，對於任何工業都是極為重要的課題，尤其石化產業因為工安意外與汙染會造成重大影響，更須重視工安與防汙措施。偏偏台塑六輕一再出狀況，不但台塑企業形象大受衝擊，也讓石化業如同淪為「顧人怨」的產業，好像這產業應該自臺灣消失。

　　其實，石化業的產業鏈十分龐大，尤其是出口導向經濟的臺灣，各項產業幾乎都與石化業緊密相關，一旦石化缺料，必然會影響相關產業的生產，對整個國民經濟自然會產生衝擊。

　　以石化重鎮的高雄為例，民眾對石化業的排斥，始作俑者即是中油和台塑，因為長期汙染環境又未做好工業安全，所以屢傳民眾抗議之聲，更引發民眾對石化產業的高度不安全感。

　　個人認為，無論國光石化是否遠赴對岸或異國投資，經濟部都應強烈要求中油、台塑及其中下游廠商，確實做到乾淨生產及零工安事故，才能挽回民眾對石化產業的信心。畢竟，民眾如果對石化業持有疑慮，非但國光石化新廠不可能被接受，即連中油與台塑現有的石化廠，都可能因而遭致地方的激烈反彈，如此或將造成廠商集體外移，最後，石化業或許真的會在臺灣消失，並進而引發另一股的失業潮，這是極其嚴重的問題。故而，政府宜盡早審慎因應，台塑、中油及中下游廠商也都必須在工安與防汙上更加用心，以免衍生反石化風潮。

　　有人或謂石化產業似已不適合在臺灣發展，但放眼世界排名前五大的石化園區，包括：比利時安特衛普、荷蘭鹿特丹、美國休斯敦、新加坡口都市、德國路德維希等，都是位於人口稠密的港口都市，這

些國家的石化工業區在環保與工安方面無一不是極其嚴密，幾乎是零工安與零汙染，讓當地民眾放心，故而這些國家的石化產業非但沒有消失，反是更為蓬勃。如果這些國家能，我國難道就不能嗎？

檢視經濟發展的軌跡，臺灣不能沒有石化產業，但從國光石化的停擺，讓人看不到臺灣石化業的未來。

期盼經濟部速與相關石化業者好好溝通，以規劃臺灣未來可長可久的石化產業政策。而在政策出爐之前，經濟部應該嚴格要求業者，確實做好防汙及工安。

目前地方政府已出重手，處罰工安事件不斷的台塑，地方人士反石化的怒氣恐怕一時難以平息，筆者強烈建議經濟部主動出擊，洽請國內外石化工安專家一起會診台塑六輕廠區作業安全事宜，並將診斷報告公布，由雲林縣相關團體共同監督改善後，才同意復工生產。

（2011年7月28日 聯合報）

5、趕走石化業，不如做好災害控管

　　從媒體報導得知，高雄氣爆自丙烯氣體外洩到氣爆時間點，有三小時可進行災害預防管控，但災害依然不幸發生，並造成近十年最嚴重災情。

　　市政府除應積極救災安撫災區民眾外，更應積極協助災區復建與重建，也應盡速檢討此次事件的種種缺失與不足，希望能讓高雄人永離災害，使高雄成為一個安全宜居城市。

　　高雄人尤其是前鎮人，都還存在十七年前，鎮興橋氣爆陰影，但這次事故依然發生在前鎮區與苓雅區交界，顯示前鎮區的地下管線問題，十多年的治理依舊未徹底改善，為了高雄市永續發展，高雄市政府應對這些管線的使用單位，好好積極改善，能改道就著手改道，不能改道或終止產業或提出更堅實的管線汰舊換新與安全監控計畫，使高雄市民能遠離災害。

　　從中油的一輕至五輕都落籍大高雄，打開各大報證券版，可發現各大上市、上櫃石化公司在大高雄都有設廠，顯示石化業與大高雄的經濟發展是緊密結合在一塊，高雄有今日局面，其中一部分是蒙石化業之助，輕言終止石化業，不但不是明智的產業政策，反而會製造出大高雄地區的巨大失業潮。因此，市政府要痛定思痛做好石化業廠商的災害預防控管，並要求廠商運用精密先進物聯網相關監測生產與輸送過程，打造出安全綠色環保生產環境，使石化業能在高雄永續經營，繼續繁榮高雄。

　　這次高雄氣爆事件，也看到高雄市緊急醫療的進步，能讓每個傷者都能在第一時間就獲得妥適醫護照料，也能在第一時間通知家屬，應對高雄市醫療界多年的努力給與肯定，期盼市政府能記取此次經

驗，致力做好各種災害預防與管控，將高雄塑造為安全城市，使高雄不再有災害發生，或災害發生時能在第一時間就消弭。

(1) 高雄石化業去留，別陷入民粹思維

石化產業，不管你喜歡或不喜歡，它與我們日常生活息息相關，連日報導災情新聞的主播臉上抹的、手腳塗的，大都出自石化產品。

的確，石化產業一有狀況，給民眾帶來的災情都相當嚴重，高雄是臺灣的石化產業重鎮，當然市民也經歷許多石化工業意外，但個人深切希望市民朋友能以長遠角度來看，不要輕言廢止石化業在高雄發展。

平心而論，此次悲劇是有足夠時間避免發生，石化廠商當然有責任，但政府處置失當釀成巨災，責任其實也難逃。因此災變發生與產業本身是無關，純粹是人為疏失所致。

只要廠商有責任心，願做好安全管控與維護，而政府也能負起監督檢查工作，個人深信許多產業，包括石化業的產業意外事故，是可以排除預防的。

實際操作管線運送原料，是比車輛運輸要安全許多倍，讓榮化等公司繼續正常營運，不但可維繫高雄人的就業機會，公司有盈餘，災民與市府才能繼續求償。盼望陳菊市長要深思，不要陷於民粹思維，使石化業無法在高雄繼續生根。

石化業要不要續留高雄發展，高雄市政府一直缺乏肯定答案，個人深感創業艱辛。高雄從一輕到五輕，這五、六十年完整石化產業群聚，真的不要輕言廢掉，會影響近二、三十萬人生計；但為了安定民心，可將過去城市邊緣的石化基地，如左楠、仁大遷移，遷移地點，個人兩年前主張透過鳳鼻頭及林園臨近三、四輕聚落遷村，將遷村空

出土地、加上南星計畫土地及搭配目前的外海填海造地，是可打造出一個遠離人口密集區的石化園區，如同新加坡廊裕石化園區。

同時，將高雄捷運延伸到林園石化園區，方便未來員工上下班，如此高雄捷運就有運量，當地居民也因搬遷而擺脫四周被石化廠或相關工廠包圍的孤島危機，真正改善生活環境品質，仁大、左楠基地也可騰空作為高雄新興產業基地。

石化業者有地可繼續經營、市民可免除地下管線或油氣罐車行走危險，鳳鼻頭等里居民生活環境也可改善，高雄捷運也有新增運量，也讓新興產業有土地發展，是一舉數得的想法，也是解決石化業層出不窮、環保抗爭的一勞永逸方式。

遷村經費是龐大些，但可運用公私夥伴關係或不動產證券化來解決，盼望中央政府與高雄市政府能深思。

（2014年8月9日 聯合報）

6、高雄設石化專區，先協調遷村

　　個人在8月9日民意論壇投書建議，將左楠與仁大石化產業基地遷移至鳳鼻頭及林園臨近三、四輕聚落遷村，將遷村空出土地，加上南星計畫土地及搭配目前的外海塡海造地，來打造出一個遠離人口密集區的石化園區。

　　日前行政院江院長裁示，要在目前南星計畫的外海地區塡海造地來成立石化專區，規模比個人建言縮小，從操作技術是單純許多，但未必可如人意在短期間實現，原因無他，臨近三、四輕聚落民眾的健康風險會讓環評無法過關。政府眞的有心要發展臺灣優勢石化產業，個人衷心希望政府能啓動「遷村」政策，讓鳳鼻頭及林園臨近三、四輕聚落民眾，脫離目前生活惡劣條件，才能讓未來石化專區能順利運作。

　　鳳鼻頭地區幾個里在紅毛港遷村後，早就形成「孤島」，四周被工業區與貨櫃碼頭包圍，出入盡是重型車輛，工廠排放物與重車的油煙及揚起的灰塵，讓當地居民苦不堪言。有部分居民早提議要遷村，但高雄市政府礙於「財力」以及過去「紅毛港遷村」的痛苦經驗，不敢表態要推動「遷村」。

　　臺灣環保抗爭始於林園地區，儘管三、四輕已換裝，但還是有些小意外，也遭受臨近聚落民眾圍廠抗議，如果高雄外海石化園區成行，林園臨近三、四輕聚落就成夾心餅乾，某個程度也變成「孤島」，未來抗爭絕不會少，因此會加重塡海造地環評無法過關的困難，對臺灣石化業長期發展，絕不是好事。

　　臺灣石化業發展原都在都市偏遠地區，但一直未隨都市範圍擴大而調整，有些園區地方政府也未善盡責任，將新住宅區規劃在石化

基地周邊，讓不少石化業者感到「乞丐趕廟公」，後來者怪先到者汙染，使石化業的經營長期受到困擾，這筆爛帳一時也無法釐清誰是誰非。

　　若左楠與仁大石化產業基地能遷移至鳳鼻頭及林園臨近三、四輕聚落遷村，將遷村空出土地，加上南星計畫土地及搭配目前的外海填海造地，打造出一個遠離人口密集區的石化園區，才是永久解決高雄石化業者環保抗爭夢魘的一勞永逸政策，盼望江院長能親赴鳳鼻頭及林園臨近三、四輕聚落查看四周生活環境，了解當地民眾感受，再行考量筆者建言。

　　外加「遷村」的經費當然要比單純「填海造地」要高出許多，但這是臺灣打造一個「循環經濟」生態石化園區的好契機；公私夥伴關係或不動產證券化都是政府在財政壓力下可用的財源籌措方式，不但可讓石化業好好擺脫環保抗爭，同時也讓石油業者專心做好研發加值與汙染、工安管控等工作，使產業永續經營，石化業有獲利，石化專區投資的回收就保證成功，政府運用這兩種方式，經費絕不是問題。

　　盼望杜部長能進一步研究評估，不要因「遷村」議題，壞了「填海造地」，讓石化業與高雄市民仍然原地打轉，彼此對立，產生雙輸。

（2014年8月16日 聯合報）

7、輕率立法趕石化，高市何不設專區

高雄市政府3月10日通過「高雄市既有工業管線管理自治條例」，強迫既有工業管線所有人應於民國105年底以前，將總公司遷到高雄才能繼續使用。消息傳出，令石化業者震驚與頭痛，震驚的是如此野蠻立法會讓許多廠商，尤其是國外廠商不再信任臺灣，會進一步影響臺灣未來經濟發展；頭痛的是萬一高雄市議會也跟著附會通過此法案，十多家石化業者若不同意將總公司遷到高雄，就無法使用安全性質高的管線運輸供料給相關中下游廠商，嚴重影響臺灣石化業生產，萬一石化業者以特種車輛運輸來因應，勢必增加交通流量與空氣汙染排放及道路運輸安全等不利因素，高雄市政府如此輕率立法，只有凸顯當家人的無知。

「高雄市既有工業管線管理自治條例」的產生應是回應去年8月1日凌晨的丙烯氣爆事件，從所有媒體的報導可發現悲劇原本是可避免，但由於高雄市政府各主事人員「無能無知」，無法在第一時間辨識外溢氣體來做出正確處置所引起。現在用這種看似合法合情的手段，要各石化業總公司遷到高雄才能繼續使用管線，如果廠商硬著與高雄市政府對幹，改採車輛運輸或乾脆結束高雄生產，屆時引發各種後遺症，恐怕高雄市政府無法善了，盼望高雄市政府與市議會三思。

全世界的石化原料供應大都採管線運輸，因此不要將埋設在地底下的管線視為洪水猛獸，去年81氣爆事件是許多人為錯誤所引起的悲劇，目前更新的物聯網技術可讓管線安全管控做到更理想狀況，就看高雄市政府是否有心與石化業者來攜手合作。

高雄目前石化產業區，除林園是在高雄市邊緣區，人口比較少外，多數石化產業區在早期也是人口稀少區，但隨著城市發展，這些

石化區四周也聚集相當數量人口,是政府都市規劃疏失所造成。由於石化工安確實一再出狀況,引發居民的不安與恐懼,個人也曾為文點出石化業無法做到安全工作,就不配留在原場區生產;也建議中央與高雄市政府合作在高雄外海地區填海造地並結合大林埔、鳳鼻頭及臨近林園三輕的聚落遷村,建立一個石化產業專區,讓目前散聚高雄市區的各石化工業廠商能集中。一方面可做到循環經濟的生態工業區,使生產更有效率,另一方面一勞永逸解決多年石化業的環保工安抗爭,同時也減少市區石化管線使用,還給高雄市民一個安全生活空間。

高雄外海石化產業專區興建經費含遷村補償,個人概估會達千億臺幣,但從全球石化業的獲利情況,投資絕對可回收,錢(經費)絕對不是問題,可尋找外資如新加坡來投資興建,臺灣石化業者就當房客,端看中央與高雄市政府有無決心要讓石化業留在高雄。但荒謬的「高雄市既有工業管線管理自治條例」,會讓外商不安與卻步而影響來高雄投資意願,更會加速石化業出走臺灣與高雄,屆時產業空洞化將引發失業問題。希望高雄市政府能共體時艱,撤銷「高雄市既有工業管線管理自治條例」。

(2015年3月16日 聯合報)

8、五輕打烊、八輕斷頭，臺灣石化缺口誰補

　　高雄五輕依承諾熄火關燈，政府曾規劃八輕替代，以免臺灣石化業停炊，民進黨執政時也開始八輕作業，讓臺灣石化業者有個希望。不料國民黨重返執政，原先的啟動者變成最大反對杯葛者，八輕煙消雲散，讓石化業者不知明天在哪？

　　石化業是百業來源，隨經濟發展水準而增加，先進國家如歐美日等都發展煉油廠，來維持石油原料的供應。五輕打烊，石化原料缺口由三輕增加產能補充一部分，不足則進口，未來期待臺商在中國大陸石化廠的產能補充。

　　對照中國大陸規劃七大石化基地，打造現代石化產業體系，實現上中下游一體的石化產業鏈，同時積極規劃引進倉儲物流業，來提升石化產業的核心競爭力，使這些基地成為技術領先、環保一流的生態型石化產業基地。中國大陸做得到，臺灣更有能力做得成。

　　臺灣石化業始於中油高雄楠梓後勁的一輕、二輕，高雄仁大石化園區也比臨而設，臺灣石化產業鏈也營運而生，當年技術與環安均不到位，因此臨近居民飽受汙染與意外災害抗爭，五輕不得不打烊。說實在話，五輕汙染已較一輕、二輕改善許多，但偏偏中油、台塑的工業意外一再出現，尤其高雄81氣爆，讓國人喪失信心，讓高雄市民強烈要求五輕依限關廠。

　　只是臺灣若無新石化專區設立，五輕缺口無從補齊，高雄石化產業可能會崩解，屆時影響臺灣百業發展，不容小覷。

　　中央應與高雄市政府積極合作，將大林浦、鳳鼻頭及林園三、四輕鄰近里遷村，再加上六櫃中心外海填海造地，規劃成一個遠離人口

密集的石化專區，解決五輕關廠缺口，並讓高雄石化產業群聚，永續經營，繼續扮演高雄支柱產業，支持臺灣百業發展。

（2016年1月3日 聯合報）

八、食安與美牛豬

1、嚴管重罰，補食品安全漏洞

從瘦肉精、農藥殘留到塑化劑事件，食品安全問題週期性出現在我們的新聞版面上，造成社會恐慌，讓國人始終擺脫不了食品不安全的夢魘，更凸顯我國食品安全體系仍有許多漏洞需要大力補強。

筆者講授危機管理課程多年，食品安全即是講授重點之一。食品安全工作基本上可區分四大塊：微生物汙染、化學物質汙染、食品添加劑安全，以及食物加工過程安全，這次塑化劑問題即屬食品添加劑安全。

危機管理的「基本工」，就是讓危機事故不發生，因此首要工作在防患未然，讓危害食品安全的事件不發生。如何進行，個人願意提出下列想法分享：

(1) 強化罰則：按目前食品衛生管理法的相關規定，對廠商的處罰規定過輕，讓不肖業者一再犯案，危害國人健康，倘若課以刑責外，並增列政府消保官可協助消費者求償機制，讓業者不敢做，才有可能從源頭做好把關工作。

(2) 全面推動危害分析和關鍵控制點（HACCP）制度：這是目前食品安全的控制技術模式，國內早已採用，但並未全面普及至各食品相關業者，建議配合新一代資通訊技術，做到生產履歷全面監管作業，確保國吃的安全。

(3) 強化地方政府與大學關係：地方政府食品安全把關的人力向來不足，造成不肖業者有機可乘，其實地府人力可集中在抽檢、取締，化驗、檢驗部門可委託各大學的實驗室的設備及人力（眾多博碩士生），使業者無機可乘。

(4) 鼓勵官員勇於任事：這一次塑化劑問題，是一位愛心媽媽公

務員勇於任事而發現問題，馬總統、吳院長應公開表揚這位公務員並給予獎勵；政府若能對及時興利除弊的公務員給予更多的鼓勵，讓公務員勇於任事，非但對消除民怨有很大幫助，對食品安全的監控也會更加完善。

（2011年5月28日　聯合報）

2、美牛的生產履歷比瘦肉精重要

由於部分美牛含有瘦肉精，使得美牛進口蒙上一片烏雲。

美國畜牧業可以視為一種工業，有極龐大的生產鏈及群聚，對行政部門及國會有極大遊說能力，臺灣美牛輸入問題的壓力就是來自這個畜牧生產鏈。美方行政部門根據畜牧業者所持研究結果，指其所使用的瘦肉精培林，對人體健康風險是不存在的；臺灣也有人呼應，培林進入人體後很快就會排除，因此要求臺灣不要因瘦肉精而禁止美牛進口。

美方有備而來，臺灣若無完整與科學的論述，似乎很難拒絕美方的要求，同時美方又將臺灣未來兩項經貿議題：臺美貿易暨投資架構協定（TIFA）、泛太平洋戰略經濟夥伴關係協議（TPP）綁在一起。面對這種處境，建議政府採取「日本模式」因應：國外輸入開放，國內禁用，但須有下列配套措施：

(1) 要求國內貿易商團結起來，要美方業者提供美牛生產履歷，包括有無使用抗生素，否則不採買。

(2) 國內貿易商若不提供或隱瞞生產履歷與通路商，將重罰或取消其進口許可。

(3) 通路商或零售業者隱瞞或造假生產履歷，除重罰並要求補件後才可再上架。

其實美國畜牧業能大量生產牛肉的關鍵因素在使用抗生素，因此讓美牛所有生產履歷資訊都透明化，比單一的瘦肉精重要，如此才能更確保國人健康。當資訊都對消費者清楚公開時，消費者方能做明智選擇，而供應美牛業者也自然而然負起社會責任，屆時美牛有無瘦肉精含量就不成問題了。

（2012年2月9日 聯合報）

3、當務之急，食安大普查

接二連三的食安事件，政府施政不能老是補破網，應該下定決心，重新檢討食安網。修法加重懲罰是治標不治本，政府應劍及履及進行食品安全大普查，好好檢視大小廠商、攤販的原物料來源，並對環境衛生做徹底稽核與改善，使食品安全工作能真正落實，否則食安地雷還是有可能再度引爆，就把食品安全大普查當成新任衛福部長的入門考驗。

整體食安大普查可區隔兩區塊：GMP廠商與非GMP廠商，GMP制度行之多年，都是知名食品企業，同時資本額也比較大，但各目前GMP廠商並未針對原料來源進行實質查核，以致最近的食安事件都有GMP廠商中箭，讓不少廠商商譽中傷，也差點毀掉臺灣美食王國聲譽，因此GMP廠商可全面透過自身往來廠商的原料或產品來源（含國外），進行現場查核或必要文件檢視與查核，就可確保自身原物料安全，加上自己的製造、運送、存放，即可確保GMP廠商不會誤踩食安地雷。

非GMP廠商除一般食品行，包括國人熟悉的小吃店及攤商尤其是夜市，其食安工作向來是政府較不注意的一塊，要進行食安大普查格外費力，但確是食安工作要一勞永逸的必要工作。政府若能透過志工招募並結合縣市內的大專院校相關科系的人力與設備器材，大家一起來管事，其實是可將非GMP廠商、小吃店及攤商的原物料來源徹底清查，可能會使一些地下工廠、違章工廠曝光，就有機會將潛在食安地雷一一糾出排除，透過這種大普查，其實才是正本清源的作法。

經濟部在2012年出版的《臺灣產業科技前瞻研究》系列叢書的中長期產業技術重大議題彙編，就針對食安問題進行相關產業技術研

究，從這可看出經濟部是比衛福部要來得積極，而GMP制度也是這些新食安技術發展的前置基礎，因此GMP制度不宜遽然廢止。

很遺憾經濟部這套叢書市面上流通不足，恐怕連衛福部相關業務人員都沒有翻閱過，食安網一再出狀況，不是沒道理，但經濟部這些技術若沒有衛福部來主導食安大普查，建制資料與申報制度，恐怕也發揮不了作用。

大普查是政府要建立完整食安雲的基本功，沒有真實資料進入資料庫，政府是無法進行各種稽核，當然就無從進行預警。因此衛福部應好好下定決心，來一次全國食安大普查，使人民真正感受到政府確實有在關心食安問題，更盼望衛福部能積極協商相關部會，將相關技術做統合，使食安網的建置更加完整。

非常期盼各部會主動積極發現食安問題研究，沒有本位主義的提出，讓臺灣未來食安網能確實扮演民眾飲食的守護神，使臺灣美食王國的美譽不要一再落漆。

（2014年10月11日 中國時報）

4、頂新應向吳寶春學習的事

　　頂新集團以康師傅速食麵起家，造就其頂新王國，是臺商在中國大陸的成功典範，也返臺上市購併臺灣老牌企業味全公司，使頂新企業躋身臺灣大型企業之林。照理說，頂新應承續味全的企業形象，繼續擔任供應國人安全食品，不料一連三次食用油危機，頂新都列名在上，實在愧對國人。

　　吳寶春，一個默默無聞的麵包師傅，藉著兩顆麵包開創事業，現在已成為高雄的亮點，吳寶春在初步成功之後更積極投入應用臺灣優良農產品（食材），開發更多衛生安全可口麵包，吳寶春不藏私，先後出版多本圖書，介紹與其合作的農民故事，這些農民也因此將本身產品品牌化，更負責任推動安全農產品。

　　最近吳寶春又出版《吳寶春的麵包祕笈》，無藏私的公布各種麵包的製造流程，這種懂得分享並願意協助弱勢團體的精神，正是目前頂新集團所欠缺的。從目前頂新集團的四項危機回應，與吳寶春的事蹟對照，頂新在短期內顯然難以撫平消費者的不滿。

　　恢復臺灣「美食王國」形象不易，頂新不妨用贖罪的心情成立「臺灣美味發展基金」，用吳寶春的經驗，去發掘更多「美味達人」與「安全產品」，並將這些美味與安全產品標準化，使這些美味、安全產品能複製並推廣。

　　前些日媒體報導長榮桂冠飯店裡有一道臺式早餐杏仁茶與油條，傳承自基隆廟口的好味道，主人翁周萬寶已在幾年前辭世，但這道美味在主人翁無私傳授給其老同學張榮發所屬長榮桂冠飯店的廚師們而保留下來。

　　「民以食為天」，吃是一種永遠不會消失的產業，韓國把食品

產業列為未來動力產業，它的商機是與日俱增，美國有「麥當勞」、「肯德基」；日本則有「摩斯漢堡」、「吉野家」等國際品牌速食，韓國目前也在強化其食品產業，上海85度C的店面讓韓國甜點業接手，就是一項明證。

　　儘管政府將臺灣美食列為未來十大重點服務業，但多年來一直未扎根進行，一連串食安問題，許多努力就盡付東流，臺灣許多民間庶民美味達人都是高齡長者，若不及時傳承好味道，就會流失，也盼望頂新集團能主動邀請吳寶春先生來主持「臺灣美味發展基金」，找尋臺灣更多「美味」，扎根把美味科學化與標準化，讓臺灣的美食王國招牌重新擦亮。

（2014年10月22日 中國時報）

5、莫讓臺灣美食王國變餿

　　政府為帶動下一波產業發展，將臺灣美食列為十大重點服務業，但接連三年的毒澱粉、食用油摻假、餿水豬油「食安事件」，委實重創臺灣美食王國形象，怎麼彌補食安工作的種種缺失，這項工作不但與民眾日常生活有關，更關係到自由經濟示範區的農業加值戰略能否成功，因此衛生福利部應上緊發條，好好將食安工作各種流程與各有關部會通力合作，徹底檢討修正，讓食安工作不再發生，還給民眾與消費者一個安全食品空間。

　　食安法也做了相關修法，為何仍然爆發此次「豬餿水油」事件，讓更多名牌廠商中箭而傷，顯然是廠商仍存僥倖心理，甘冒天下大不韙，因此食安法更應加重刑事責任以及政府主動查封廠商財產並代位求償，或許可遏止商人或業者的短利及僥倖之心，並確保消費者與無辜下游廠商及攤商之損失。但正本之道是在政府與業者是不是有心願意攜手合作共同建設食品安全網，重新擦亮臺灣美食王國招牌。

　　逛過夜市的人或經常在小吃攤外食的民眾，或許會跟個人一樣會懷疑攤商的油、醬、果菜、肉品等物料是否安全合格，但攤商能否把關，恐怕有心但無能為力，即使小心也會躺著中槍，因此源頭管理是目前許多專家學者籲請政府要積極作為事項，但個人認為光從源頭管理仍不足，要輔以生產鏈的管制才能奏效。

　　生產鏈的管制是個大工程，從目前已在推動「生產履歷」，加上「雲計算」、「物聯網」等新ICT技術來應用，在技術上應無問題。整體系統完成後，哪個環節有異樣，就啟動檢驗機制，防意外於未然，就能解決目前許多像犁記餅鋪店員含淚吃月餅、無辜的受害者問題，例如：農產品的農藥殘留問題，各農戶的用藥量在第一時間能掌

握用量大的農戶，就可透過系統提前發現，來啟動檢驗，應該可避免農產品的農藥殘留問題一再困擾家庭主婦，又如此次豬油事件的主角，未進相當數量的豬肉，如何提煉豬油本身就可質疑，透過生產鏈的管制就能即時察覺，同時這個系統還能延伸豬肉是否是合格廠商供應的安全豬肉，如此源頭管理才會有意義，因此江院長務必要要求衛福部要與經濟部、科技部、農業部、環境資源部及各食品產業工會、工業、商業總會共同合作，將生產鏈的管制納入食安網，工程雖然耗大，但它是重新擦亮臺灣美食王國招牌必要工作。

　　人類只要一張開眼就離不開「吃」這件事，因此食品產業是永遠不會褪色產業，政府目前立下將臺灣美食作為未來十大重點服務業的戰略是正確也確實可行，為讓臺灣美食能擴大成果，提出自由經濟示範區的農業加值戰略也是正確方向，但政策成功的前提是「食安」工作要落實。韓國已將食品產業列為未來十三項主力產業之一，主要原因也是著重中國大陸市場，臺灣接二連三的食安意外，已重創臺灣食品在中國大陸民眾的心目中地位，韓國食品最近開始趁虛而入，盼望政府與各食品業者能通力合作，重新做好食安工作，讓臺灣美食不再蒙塵，並鞏固中國大陸市場，且讓食品產業成為臺灣未來明星產業。

（2014年10月 南方生活報）

6、助臺豬出口，力抗美豬衝擊

　　非農業體系出身的屏東前縣長曹啓鴻，將接任農委會主委，受訪時表態瘦肉精美豬擋不住，輿論質疑民進黨換了位置就換了腦袋；面對批判，未來曹主委只能概括承受。

　　筆者在屏東任教多年，從同事得知曹啓鴻是一位老實人，面對美國是否同意臺灣加入TPP壓力，開放含瘦肉精美豬進口是臺灣不得不的選擇，誰執政都要面對，曹不過提前講出真話，民進黨目前及未來被指責，某種程度也是自造孽。

　　坦白說，美方姿態就是不開放含瘦肉精美豬，TPP就免談，進而要求中國大陸也比照開放；希望未來民進黨執政者不要讓國人失望。

　　臺灣其實進口不少豬肉，這些豬肉都不含瘦肉精，價格不便宜且數量限定，不會影響臺灣豬肉消費，含瘦肉精的美豬價格據悉會比多數臺灣豬肉便宜，一開放，臺灣豬農大都會無以為繼，相信這絕對不是政府為了加入TPP而來的副作用，這也是馬總統一直抗拒的原因；假如未來真的開放含瘦肉精美豬進口，但TPP門票依舊拿不到，屆時臺灣就真的虧很大。

　　臺灣目前仍是口蹄疫疫區，因此臺豬無法出口，豬肉生產過剩，國內市場倘若又被美方侵入，豬農當然無生存之地。

　　面對美方含瘦肉精美豬進口問題，臺灣應用科學、安全、環保循環的大規模養豬方法，使臺豬能遠離口蹄疫，不但不含瘦肉精，也不危害生活環境，還可產生綠能與提供豬飼料，降低飼養成本就能與含瘦肉精美豬競爭，同時積極塑造臺豬品牌形象，拓展國外市場，才是面對瘦肉精美豬衝擊的根本之道。不正本清源看待臺豬問題，面對美方一再叩關，藍綠永遠吵成一團，老百姓的苦，依然無解。

提醒新政府，瘦肉精對人體有害是有科學論述，因此美豬若進口，務必要求進口商比照菸品在包裝加註警語「瘦肉精有礙健康不宜多食」，讓不含瘦肉精的臺豬更有競爭力。

（2016年4月24日 聯合報）

7、臺豬可以不怕美豬

　　美國的養豬事業是畜牧工業，是運用玉米飼料來養豬，玉米豬如同玉米牛一樣，若不加入「瘦肉精」，其肉體會油花油脂偏多，賣相不佳，因此美豬、美牛含瘦肉精是其畜牧工業必要之惡。臺灣也有進口萊克多巴胺，因此美國政府對臺灣豬肉的「零驗出」當然持懷疑態度，而認定臺灣「零驗出」是臺灣政府未徹底執法造成。

　　由於臺豬目前不少也用玉米飼養，當然更讓美方認定臺灣也同美國一樣使用萊克多巴胺，否則豬肉賣相會不佳，因此美國一再主張讓含萊克多巴胺豬肉進口，其實是有所本，所以臺灣人其實不用欺騙自己，不開放含瘦肉精美豬，臺灣要加入TPP連門都沒有。

　　由於玉米須進口，當然會讓臺豬飼養成本比美豬高，新政府為加入TPP而開放含瘦肉精美豬進口，會對臺灣養豬產業造成極大衝擊，會不會因開放含瘦肉精美豬而崩盤，未必如此悲觀，然而臺灣若一直被困在口蹄疫疫區標籤下，臺豬無從出口。

　　新政府因應之道，除了協助臺豬出口並建立臺豬國際品牌，核心觀念是臺灣要擺脫口蹄疫疫區汙名。

　　要有效擺脫此汙名，養豬產業就應該朝科學化、規模化與生態環保化進行，一如過去的丹麥，用對方法便可很短期限就擺脫汙名，至今成為世界第一養豬國家。

　　臺灣養豬事業一向受國人詬病為骯髒產業，主因在規模小，養殖戶無法投入生產環境改善，這也造成臺灣豬隻容易生病的主因。因此，整合養豬小農成為大規模養豬場，才有辦法分擔科學化與生態環保化的成本，這樣才能降低成本，進而創造新收益。

總之，強化自己的臺灣養豬實力，並做好不宜多食含瘦肉精豬肉論述，才能有效對抗美豬的進口。

（2016年5月11日 中國時報）

九、前瞻計畫與願景規劃

1、總統候選人，你給人民什麼願景？

2、沒軌道技術，如何成就前瞻

3、軌道建設要有產業升級的前瞻性

4、沒有願景，何來前瞻

5、前瞻基礎建設計畫的七個不妥

6、防洪治水迫切性比軌道高，總統還要強推前瞻計畫嗎？

7、前瞻基礎計畫必須退回行政院的四個理由

8、環島高鐵才是前瞻軌道建設

1、總統候選人，你給人民什麼願景？

國親民三黨都在近日公布其副總統參選人人選，三黨競爭態勢已形成，但三黨卻宛如王小二過年，一年不如一年，至今仍提不出一套完整的政綱，向臺灣人民交代臺灣何去何從。

中國大陸2013年的十八屆三中決定，是習近平主政未來中國大陸十年發展政綱。目前中國大陸的自由貿易試驗區、一帶一路戰略、國企改革、公私夥伴關係方案都是三中決定的重要內容，其未來具體落實推動在十三五規劃反映，而十三五規劃已在今年10月十八屆五中拍板，凸顯中國大陸的三中決定是整體的、長遠的且有目標性的政綱。三黨是不是更要見賢思齊，不要連政綱制定工作都不如中共。

馬總統的「黃金十年」，蔡主席的「十年政綱」的醞釀時間是2011年，距今快五年，上一屆大選，臺灣民眾選擇「黃金十年」，但近五年的國際環境已發生許多重大事件，如中國大陸的十八屆三中決定、一帶一路戰略、亞投行成立、美國重回亞洲戰略、TPP及RCEP等FTA談判速度加快、韓國與各大經濟體FTA完成、中日東海對抗、南海紛爭等，都讓「黃金十年」、「十年政綱」顯然過時。

但馬總統「黃金十年」的兩岸關係是建立在「九二共識、一中各表」基礎上，所以兩岸關係大幅進展，因此蔡主席更應更新其政綱，交代沒有「九二共識、一中各表」的兩岸經貿關係，來化解國人疑慮。

國民親三黨若有心讓人民有願景與希望及安心生活，就應好好盱衡世局，將自由經貿戰略、高房價問題、國土重建、能源危機、產業結構升級調整等民生議題以及兩岸發展戰略，好好研擬一套新的「十年政綱」並提出具體目標年預期成果，讓臺灣人民有新的選擇希望。

　　因此三黨總統候選人當下工作是要繳交一份治國政綱，否則未來總統大選辯論會失焦，讓民眾無法認清誰有能力帶領臺灣脫離困境。新加坡人民行動黨在此次大選能贏得新加坡人民信任，理由無他，端在政綱、政策能及時反映人民所需，盼望國民親三位總統候選人能幡然回正，在大選決戰前五十多日前，好好制定給臺灣人民的十年願景政綱，說不定令人耳目一新的願景會激發選民熱血。

（2013年11月25日 聯合報）

2、沒軌道技術，如何成就前瞻

　　日前林全院長宣布推動「前瞻基礎基建計畫」，其中軌道運輸幾乎占了一半預算，如此龐大預算是否如林院長所言能帶動投資，進而拚經濟，個人保留質疑；理由無他，臺灣根本沒有像樣的軌道產業與軌道技術，屆時4,000多億元恐落入外國企業手上，國人只能分得一些土建工程，對帶動臺灣就業機會相當有限。

　　國人仔細想想，最近進來的高雄輕軌車輛、桃機捷運與臺鐵的普悠瑪等車輛，不都是日本或西班牙，如果台車公司（唐榮鐵工廠鐵道車輛事業部民營化成立公司）能有前瞻軌道車輛技術，4,000多億預算就有機會留在臺灣，並產生許多就業機會。

　　多年前，我的指導教授黃俊英，在競選高雄市長時，曾提出高雄要運用中鋼、唐榮、義聯等鋼鐵業基礎，發展軌道產業；很可惜黃教授以些微差距無法實現其政策，否則高雄輕軌說不定可以自製。

　　台車公司有日資，日本多年來也吝於對臺灣進行技術移轉，讓高鐵、臺鐵、北捷、高捷、桃機捷、臺中捷不斷的向日本採購，將臺灣吃夠夠。個人認為，臺灣是有機會藉中國大陸的中車等企業合作，讓臺灣軌道產業能技術引進生根，但這個想法因「九二共識」而無著落，沒有軌道產業技術，何來前瞻。

　　不管高鐵、臺鐵、北捷、高捷、桃機捷、臺中捷的車輛多數來自日本，因此臺灣一直是日本軌道產業的「殖民地」。個人希望林全院長能藉此計畫，好好輔導台車公司發展自己的創新技術，讓這些新車輛與高鐵、臺鐵、北捷未來要汰換的車輛能在臺灣製造，臺灣人民才會有就業機會，中國大陸的中車是台車的新選向機會，只要蔡總統的兩岸政策有新突破，台車的發展能量是可期待的。

（2017年3月25日 聯合報）

3、軌道建設要有產業升級的前瞻性

前瞻基礎建設計畫，風波不斷，最受爭議的是高達4,200億的軌道建設，前些日新任台灣車輛公司（簡稱台車）董事長蔡煌瑯接受媒體訪問表示，台車支援蔡總統「新南向」政策，將爭取東南亞捷運車輛；這則新聞令人感慨萬分，台車成立以來，何嘗有製造過捷運車輛，如果有，相信國人會支持這項建設，畢竟4,200億預算是可帶動軌道產業許多就業機會。

台車成立時，當年邀請日方入股，多年以來，日方並無將軌道產業的技術移轉到臺灣來，台車公司的業績一直無法大放異彩，只能承接一些簡單維修保養或低階車輛工程，因此蔡董事長的豪語要能實現，首先是要有軌道工程與車輛技術，日方多年不技術移轉，此次新政府的軌道大餅，台車註定吃不到。

蔡董事長主張「國車國造」，個人百分之百贊成，畢竟8,800億預算中，有4,200億是軌道預算，若好好把握，會是大商機，如果再將臺灣未來高鐵、臺鐵、北捷、高捷的車輛汰舊換新加進來，軌道產業絕對是塊大餅，台車若沒有一定技術，這塊大餅絕對會被日本蠶食鯨吞，所有軌道車輛工程衍生的工作機會將為日人作嫁，臺灣真的成為日本軌道產業的「最大客戶」，同時繼續拉大臺日貿易逆差。

中國大陸的高鐵是從零到有，也是從日本、法國、德國等國家引進技術並消化自主創新，其和諧號的營運，舉世矚目，所產生的零組件近10萬個，可歸納成140個系統，造就100家核心企業與500家關聯廠商，這也就是目前中國大陸軌道產業能與日本、法國、德國等國一爭長短的主因，吾人由衷希望蔡董事長能拋開意識形態，設法與中國大陸、其他國家，甚至準備大搞基礎建設的美國洽商合作事宜，讓日

方感受臺灣不見得須事事仰賴日本，讓台車不再受制一方，或許就有機會實現台車臺產，不但可創造出臺灣新就業機會，可能也是台車的新活路。

此次民進黨政府提出如此龐大軌道建設計畫，日方如仍不願技轉台車，讓未來軌道建設的車輛在臺生產，朝野立委應為人民看緊荷包，不要讓4,200億軌道預算錢沒花在刀口上，至少要保留一半預算，否則這一龐大經費流入日人口袋不打緊，既未為臺灣創造新就業機會，也絲毫對臺灣的產業升級毫無助益。

（2017年5月 南方生活報）

4、沒有願景，何來前瞻

蔡總統即將就職滿周年，她大手筆訂製了一個8,800億元的大蛋糕來慶祝。口中一直說建設不分藍綠，但白紙黑字的建設細目與經費，就是綠多很多，簡直是睜眼說瞎話，難怪民調支持度直直落。計畫提出後，各界不滿之聲不絕於耳，但蔡總統仍一意孤行，使得朝野對立更加嚴重。

從規劃者的角度來看，蔡總統與民進黨政府犯下最大的錯誤是：沒有國家發展規劃，哪來的基礎建設計畫？

只要看過370頁的《前瞻基礎建設計畫》就可發現許多不妥之處。筆者看來就至少有七點。一、未包括離島的機場與港口交通建設；二軌道建設經費幾乎占了一半的特別預算，比例失衡；三、缺乏強而有力的願景與具體目標論述；四、五大建設各分項計畫都缺乏可行性與自足性、必要性分析；五、五大建設各分項計畫的關鍵績效指標（KPI）根本是誤用；六、財務規劃沒有將公私合夥關係制度（PPP）導入；七、預算分配藍綠有別，引起綁樁之爭議。

蔡總統和林內閣應該提給國人一個完整的國家發展計畫，才算有責任感。在國家發展的大方向之下，再就產業發展、基礎建設等提出具體項目。目前的《前瞻基礎建設計畫》完全看不出國家發展方向和願景，宛如浮沙上建塔，當然就毫無「前瞻」可言。加上預算過於龐大，也難怪在野黨抗爭，前行政院長江宜樺和毛治國都表達憂心。

即使是比臺灣落後的菲律賓，擬定國家發展計畫都比蔡政府嚴謹。菲國總統杜特蒂就職時間比蔡總統晚40天，但菲律賓在2016年10月就提出「菲律賓雄心2040」願景，要將菲國打造成一個繁榮的、主要是中產階級的社會；人民長壽健康、社會高度信任。之後菲

國政府在2017年2月提出「菲律賓國家發展計畫（2017～2022）」來逐步實現「菲律賓雄心2040」，這份報告書內容劃分為7單元21章，高達452頁。

　　報告中的第19章「加速發展基礎建設設施」裡，杜特蒂積極「和中」，希望中國大陸能運用其經驗、人才、資金協助菲律賓，讓菲律賓擺脫「貧窮」。對比蔡政府，卻因拒絕承認九二共識，和中國大陸關係陷入谷底，造成「窮臺」效應逐漸顯現。

　　日前蔡總統對高中生說「前瞻計畫」是投資未來，但蔡政府至今提不出臺灣的中長期發展規劃，如何投資未來？前瞻計畫最受詬病之處就在於這是一本「拼湊計畫」和「綁樁計畫」。

　　筆者建議蔡總統與林全院長能懸崖勒馬，主動撤回「前瞻計畫」，先跟國人說清楚國家未來的願景和發展方向，再依大方向提出相應的具體項目規劃，並且完成計畫評估再編列預算，以取信國人，消除綁樁的疑慮。

（2017年5月15日　中國時報）

5、前瞻基礎建設計畫的七個不妥

前瞻基礎建設計畫提出後，蔡總統與林全院長或許會納悶為何會引起如此多爭端，如果蔡總統與林揆仔細閱讀370頁的報告書後，一定會發現有許多不妥之處，把這些不妥之處消除，前瞻基礎建設計畫或許可加速未來審查通過，同時化解朝野嚴重對立。

第一個不妥之處在未包括機場與港口等離島交通建設，幾年前澎湖復興航空空難與前些日澎湖離島的兩起海上事故，在在說明政府對離島居民出入的安全與便利的不足，交通建設不有效解決，離島地區要健全發展觀光產業，恐怕也難為地方政府。

第二個不妥地方在比重不對，軌道建設經費幾占一半特別預算，撇開各地方建設必要行與未來自足性，臺灣的軌道產業自主性非常低，僅從高鐵、臺鐵、高捷、北捷、桃捷的歷來車輛採購就可證明，整體軌道產業幾乎受制與日本，未曾因此建立自己的軌道產業鏈。

第三個不妥是缺乏強而有力願景與具體目標論述，370頁報告中，僅有一頁在描述未來願景與目標，內容一如許多媒體批評空洞不確實，讓朝野都無感，更讓人感受到370頁報告書是拼湊而成。

第四個不妥是五大建設各分項計畫缺乏可行性與自足性、必要性分析，各分項計畫若無此規劃動作，同時也缺乏未來營運與收費論述，因此所謂的蚊子館、蚊子軌道現象會將是國人另一場惡夢。

第五個不妥是五大建設各分項計畫的關鍵績效指標（KPI），占據報告書不少篇幅，想要一改過去計畫缺乏問責性，但內容空泛不確實際且誤用，反成為計畫另一敗筆。

第六個不妥是沒有將公私合夥關係制度（PPP）導入，全球目前都認為是民富國窮，同時也認為企業提供部分公共服務或設施，會比

政府有效率與效能，蔡總統與林全院長都認為財政負債累累，無法挹注年金有破產可能，但此刻又高舉債務，豈不是自打嘴巴。

第七個不妥是藍綠有別，儘管新政府說前瞻基礎建設不分藍綠，但只要將五大建設的分項或細項建設攤在地圖上，是否藍綠有別一清二楚，前瞻基建計畫如此作法，未免凸顯新政府缺乏器度。

這七個不妥是粗略閱讀的發現，若細讀恐怕會發現更多的不妥，個人由衷希望英全政府能主動撤回提案，將前瞻基建計畫的各分項或細項重新檢視其必要性與可行性，增加一些被忽略的計畫，並導入PPP制度，沒有人會反對應該做的基礎建設，也都希望新的前瞻基礎建設計畫能繼十大建設後，成為下一波臺灣經濟成長的基石。

（2017年6月 南方生活報）

6、防洪治水迫切性比軌道高，
總統還要強推前瞻計畫嗎？

　　臺灣經常因雨坍塌的路段新聞時有所聞，近日端午連假一場小雨讓蘇花公路落石不斷無法及時搶修，讓連假前往花東度假的民眾，像逃難式北返，引發大量民怨，也讓花東民眾再次要求給一條不受天候影響安全公路，因此新的蘇花公路是不是基礎建設計畫是不言而喻，新政府其實是可將全臺灣地區遇雨即坍塌的公路系統做徹底改善，讓民眾的行更安全，如此方能配稱「前瞻基礎建設計畫」。

　　日前的梅雨鋒面，其瞬間暴雨量讓臺灣地區造成災害，此次梅雨鋒面讓人理解應對「氣候變遷」的重要，但此次降雨量不若馬政府時代的八八風災的降雨量，惟瞬時間的強降雨威力讓民眾可感受到小林村為何會滅村，新政府雖然在前瞻基礎建設計畫也有規劃「水環境建設」，但從這次強降雨教訓，可看到規劃內容與經費的不足，也全國民眾感受到「水環境建設」的防洪治水的迫切性要比「軌道建設」來得高，蔡總統與林院長是不是更應對「新民意」要回應，將高達一半經費的「軌道建設」做必要調整。

　　最近世界競爭力論壇公布年度報告，喜的是臺灣競爭力實力仍在前段班，憂的是臺灣的基礎建設名次是往下掉，新政府提出前瞻基礎建設計畫原本是要給予肯定，但遇雨路就坍塌以及防洪治水不足，在在說明前瞻基礎建設計畫的規劃不足，不但在野黨立委與馬政府時代的國發會主委與行政院院長都提出批評與建言，近日李前總統、扁政府時代的經建會主委陳博志教授、朱武獻部長與郝明義先生也都對前瞻基礎建設計畫的提出建言或批評，更凸顯出前瞻基礎建設計畫是有

必要大調整。

　　讓人民出入方便與安居樂業是基礎建設的核心，新政府的五大建設顯然是不足的，離島機場與港口與安全便利公路網都應包括在內，林全院長前些日已鬆口要檢討前瞻基礎建設計畫，個人期盼行政院能撤回前瞻基礎建設計畫，重新規劃符合人民需求基礎建設計畫。

　　有需要的基礎建設是沒有人會反對，還巴不得趕快做，但深怕錯誤不當的建設成為未來子孫的負擔，現在朝野都對前瞻基礎建設計畫有意見，加上兩項小災害就讓前瞻基礎建設計畫徹底破功，前瞻不起來，但蔡總統要在前瞻預算中去調整治水預算與林院長聲稱要採滾動式檢討前瞻預算，根本違反《預算法》與特別預算精神，同時立委審查預算也有不能增加預算之限制，因此正本清源之道在行政院主動撤回前瞻基礎建設計畫，才能重新調整或修改前瞻計畫，希望蔡總統不應一意孤行的強推前瞻計畫，做一些沒必要建設，給下一代負債與看笑話。

（2017年6月15日 蘋果日報）

7、前瞻基礎計畫必須退回行政院的四個理由

　　從目前立法院排定臨時會的議程態勢，蔡總統應是鐵了心要求其所屬69位立委，務必在臨時會將前瞻基礎計畫8,800億元預算如數通過，而不管朝野人士包括在野黨立委與馬政府時代的國發會主委與行政院院長都提出批評與建言，近日連李前總統、扁政府時代的經建會主委陳博志教授、朱武獻部長與郝明義先生都站出來指正前瞻基礎計畫諸多不是，但蔡總統卻一意孤行，但作為知識分子之責，個人還是希望林全院長能基於下列四個理由撤回前瞻基礎計畫。

　　第一個理由是前瞻基礎計畫並未包括公路系統，讓人民出入方便與安居樂業是基礎計畫的核心，公路是民眾最賴以為生的基礎建設，連公路改善都沒有談起基礎建設，目前臺灣公路系統有不少路段會遇雨則淹或坍塌，如果新政府能藉由此一前瞻基礎計畫特別預算，將這些路段做徹底一勞永逸的整理，個人深信民眾會額手稱慶，若能將蘇花公路做妥善規劃與興建，宜花東三縣民眾自會感激在心。

　　第二個理由是治水預算與規劃明顯不足，前瞻基礎計畫的水環境建設的理念，據了解沒有人說不妥，但日前的梅雨鋒面，其瞬間暴雨量讓臺灣地區造成災害，一方面讓國人理解應對「氣候變遷」的重要，同時也讓朝野立委感受水環境建設的規劃與預算不足，紛紛要求行政院要增加治水預算，不撤回重編如何增加預算。

　　第三個理由是未重視離島地區，離島居民出入全賴海空運輸，因此全天候的港口與機場設備對離島居民就格外重要，過去因人口少而忽略，但近年來要發展離島觀光產業，沒有全天候的港口與機場設備搭配，國人每逢海空難意外就會裹足不前，影響離島觀光產業，因此為了離島居民出入安全與觀光產業，全天候的港口與機場設備建設應

可納入前瞻基礎計畫修正內容。

第四個理由是立委只能刪預算不能增列預算，儘管朝野立委看到許多不必要的建設項目，個人觀察過去立法院生態，8,800億元預算是不會如數通過，尤其是軌道預算，看著被刪除的預算無法放進該需要的水環境建設，朝野立委也會有百般無奈，只有行政部門撤回，重新規劃調整預算方屬正途。

郝明義先生目前發起連署前瞻基礎計畫必須退回運動已成案，蔡總統如此強橫要通過前瞻基礎計畫，個人十分懷疑蔡總統要如何面對自己創立的制度來回覆民眾，因此此刻個人寄望林全院長能本在扁政府時代的主計長的高風亮節，建立制度，依法行事，讓當時朝野立委敬重風範，希望能考量前述四項理由，將目前破壞制度不依法行事的前瞻基礎計畫撤回，保留昔日之美譽。

（2017年6月20日 蘋果日報）

8、環島高鐵才是前瞻軌道建設

交通部卯足了勁全臺灣走透透溝通說明軌道建設如何「前瞻」，前些日也到屏東縣說明，全場屏東鄉親炮聲隆隆，蔡總統、林全院長未到現場，自然無法體會出「個中三昧」，屏東人要的是高鐵延伸至屏東，結果交通部在前瞻計畫臚列800萬元可行性評估報告，屏東在場鄉親認為是搪塞與敷衍，問題在國土規劃早已核定將高鐵延伸至屏東，何須可行性評估，若要評估，是路線與場站位置。

交通部向來論述是臺灣高鐵延伸屏東會增加高鐵營運成本，讓高鐵營運更困難，屏東人就會承受許多批評壓力，但假如高鐵是成為環島高鐵，屏東市或枋寮就可能設站，屏東人就不必背負高鐵營運不佳壓力罪名，環島高鐵可不可行，從中國大陸海南島的環島高鐵在2015年底全面通車，整個海南島形成一個三小時經濟圈，2016年第一年全年運行2,017萬人次，是世界第一條環島高鐵；海南島高鐵興建比臺灣晚，但卻後發先至，海南島可以，臺灣當然也可以，個人覺得環島高鐵才是目前臺灣唯一前瞻軌道建設，說不定環島高鐵會使臺灣高鐵營運更有績效，更帶動臺灣整體發展。

蔡總統之前瞻基礎建設計畫的軌道建設若能提出臺灣環島高鐵規劃，並藉此整合臺灣目前各種軌道交通，就稱得上「前瞻」兩字，臺灣是有興建高鐵經驗，但假如要繼續用臺灣人的錢蓋環島高鐵，相信仍然是被人牽著鼻子走，由國外規劃設計，所有的經費被外人賺足吃飽，替外人製造就業機會，絕對不是最好的推動方案。

前些日，印尼的第一條高鐵是由中國大陸的中車集團開始興建，因此蔡政府若能修繕兩岸關係，讓中國大陸的高鐵集團與日本的高鐵企業一齊來競標投資興建臺灣環島高鐵，經費當能節省不少。

　　假定環島高鐵若要運作，未來臺鐵與環島高鐵的路線整合則是未來規劃的重點，同時也可將目前各式各樣軌道運輸就進行整合分工規劃，例如：高雄到屏東、臺南到高雄的臺鐵路線就可成為高雄捷運路線路網，深信環島高鐵是徹底檢視臺灣軌道運輸分工機會，同時臺灣的未來觀光產業可藉由環島高鐵、臺鐵與未來城市軌道運輸來更為活化，因此藉由環島高鐵興建整合的軌道建設才叫前瞻軌道建設，目前4,241億的軌道建設計畫就請政府收回，不要浪費民脂民膏，重新規劃以環島高鐵為主體的軌道建設。

（2017年7月 南方生活報）

十、城市治理

1、不及格的危機管理

　　高雄市8月1日氣爆事件，肇因與石化廠的丙烯外洩事件，但高雄市政府從氣體外洩到引爆有三個小時黃金時間應變，但操作失當引發這場巨大災變，宛如當年嘉義八掌溪事件一樣，坐讓慘劇發生，高雄市政府在此次危機管理是嚴重失職。

　　高雄在2017年也曾發生前鎮鎮興橋氣爆事件，照理說高雄市政府應有經驗與能力處理類似事件，除非是高雄市政府的危機管理計畫或災害緊急應變計畫，沒有敘述這些事件的應變作業程序，否則三小時內高雄市政府應變小組指揮官居然未下達相關工廠關氣指令，讓救災現場工作人員全部暴露在險境中，慘劇發生除了民眾死傷嚴重，各救災單位人員也傷亡慘重，可謂將帥無能，累死三軍。

　　危機管理的基本功是回顧地方過去以往的災害，透過各種災害的經驗總結，一方面估算未來最嚴重發生情境，來規劃各種準備作業，從媒體的相關報導可看到高雄市政府在危機應變計畫是看不到這種情境，因此才會漏洞百出，無法應付當時狀況，因此高雄市政府應好好藉此經驗好好修正自身應變計畫或危機管理計畫，同時也呼籲其他縣市政府也應好好檢討自身應變計畫或危機管理計畫是否有不足處，而加以修正補強，讓危機或災害能在第一時間就控制或消弭。

　　危機管理計畫的後續工作為復原與重建，這項工作其實應變計畫書要載明復原與重建的工作方向，很可惜高雄市政府並未在第一時間成立重建小組統籌復原與重建工作，讓災民自組民間重建委員會，證實高雄市政府的救災不力說法，由於重建小組未及時成立，除讓災民周遊各機關尋求援助外，同時也未能將民眾的重建、整建補助納入重建經費需求，只看到高雄市政府在向中央政府哭窮要道路等公共設施

復原經費，置民眾重建、復原於不顧，就可看出第一時間高雄市政府的復原與重建工作仍未到位。

此次氣爆不少民宅受損，第一時間也看不到高雄市政府對災區住家有類似921大地震房屋受損的勘查，進而給與救濟金，因此日前大雨真的讓災區居民受苦了，倘若高雄市政府官員多一點責任心，能在過去十天盡速完成勘查，配合各界捐款的發放與政府的救濟金，說不定災區民眾早已在動手整理家園，發放救濟金早有專法可運用，根本不需要重建條例，才有動作，災民有救濟金與善款，就可重新打理自己生活。

古語「前車之鑑」，盼望此次血的慘劇能及時修改高雄市政府種種危機管理缺失工作，使高雄市民及時有狀況也能平順渡過，更盼望全國各級政府能重視危機管理工作，使臺灣民眾能有一個安全生活環境。

（2014年9月 南方生活報）

2、城市願景藍圖與政見

　　號稱九合一的選戰距投票日不到三十天，每天的選舉新聞盡都是口水與抹黑，光看臺北首善之區的市長選舉，可能有不少人同感納悶與生氣，一個號稱美國哥倫比亞大學博士，一個號稱臺灣最優秀的臺大醫學系畢業的醫生，兩人到目前為止似乎沒有給市民一個明日臺北市未來的市政藍圖，對廣大的臺北市民而言，兩個人好似兩顆爛蘋果，看誰爛的比較少，誰就能勝出，對長期研究各國城市發展的我來講，臺灣政治人物不讀書、不爭氣是讓臺灣市政建設無法超越先進國家城市的主因。

　　目前許多重要城市都提出其未來發展藍圖，如新加坡2030、香港2030、雪梨2030、墨爾本2030、布里斯本2025、奧克蘭2030、紐約2030、波士頓2030、費城2030、倫敦2030、芝加哥2040、東京2020、釜山2020；中國大陸的北京、上海、廣州、深圳也都有2030或2050的規劃研究；看待這些城市的規劃或研究，我們的候選人恐怕聞所未聞，更何況是閱讀，臺灣的選舉風氣為何一直無法理性辯論，有大部分是來自候選人及其競選團隊的幕僚不盡責與不用功的準備市政藍圖所使然。

　　日前柯文哲醫師不辭辛苦搭機到美、日本考察，以理解美、日本市政，其實柯醫師可不必如此辛苦，只要在電腦前面，運用目前網路科技就可取得前述城市願景的規劃資料，這些資料其實就是各先進國家地方政府的未來施政藍圖與努力的手法，看待柯醫師的舉動，感覺實在多此一舉，因此個人要呼籲兩位候選人，當然也包括其他五都的候選人們，應該好好在投票前提出自己未來的市政藍圖願景，前述那些城市為何能持續的不斷發展，理由很清楚簡單，這些城市有著美麗

願景藍圖，吸引各國人士或投資、或移民、或就業、就學與旅遊，這些規劃資料同樣在網路世界找得到，就看候選人及其競選團隊要不要努力認真去閱讀與消化。

有人會質疑城市願景藍圖是一種作文比賽，是讓候選人吹噓或大開許多空頭支票，其實這些都是那些未熟悉國外主要城市藍圖的誤解，國外城市藍圖都有指標規劃設計，就是在避免候選人華而不實或譁眾取寵政見，因此臺灣未來候選人的城市藍圖願景當然選民也要要求有指標來檢視，臺灣的選風要端正，願景藍圖與指標設定是不可缺的兩個文件。

目前各縣市長候選人政見滿天飛，由於缺乏願景規劃讓選民認為是信口開河，許多政見不但不具體可行，同時也增加財政負擔，讓選民無法認同候選人，缺乏市政藍圖（願景）規劃的政見是無法凝聚市民的美夢與希望，進而獲得市民支持，沒有希望與美夢的城市是不會進步的，盼望六都的候選人能忠於選民提出可行的市政藍圖與指標，讓市民築夢，讓我們的城市更具競爭力。

我未進校園擔任教職前，服務於高雄市政府，曾主筆高雄市政府的「市政白皮書」，對各國主要城市市政規劃有一定的關注，因此我的指導教授黃俊英老師兩次選舉都請我協助他編寫高雄市未來發展構想，來實踐他對未來高雄的期許；對照他的兩次競選對手，一位是他的選舉網頁始終寫著白皮書「敬請期待」，另外一位編寫一本200多頁的白皮書，也找來兩位大學教授來站臺背書，但這本白皮書至少有20多處謬誤，我曾向黃俊英老師反應，但黃老師很有君子風度，不想用此素材來打負面選戰，但很遺憾，當時高雄市民並未好好閱讀他的市政藍圖，反而被對手中傷而小輸落選，高雄這近十多年，經濟為何不起色，主因在執政者始終沒有一套針對問題並前瞻可行的市政

藍圖，黃俊英老師當年的城市願景藍圖是有機會幫助高雄走出經濟泥淖，但高雄人錯過了。哲人逝世快一周年，盼望六都的候選人都能學習黃俊英教授典範，把城市願景藍圖與政見結合在一起。

（2014年11月 南方生活報）

3、大高雄未來產業發展方向

　　高雄市這次選舉，陳菊女士依然以懸殊票數大勝楊秋興先生，看待此一結果，令人百感交集，高雄市長期是失業率高的城市，高雄市民的家庭平均所得也從第二名滑落到第五名，但市民依然無感，不會難受難過，而這些結果可歸因於高雄市政府一向缺乏產業發展政策。這次選舉，陳市長有提到一些新興產業發展事項，如由郵輪遊艇觀光、數位會展、綠能醫材，但這些服務業若無開放政策搭配，是很難與中國大陸的城市產業競爭，屆時高雄市政府可能白忙一場，產業轉型成空。

　　選舉前，楊秋興曾有意構思大高雄未來產業發展方向，個人建議採取產業集群政策，想法源於Porter的國家（區域、城市）競爭也是以產業集群為核心，從目前各先進國家，如美、日、法、德、義、紐、澳加及北歐各國的成效，在在證明產業集群對帶動地方經濟發展是有很大助益，因此個人參考一些城市的產業規劃並配合高雄市目前產業特性，建議高雄未來發展21個產業群，分三大類分述如下：

一、四大基礎產業群

　　1. 石化產業群

　　2. 鋼鐵（金屬）產業群

　　3. 造船業集群

　　4. 六次農漁業集群

二、八大新興產業

　　1. 能源產業群

　　2. 電力自動化與智慧電網產業群

　　3. 新一代ICT與公共安全產業集群

4. 節能環保產業群

5. 生物醫藥產業群

6. 新材料產業群

7. 海洋產業集群：潮流發電裝備、生質能（海藻）業群

8. 軌道交通組裝與航空維修及其零件產業群

三、九大現代服務業

1. 軟體及服務外包產業集群

2. 金融產業集群

3. 現代物流產業集群

4. 資訊服務產業集群

5. 旅遊與會展業及郵輪旅遊產業集群

6. 文化創意產業集群

7. 商務、商貿流通業集群

8. 科技服務產業集群

9. 長照與養生養老產業集群

配合以上21產業群的發展，個人另外建議要引進五項方案來保證產業發展成功，五方案依次為：

一、發展七大科技：生物科技（BT）、文化科技（Cr）、能源及環保科技（ET）、新一代資訊通信科技（ICT）、海洋科技（MT）、奈米科技（NT）、機器人科技（RT）。

二、建立創新系統與園區經濟：強化產官學聯盟、增設科研機構、建立T10機構協助技術引進等工作。

三、改善創業與投資環境：提供各項措施如土地、資金、技術、人力等。

四、完善人才培育與引進政策：人才是未來高雄發展的關鍵，內生外

　　補是未來高雄產官學的工作重點。

五、做好城市行銷與招商，並致力品牌經經濟。

　　許多先進都市發展都有產業規劃，中國大陸的主要城市在最近十一五、十二五也都有進行產業規劃，陳市長此次選舉的產業政策個人覺得太薄弱，既無法與中國大陸城市競爭，也無益於高雄產業轉型，個人前述建議是來自中國大陸城市產業發展觀察體會，高雄市政府若有心要學習，就不妨多多參考中國大陸城市產業發展規劃。

（2014年12月 南方生活報）

4、柯市長不要砸世大運鍋

廣義的會展活動包括：會議、展覽、賽事與獎勵旅遊，許多城市的發展都藉由重大活動的舉辦來凝聚市民向心力，使城市快速發展。2008年奧運、2010年世博，都在在證明會展活動帶動城市發展的重要功能；北京去年APEC年會把懷柔新城推向國際，無形中會加速其未來發展，進而疏散北京城區的發展壓力，也帶動北京新產業，如文創、研發、會展、休閒度假契機。

2017臺北市舉辦世界大學運動會，是臺北市展現軟硬實力的機會，也是另一次發展契機，柯文哲市長恭逢時機，當應把握為自己留下豐碑。

但從媒體報導柯市長似乎抓不到世大運體育賽事活動的重點，一下子林口選手村的國民住宅分配問題、一下子巨蛋的樹木移植問題，鬧得滿城風波，完全不在意工程是否能如期完工啟用，使全世界看到臺北的進步。

臺北過去是有累積辦大型體育賽事經驗，要讓一項體育賽事完全運行成功，上下一心、全民團結是基本前提，過去成功經驗並不代表未來就會成功。目前又傳出主管世大運的體育局楊局長要掛冠求去，真令國人擔心世界大學運動會是否開天窗，把臺灣丟臉到世界。

對照北京APEC年會落幕了，但北京市政府與旅遊業結合推出APEC六大熱門旅遊熱線，雁棲湖APEC全景遊、燕城水韻長街、雁棲湖風情大道為旅遊基本元素，再搭配APEC國宴美食、點心與晚宴服裝等「APEC小物」，讓中國大陸國內外旅客體驗領導人會議的臨場感、親嘗領袖套餐，引發APEC年會旅遊後效應，使北京旅遊再掀一次高潮，也驗證大型會展活動周邊效應。因此臺北市絕對不能搞砸

這項能帶動臺灣觀光旅遊的體育賽事。

　　北京奧運及APEC年會、上海世博的舉辦，讓兩個城市建設後來居上，超越臺北，說明會展對城市發展的加分效果。臺北市也曾舉辦過花博、聽奧，讓臺北成為世界與臺灣焦點。目前臺北市已爭取到2017年要舉辦世界大學運動會，配合這項盛會，臺北市目前規劃的未來三十年都市綱要發展計畫可做局部調整來因應，並搭配一些軟建設，讓臺北市能成為華人社區另一顆新星。

　　個人期盼柯文哲市長能靜下心來，聽取多方建言，效法北京奧運及APEC年會、上海世博年會的舉辦，將世大運賽事創造成改變臺北市新風貌的動能，並藉由這項盛會帶來新商機與新就業機會，讓市民以這個城市為榮。

（2015年1月19日 聯合報）

5、莫讓貧富變世襲

　　臺灣這個島嶼有許多奇蹟故事發生，包括三級貧戶的子弟陳水扁先生成為中華民國總統，也有許多貧戶子弟躍為大企業家或財團與部長，這些人物的成功是得利於兩蔣時代的公平教育政策，讓許多窮人家子弟藉由教育來改變社會階級流動，進而使其家庭或家族脫貧。而這些事實是印證十九世紀，英國著名哲學及古典經濟學家約翰‧斯圖亞特‧穆勒（John Stuart Mill），在資本主義體系下，「教育」是最能夠消弭財富及所得分配惡化的路徑。日前《21世紀資本論》作者，法國著名經濟學家皮凱提也提出「教育」是解決不公平問題的關鍵處方。

　　但個人觀察臺灣二十年的教育改革，廣設大學將大學教育庸俗化，使得「教育」來改變社會階級流動，進而使其家庭或家族脫貧的機制蕩然無存，許多大學生反而因大學教育背負學貸，使家庭背負更多債務，使得臺灣有可能如同皮凱提所言，步上美歐日的貧富世襲。

　　皮凱提先生提及教育是臺灣追趕歐美關鍵，但問題是臺灣二十年的教育改革，改出城鄉雙峰化、貧富雙峰化，大學排名前段學校大多由北部地區及其他地區的中等以上階級家庭學生入取，偏鄉或貧戶子弟則只有就學中南部後段學校，中南部後段學校在少子化浪潮下，近年來已浮現關校危機，富家子弟念前段學校，窮家子弟念後段學校，畢業就業當然就會有就業歧視，窮家子弟要翻身難上加難。

　　臺灣過去為人稱頌的大學聯考，現在被調整為多元入學方案，有學測、有指考再搭配繁星計畫，除指考像過去聯考一樣公平外，學測的甄選入學或繁星計畫都要讓學生花費不少費用，尤其是中南部學生，因此多元入學方案被譏稱多錢入學方案，是對富家庭子弟有利的

入學方式，目前許多前段大學將名額增加給學測，對貧戶子弟最公平的指考名額將更少，將會使貧富世襲成為可能。

　　莫讓貧富變世襲政府當然責無旁貸，除在稅務改革要讓富人多繳稅外，政府是不是該思索過去的「公費生」制度，讓多少貧戶子弟有書念，將來又有工作機會，使臺灣在兩蔣時代呈現社會階級高度流動，引發人人奮發向上，來與企業界合作獎學金（包括學費與生活費），讓貧戶子弟能在前段大學念書，將來又有工作機會，但依目前的多元入學方案，要將學測名額增加，勢必讓貧戶子弟更難入取前段學校，念前段大學是有助社會階級流動，因此盼望教育部能及時採煞車，不要讓寒門子弟永無翻身之地。

（2015年3月 南方生活報）

6、BOT三個前提，柯文哲碾過去

　　臺北市柯文哲市長引發諸多討論的三個臺北市公共建設都與BOT有關；其中大巨蛋BOT在最新出爐的廉政委員會報告，做出建議要移送馬英九總統涉嫌圖利遠雄建設，這結果對廉潔自持，依法行政的馬總統，真是情何以堪。

　　其實BOT，是英國的民間融資提案制度（PFI）的一種方式，嚴格來說，臺灣的促進民間參與公共建設法（促參法）、就是臺版的PFI，但我們政府多年努力仍不到位，就是沒有做到專業、平等、共榮BOT的三個前提。

　　因此，促參法推動以來，缺失層出不窮，有些狀況是政府官員專業不足，受制於投標者（財團），有些狀況是政府想占私人企業便宜，讓財團裹足不前；而眼前是民富國窮，政府的公共服務是可委由民間來提供，讓經營有效率，成本下降，創造出人民、政府、財團（投資者）三贏共榮局面。

　　臺灣相關BOT公共建設，為何引發柯市長如此多的不滿，其實許多制度設計，在最早引進時，並未考量臺灣政經環境，因此產生橘逾淮為枳情勢，柯市長若不從源頭調整促參法相關規定，未來其經手的BOT案，也會產生目前指責前市府團隊的種種現象，但未修法前，柯P市長的諸多行為，更讓BOT的三個前提：專業、平等、共榮破壞殆盡，使得未來臺灣BOT前景堪虞。

　　政府有鑑於目前促參法的各種缺失，也注意引進日版的PFI，來擴大未來各種公共服務的提供，如長照服務、出租公共住宅，都先後派遣公務人員赴日考察取經，也委外翻譯日版的PFI相關法規。這些努力可從財政部、公共工程委員會相關網站資料看到，但知道問題，

也可能找到好的改善方法，不修法，柯市長的震怒是會一波接一波，因此財政部有必要下定決心修改促參法。

日版PFI的多年努力，是找出適合其國情的招標程序、風險控管、可行性研究與財政支出價值制度（Value For Money, VFM），其中VFM制度是解決目前富邦文創園區的最好方式。同時，VFM制度也可檢驗遠雄大巨蛋是否無利可圖的論述，財政部目前是有委外研究VFM制度，但內容可能執行單位無法轉化使用，對照日本國土交通省的網站，就有VFM制度的計算方式與各種公共服務的計算實例，財政部不妨委請專人翻譯，讓國內各公務機關推動促參人員能有學習機會與運用。

促參法執行多年來，包括高鐵、ETC等相關公共建設（服務），都有些不周延之處，因此是有必要檢討修正，方能應付未來公共建設（服務）交由民間辦理之大趨勢，引進日版PFI是有其必要。

過去獎參條例、促參法是有英式PFI精神，但未如日本PFI是深入學習，將英美法體制，轉換成中國大陸法體制，好好研究日本PFI的相關辦法與實例，是財政部未來重要工作。但仍要提醒，日版PFI其實已在融合PFI的演進版公私合夥關係（PPP），重視私人企業平等合作與公私專業相互交流溝通，讓公私合夥關係能創造社會繁榮利益。

（2015年5月9日 聯合報）

7、誠信＋合作，化解蛋僵局

　　臺北市大巨蛋再成新聞焦點，官民鬥歹戲拖棚，如今幾乎演變成一個類爛尾樓，追究其因是臺北市政府忽視了公私合夥關係的精神，讓公私對立以致於工程停頓，廠商是有損失，臺北市政府對於工程未能如期完工使用，也少了收益機會，更大的損失在全體市民個個望蛋興嘆。

　　媒體報導，市府想要與遠雄建設解約，並另尋國內其他業者來接手。個人對遠雄建設將三峽、林口房價炒高一直有不好印象；但對大巨蛋個案而言，至少從媒體資料來解讀，遠雄建設除未按時完工，並無重大疏失。未按時完工的爭議，兩造仍在協商中，臺北市政府想以弊案來究辦，目前也看不到遠雄有任何弊端；因此市府要解約恐怕不易；即使能成功，市府與市民恐怕也得付出不菲代價。如果是有業者要接手，對這些代價是否如數買單，不無疑問。最終，臺北市庫還是會有另外支出，不是一個高明作法。

　　臺北市大巨蛋紛爭，某個程度已重傷臺北市營商環境，市政府帶動不信守BOT遊戲規則，工期有無延誤認定仍在仲裁中，市政府的諸多行政作為讓大巨蛋停工，進而成為類爛尾樓。

　　要解決臺北大巨蛋問題，其實一點也不難；只要柯市長願意以「誠信」去檢視與遠雄既有的各項合約，有些項目因時空變遷不利市府，但有些是不利遠雄。公私合夥關係的精神，在兩方是站在同等地位，隨時可檢討合約項目是否窒礙難行而加以調整，使得整體項目能順遂執行，而不是誰要占誰的便宜。

　　因此，市政府應好好與遠雄建設開誠布公，攜手合作，讓臺北市

一如全世界大都會般，有一夠水準的體育競技場館。期盼柯市長不要再繞彎路，把握「誠信」、「合作」態度，是有機會化解眼前僵局。

（2016年3月20日 聯合報）

8、大巨蛋，負面行銷臺北城

臺北市市民盼望多年的大巨蛋場館，若按原規劃進度，外觀應該已完工，現在正進行內部裝修與相關設備安裝，準備迎接2017年世界大學運動會賽事。臺北大巨蛋場館有機會像北京鳥巢、水立方等場館，結合世界大學運動會，將臺北市與大巨蛋一舉推向國際舞臺，是一項非常好的城市行銷機會。

但柯市府團隊上任後，對大巨蛋得標廠商遠雄建設諸多不友善措施，尤以勒令停工最嚴重，讓整個工程硬體耗在臺北精華區，其衍生的四個問題，讓原本城市行銷變成城市負面行銷，柯市長施政滿意度節節跌落，大巨蛋工程可能是主要影響因素之一。

第一個問題是臺北市政府的誠信力。世界大學運動會即將在明年8月舉行，臺北市當年是以提供一個全新的室內競技場得到主辦權，不料柯市長並未延續前任市府的承諾依限完工，這對臺北市今後要再承辦大型活動時，誠信力會受到影響。

第二個問題是政府公權力的穩定性。郝龍斌市長時代對大巨蛋設計的安全性是經過多次審查，確認符合國內外相關安全規範才同意發照施工，柯市長卻大轉彎，否定原來設計。這種執法與施政前後不一，嚴重傷害臺北市的法治形象與公權力的穩定性。

第三個問題是弱化臺北市規劃建設能力。明年競賽時間一到，假如大巨蛋依舊是目前的「慘狀」，臺北市真的要丟臉丟到全世界，當所有選手看到這樣的情況，能不懷疑臺北市的市政規劃與建設能力嗎？

第四個問題是營商環境的傷害。柯市長上任後的五大弊案，結果是虎頭蛇尾，什麼弊端也沒有發生，反而是主導弊案查察的人因醜聞

而先離職，大巨蛋案與其他四個建設都是BOT案，臺北市政府對承包商的諸多不友善措施，重傷臺北市營商環境，會讓國內外廠商裹足不前。

　　現在市府的急務除了要限期趕工，期能在明年世大運前完成嶄新的競技場，使臺北市不致漏氣之外，以上的四個問題只有待柯市府在四年任期慢慢彌補了。

（2016年4月13日 中國時報）

9、拒狼迎虎，不如轉念

　　臺北市大巨蛋BOT案，臺北市政府與遠雄建設合意要解約，儘管柯市府團隊聲稱臺北市政府不會付出一毛錢，但消息一曝光，滿城罵聲，可見解約換手絕對不是大巨蛋工程的最佳方案。而且從後續完工風險與未來承攬廠商意願的角度來看，解約換手也不是解決大巨蛋最理想的方案。

　　大巨蛋後續工程接手的完工風險中，換手代價是370億元，對這個金額，臺北市政府與遠雄建設仍需再談判與認定，因此施工時間必然會再拖延，大巨蛋繼續擺爛的機率會更大；時間拖愈久對要承攬後續工程的廠商風險也會愈大。

　　後續承攬廠商除了要負擔370億外，可能還要繼續投入上百億才能將大巨蛋工程收尾，金額龐大非一般廠商所能負擔，這仍然是柯市長眼中萬惡財團方能為之，前門趕走遠雄這頭狼，不曉得後門會是進來哪一隻虎，拒狼迎虎是換湯不換藥的作法。

　　對於解約的作法，臺北市民一點也不會感受柯市長與臺北市政府有魄力，只會增加厚此薄彼，圖利接手財團的想像空間。目前臺北市稱得上是虎狼財團的其實並不多，畢竟大巨蛋現在已成為一個燙手山芋，財團們避之唯恐不及，有接手意願者應該很少。

　　有些媒體聲稱大巨蛋解約換手是臺北市政府贏得面子輸了裡子，但個人認為北市府面子與裡子都輸，甚至遠雄建設與臺北市民也都輸。從前述完工風險與後續廠商有無意願觀點，換手真的不是好方案。要解決這種困境唯一的出路是北市府要先認錯道歉，再商請遠雄復工，否則大巨蛋完工日將遙遙無期，一座「爛尾樓」就杵在臺北市精華區內，原本是政績與地標，卻變成笑柄。

　　道歉對柯市長來說，或許一時會傷害顏面，但知錯能改才是收回民心的唯一法門。過去大巨蛋發生諸多爭議，傷害早已形成，但並非不能挽救，只要遠雄建設願意接受柯市長與臺北市政府的道歉，深信遠雄建設也會顧及商譽，如期完成大巨蛋工程。對遠雄來說，大巨蛋是個里程碑；柯市長當然也可將大巨蛋工程當成政績，轉個念就海闊天空了，別因固執己見斷了大巨蛋的生機。

（2016年4月18日 中國時報）

10、世大運趕進度，柯P一念之間

　　世界大學運動會（世大運）若砸鍋，相信是臺北市民與臺灣民眾不樂見的結果，距離明年8月舉辦的世大運還有一段時間，柯文哲市長不能氣餒，要咬緊牙關，把這難得的大賽事辦得風光，讓臺灣有面子。

　　諸多場館維修整建工程進度落後，一場搶救柯P大兵戲碼上演；行政院長林全與前市長郝龍斌紛紛表態，願意協助柯市長與臺北市政府，讓世大運如期舉行。

　　個人觀察世大運的進度是有落後，但還不至於破局，柯市長若願意針對問題去解決與改善，仍有可為。

　　世大運進度落後的肇因，柯市長對大巨蛋案處理不當，讓府內士氣、府外關係陷入低迷。柯市長要挽回頹勢，只要承認錯誤，讓大巨蛋及時無條件復工，遠雄也在日前表達要趕工拚世大運，就能及時清理造成「五大弊案」不了了之的關鍵。

　　個人深信臺北市府員工、臺北市市民與商家，會因家中辦喜事而團結一心，盡全力讓世大運如期開幕，成功打響臺北能見度與知名度。

　　柯市長就任時是人氣王、媒體寵兒，今日淪為執政能力不佳的市長，柯市長難過，臺北市民也難過；「親君子，遠小人」是昔年諸葛亮勉劉後主的一句話，重整市府團隊，讓公務人員重振士氣，是柯市長要辦好世大運第二項重要工作。

　　大家都希望讓世界看到臺灣，也為臺灣爭取亞運，立下一個基礎。盼望世大運在萬眾一心下，趕上進度，如期舉行。

（2016年6月24日 聯合報）

11、中國缺席，2016全球港灣城市論壇失色

2015年高雄市舉辦的全球港灣城市論壇，邀請了法國馬賽、韓國釜山、美國洛杉磯及加拿大溫哥華四個城市前來參與，今年似乎想擴大規模邀請更多城市與會，其中中國大陸有5個（上海、天津、深圳、福州、廈門），然因民進黨新政府一直未對以「一中原則」為唯一核心的「九二共識」妥協，讓陳菊市長無法像過去兩次登陸，親訪受邀城市來高雄共襄盛舉。

此次論壇設定四個主題：產業轉型、海洋觀光、港市合作、永續發展；從一些網路新聞可看到高雄市政府的努力，如邀請橫濱市來分享其港區再開發、雪梨市分享其2030年永續城市規劃。

中國沿海港灣城市近年蓬勃發展，其城市若不能與會，會讓高雄失去許多學習機會；如大連、寧波市的新型生態石化專區建設對高雄市設置新石化區相當有助益；青島、天津、上海、舟山、三亞的海洋觀光規劃、尤其是對郵輪剛起步不久的高雄市相當有幫助；中國大陸的市港合一行之多年，尤其是上海、天津、廈門、廣州、福州、深圳、珠海等市都因港口關係而優先設置自由貿易試驗區，其近兩年的成果確實值得高雄市推動自由經濟示範區參考；天津市、廣州市目前與新加坡合作生態城與知識城都是節能減碳的永續發展，高雄市當然值得借鏡。

馬政府時代兩岸城市交流活絡，綠軍指標首長陳菊與賴清德都先後訪問中國大陸主要大城市，整個交流活動是建立在「九二共識，一中各表」基礎上，但民進黨當家後，中國受邀城市不與會，陳市長認為相當可惜。

2016年全球港灣城市論壇日前開幕，林全院長及與會貴賓新聞

無法出現在全國版，原因在中國大陸城市不與會，委實讓活動失色無法成為焦點。由於號稱全球港灣城市，受邀的遍及五大洲，有些城市是國際客貨航線的重要停靠港，其城市發展經驗或許能滿足前述四大各個主題，但中國大陸受邀五個城市若能與會，四大主題每個城市經驗都能一次到位分享，會讓整個論壇內容更為豐富多彩，因此中國五個城市不與會，對陳市長與高雄市才是真正相當可惜，馬總統主政時陳菊市長也到訪中國大陸兩次，並沒有被矮化，相反是大力促成世界運動會與亞太城市論壇活動，也證明兩岸若不相互否認對方，充分尊重各自治權的相處模式，對兩岸發展具正向作用。

（2016年10月 南方生活報）

12、拚循環經濟，高雄莫錯過

行政院長林全日前巡視大林蒲遷村地區並聽取民意，也做出遷村決策，對大林蒲遷村地區未來的運用，個人一直主張打造新的石化與金屬工業園區，主因是環繞大林蒲地區為高雄相關傳統石化、鋼鐵、電子、造船產業的聚集地，運用循環經濟有助這四大產業轉型升級，同時進行徹底的環境汙染改善；新型園區可採生態工業園區的規劃，這是國際循環經濟的主流，也與目前新政府的循環經濟政策推動相符合。

但高雄市長陳菊一再反對石化業令人不解，循環經濟園區就是在協助石化、鋼鐵產業減汙與廢棄物再利用。

循環經濟是以資源的高效利用與循環利用為核心，以減量化、再利用、再循環為原則（3R原則），以低消耗、低排放、高效率為基本特徵的永續發展經濟成長模式，一反過去大量生產、大量消費、大量廢棄的傳統經濟成長模式。3R原則可使企業體節約降耗，提高資源利用效率，對廢棄物進行綜合利用，並依據資源條件與產業布局，促進產業鏈與產業共生。

循環經濟的推動中，減量與節能的技術開發可能發展出新產品與新服務，並產出新就業機會，但舊政府和新政府至今都未提出有效的規劃內容與項目。

相較中國大陸，引進循環經濟是在十一五期間公布，從各省市的規劃內容可看到循環經濟包括工業、農業與服務業三個領域，其中工業領域是最重要的成分。中國大陸許多城市將石化、鋼鐵、電子、造船等傳統產業列入循環經濟的重點項目，並打造新型產業循環園區或更新原有的產業園區為產業循環園區。大林蒲遷村地區的循環經濟

園區可作為臺灣循環經濟再出發的第一步，也可將仁大工業區遷移至此，徹底解決市中心汙染源的問題。

　　林全院長及陳菊市長希望有效杜絕高雄市住宅區的汙染與工安意外威脅，只重視大林蒲遷村地區是不夠的，最好再擴及到林園三輕鄰近鄰里。林園三輕鄰近鄰里若不一起遷村，將會是下一個大林蒲。

　　倘若能搭配目前高雄外海的填海造地，高雄未來是有機會打造一個世界頂級的循環經濟園區，讓高雄市的石化、鋼鐵、電子、造船四大產業能因循環經濟而轉型升級，永續經營，再度增加高雄的就業機會。陳市長可以參考中國大陸的新型石化鋼鐵循環園區，再對大林蒲遷村地區的未來做出正確、有利且可行的決策。

（2016年11月21日 中國時報）

13、循環經濟，就從高雄開始

　　臺灣其實在十多年前就遵循聯合國相關組織的研究與倡導，也引進循環經濟這項新的經濟發展方式，工業局也執行過工業區調整為「生態工業園區」計畫，新政府提出五大產業創新研發計畫+2，基本上是將循環經濟視為一項新產業，若從循環經濟的意義，恐怕新政府是錯置「循環經濟」，會誤導臺灣產業發展。

　　循環經濟是以資源的高效利用與循環利用為核心，以減量化（reduce）、再利用（reuse）、再循環（recycle）為原則（3R原則），以低消耗、低排放、高效率為基本特徵的永續發展經濟成長模式，一反過去大量生產、大量消費、大量廢棄的傳統經濟成長模式。其中3R原則是有其不可踰越的優先順序：減量化、再利用、再循環，因此企業體會以節約降耗，提高資源利用效率，實現減量化，對生產過程中產生廢棄物進行綜合利用，並延伸至廢舊物資與回收和再生利用；並依據資源條件與產業布局，來促進產業鏈與產業共生。同時依國家整體產業規劃，將各產業的各領域與各環節都加入循環經濟理念，落實資源循環利用社會的形成。

　　循環經濟的推動中，減量與節能的技術開發是有可能發展出新產品與新服務，並有機會帶出新的就業機會，但新政府至今無法提出有效規劃內容與項目，對照中國大陸引進循環經濟是在十一五期間與臺灣相同，個人從其公布的各省市的規劃內容，可以看到循環經濟是包括工業、農業與服務業三個領域，絕非是只有工業領域，但工業領域絕對是循環經濟最重要的組成分，個人同時也觀察中國大陸許多城市的規劃內容發現，將石化、鋼鐵、電子、造船等傳統產業列入循環經濟重點項目，並打造新型產業循環園區或更新原有產業園區為產業循

環園區，相當值得臺灣縣市政府引進循環經濟借鏡參考，讓國人對新政府的亮點有信心，而願意投入。

高雄市目前提出要透過大林蒲地區遷村，要規劃綠能產業循環園區，若從前述循環經濟概念或中國大陸的規劃可發現，高雄市政府也與中央新政府一樣，錯置循環經濟。基本上石化、鋼鐵、電子、造船是目前高雄市的主力產業，是高雄市就業機會的支撐點，也是高雄主要固定汙染源，因此循環經濟的推動是有助於高雄生態環境改善，高雄市政府不透過循環經濟來協助這四大產業進行轉型升級與節能降耗，任其自生自滅，並不是一個有責任政府應有作為，因此個人建議高雄市政府是應好好研究循環經濟真正意涵。

報載高雄五輕設備可能會售出而遷移至福建漳州古雷半島石化專區，如果屬真，是削落臺灣石化業實力，因此期盼民進黨新政府與陳市長，不要漠視臺灣石化業的生存，將遷村後的土地與填海新生地整合成一個循環經濟園區，先讓五輕再生並進行仁大石化區遷移創造出生態石化園區，同時也讓高雄市的鋼鐵、電子、造船等傳統產業能透過循環經濟進行節能降耗，並創造出衍生相關產業，使高雄經濟能再出發，也落實循環經濟會產生新就業機會，因此新政府的循環經濟政策不妨就從高雄出發，也讓傳統產業有轉型升級機會。

（2016年12月1日 工商時報）

14、推動循環經濟，為傳產升級解套

　　台塑六輕四期投資案因環境差異分析不為環保團體接受，要求重新進行環評而受挫，亞泥花蓮水泥礦區採礦權延長引起環保團體與部分原住民抗議，一時間不少根留臺灣的傳統產業，無以為繼，面對此問題，新政府裡外不是人，畢竟在野時讓環保議題無限上綱，如今執政，騎虎難下。

　　新內閣若要展現推展經濟的決心，似應好好落實推動蔡總統「五大產業創新+2」中的循環經濟，五大產業創新是逐步開展，循環經濟卻紋風不動，水泥與石化業在先進國家是循環經濟的推動對象，蔡總統的「前瞻基礎建設計畫」是可將環境改善列為另一大項計畫。

　　台塑與亞泥為何會讓環境團體與當地居民一再反對，此因台塑與亞泥過去生產行為破壞當地環境，讓環境團體與當地居民深惡痛絕，近年來，台塑與亞泥對環境議題的反映是有進步，但仍無法取得環境團體與當地居民的接受與信任，設若台塑與亞泥能做到生產環境會依舊是青山綠水，環境團體與當地居民就無從反對起。

　　2013年4月18日，日本北九州市環境局內藤英夫部長在北京交流「北九州改善空氣汙染的經驗─向著可持續發展社會發起挑戰」經驗，其簡報中有一頁羅列1960與1990年代的天空對比，60年代的天空比目前臺灣空氣品質糟糕十倍，但90年代則呈現一片藍天，日本人做得到，臺灣人當然也可做得到，日本北九州市這種努力，基本上就是「循環經濟」的體現，北九州是透過環境整治開發許多環境技術與環境產業，這些環境技術與環境產業除帶動北九州新興產業外，也輸出海外，協助各開發中國家整治其環境汙染，讓北九州市贏得環境首都之美譽，是日本第一批環境示範都市。

　　北九州市推動循環經濟，基本上是將都市視為一座ECO-TOWN，推動產業減廢低碳並落實民生生活為循環性社會，整個都市從前市長末吉興一先生下定決心做起，推動城市復興綜合發展計畫，要求企業與居民遵守新法規配合，並更新工業區為生態園區，近三十年有成，讓人感受經濟發展與環境保護是可相互並存。

　　臺灣經濟發展近二十多年來，確實受民粹式的環評影響，但企業主何嘗不捫心自問，如果能做到像日本北九州諸多企業的環保循環經濟生產活動，相信民粹式的環評應該就不會存在，畢竟要生活，就要有就業機會，因此個人非常期盼新內閣能帶頭宣示將台塑六輕園區、亞泥花蓮水泥場區為循環經濟示範園區，同時希望台塑、亞泥兩企業能加碼投資減廢低碳事業，創造新就業機會，同時台塑以藍天綠水、亞泥以青山綠水為目標，並透過新增環保大數據檢測，讓全民來共同檢驗，創造企業、民眾、政府三贏。

（2017年10月 南方生活報）

十一、年金改革

1、年金改革回歸專業與法制

9月3日的軍公教大遊行，其人數超出蔡政府估計，因此蔡總統沒能在第一時間做出具體回應，而丟出「我們走我們的行程」，反應類似臺灣俗語「見笑轉生氣」。平心而論，此次軍公教的訴求「反汙名、要尊嚴」沒什麼不對，長期汙名軍公教的，不正是民進黨的選戰伎倆？

從扁政府時代就把醜化軍公教當成選舉提款機，只是一次又一次造成社會撕裂，族群對立，只為了其政黨贏得選戰，忽視國家最後一道防線，軍公教人心若浮動，社會將無法長治久安。

目前十三種年金，每一種都出現財務危機，細察不同年金的危機，有些是政府執法不力與不斷增加給付項目所造成，如勞退基金有許多雇主未提報或短報，與增加項目保費未再精算所導致，有些是制度設計不佳所造成，如軍人服務二十年即有終生俸。因此政府的年金改革應該是先改革各項年金本身的弊端。

日前上街頭的軍公教人員有多數是退休長者，過去他們是沉默的一群，他們為什麼要發出怒吼？他們曾對這個國家做出具體貢獻，蔡總統與民進黨政府的新貴們，所接受的知識是來自教師的傳授、所享受各行各業的服務或建設是來自公務員，可以避免戰火是來自軍人戍守前線，沒有這一群軍公教人員的默默付出，創造出經濟奇蹟讓臺灣躋進「亞洲四小龍」，臺灣哪有民主的土壤、民進黨哪有機會執政？

目前民進黨政府的年金改革方案，光從年金改革委員會的成員組成，就一副準備要清算的架式，讓全體軍公教人員感到心寒，要軍公

教人員如何在各個角落安心為民服務？年金要改革，但蔡政府要有誠
意，不要以抹黑的方式對待軍公教，讓年金的解決方案回歸專業。

（2016年9月6日 中國時報）

2、政府趕人才

在年金改革國是會議召開之前，政府遮遮掩掩的年金改革方案總算出爐了，但改了半天，結果公、教、勞保還是會破產！這場改革折騰全民長達9個月的結果竟是如此，若國是會議的討論提不出更好的建議方案，恐怕按陳建仁副總統提出的方案修法通過後，新制也無法令軍公教與勞工朋友們滿意，而且臺灣說不定還會因為新政府的蠻幹而陷入「通縮時代」，喪失再創經濟榮景的機會。

全世界各國都寄望菁英分子能投入政府部門服務，因此設定了許多誘因鼓勵民眾投入。臺灣過去在國民黨執政時期，軍公教的平均待遇是比私人企業高出一些，但穩定的退休制度是為了吸引國人進入軍公教體系，如今退休制度被修改成無法讓軍公教安心養老，可能會讓人才對政府部門裹足不前，臺灣未來無優秀人才擘劃發展藍圖，競爭力下降將可預見。

民意可載舟亦也可覆舟，中國歷朝歷代的創始者在取得天下後，莫不禮遇知識分子，讓其安心為國為民服務，為盛世奠基，進而鞏固政權，由此可見菁英分子投入政府部門的重要性。但臺灣近二十年來民粹當道，已讓不少菁英分子不願投入政府部門，蔡政府的新退休制度可能會讓民眾更覺得軍公教的職位像雞肋，未來延攬人才更不容易。

我認為蔡政府的年金改革方向是錯誤的。李登輝總統在任時，臺灣號稱亞洲四小龍之首，當時國民所得在12,000美元，居四小龍之冠，當時年金制度一點問題都沒有，因為國家財政正常。曾幾何時，臺灣淪為四小龍之末，距離其他三條龍一大截。如果我們的三位民選總統一如蔣經國總統一樣提拔各種人才，並給與合適待遇，臺灣經濟

怎麼會轉型二十年來還轉不出來？

　　軍公教與勞工朋友都屬於受僱者，軍公教的雇主是政府，勞工的雇主是企業主，其年金給與各有所本。勞工年金領得少，基本上是投保薪資比軍公教人員少所導致，但蔡政府的年金改革主事者基本上卻是「張飛打岳飛」，誤導人民造成社會對立，所提的年金改革方案不公不義。

　　由衷建議政府應該優先拚經濟，當經濟轉型成功，國民所得就會提升，投保金額自然會增加，勞工朋友的年金自然也會增加；同時做好租稅改革，將租稅漏洞填補好，國庫就有更多收入可以支應各種年金，避免年金破產的危機。

（2017年1月23日　中國時報）

3、經改稅改，才是年金問題解決之道

　　國家年金改革委員會副召集人兼執行長林萬億政務委員前些日宣示，18%最晚六年內走入歷史，緊接著要舉行分區公聽會，這一連串的會議，表面上是要建立可持續的年金制度，但整個年金改革是以針對軍公教退休福利為主題，年金改革是有掛羊頭賣牛肉之嫌，年金改革小組似未真正看清年金問題形成的原因，年金給付是由政府掌控，有不足額由國庫支應，而目前國家負債累累，無力再支應各種年金可能缺口，想要藉由砍軍公教退休金，來弭平其他年金缺口。

　　說實在話，國家負債累累的主因在三位民選總統不當減稅與經濟轉型失敗所導致，就減稅來說，李登輝總統的兩稅合一、陳水扁總統的土地增值稅減半，馬英九總統的遺產稅、贈與稅調降為10%，使國庫至少減收2,000億的稅，用這些稅來支付年金足足有餘，新政府不思用租稅改革來充裕國庫，拿軍公教開刀，凸顯新政府不是個稱職雇主，新政府諸事不順與無法帶動軍公教之心有關。

　　李總統在任時，臺灣號稱亞洲四小龍之首，當時國民所得在12,000美元，居四小龍之冠，曾幾何時，臺灣淪為四小龍之末，新加坡政府致力經濟發展，目前國民所得超過50,000美元，香港政府把握中國大陸經濟崛起，其國民所得超過40,000美元，韓國在亞洲金融危機國民所得腰斬為7,000美元，但韓國全國上下一心拼經濟，在2005年就超越臺灣，今年有可能達到30,000美元，對照臺灣目前約23,000上下，差其他三條龍一大截，如果我們這三位民選總統一如蔣經國總統一樣勤政並提拔各種人才，臺灣經濟怎會轉型升級二十年還轉不出來，若是臺灣目前國民所得如同新加坡與香港，估計國庫年收入會是目前的兩倍多，國庫如果那麼有錢，各種年金發放就不會成問題。

　　個人認同某電臺新聞評論主持人的論述，軍公教與勞工朋友都屬受僱者，軍公教的雇主是政府，勞工的雇主是各大小企業主，其年金給與各有所本，勞工年金領得少，基本上是投保薪資比軍公教人員少所導致，新政府的年金改革主事者基本上是「張飛打岳飛」未對症下藥，造成社會對立，因此由衷建議新政府作好租稅改革，將租稅漏洞補上，國庫就有收入彌補各種年金缺口，經濟改革作好，國民所得就會提升，投保金額自然會增加，勞工朋友的年金自會有所增加。

　　最後要提出的事為目前不合理的政務人員退職金18%問題，對服務年資滿一定年限的軍公教人員是顯非公平，早早可以修改，如果年金改革委員會不要意識形態的胡亂修改目前軍公教年金給與方式，針對這一項進行進行改革，所有軍公教人員都會給年金改革委員會與新政府按個讚。

（2017年1～2月 南方生活報）

4、年改製造低薪陷阱

日前蔡政府又拋出可以讓公教人員兼職議題，其實公教兼職早有規範且行之有年，蔡政府此舉看似在為公教人員低薪化解套，相信全體現職公教人員不會領情，反而會覺得蔡政府又在挑起公教人員與打工族對立。

日前立法院加開臨時會，民進黨在絕對優勢席次下，三讀通過取消18%與降低所得替代率，前者二年歸0，後者十年後從75%降為60%，頓時讓目前退休公教人員的荷包大失血，也讓目前在職公教人員變相減薪，因此公教人員低薪化已成定局，臺灣更悲觀地邁入低薪化。

年金改革讓臺灣低薪化，肇因林萬億沒有掌握年金真正意涵。只有國家財政破產，年金無法挹注，年金才會破產；年金發生入不敷出時，政府有責任挹注，讓年金不破產。蔡政府以錯誤論述推卸政府雇主角色，挑起社會衝突。

年金改革主事者誤導人民，造成社會對立，近日林萬億聲稱自己立下拆除社會對立引信的功勞，實在令人無法認同。

從陳水扁總統時代以來，民間部門工資一直處於低薪狀況；軍公教人員有調薪，民間部門才會跟進，今天蔡政府作為軍公教人員的最大雇主，卻帶頭砍軍公教年金，將使民間企業主沒有理由為員工加薪。如此一來，臺灣正掉入低薪陷阱，這可能是蔡政府始料未及的後果，其後遺症是加速人才外流，嚴重傷害臺灣經濟發展。

（2017年7月26日 中國時報）

十二、護漁

1、沖之鳥礁，日本國土的威而鋼

相信許多國人連沖之鳥礁在哪，都不知道；日前我國漁船遭日本扣押索款，令漁民十分憤慨，盼望新政府繼續向日方表達無法接受，也要重視發展海洋經濟與技術，進而維繫臺灣海洋主權。

沖之鳥礁，是日本國土的威而鋼；日本人運用現代海洋工程技術，讓這個「礁」，不至於因海平面上升而沉入海中，這個島礁工程讓日本主張自東京灣向外延伸近2,000浬的海域為國土的一部分，若加上混稱為「島」再延伸的經濟海域，沖之鳥礁稱為國土威而鋼，一點也不為過。

對照目前中國大陸在南海的諸島礁工程，某種程度也近似日本沖之鳥礁工程，因此日本最沒有資格批評中國大陸的島礁填海造地工程。

日本與中國大陸的現代海洋工程技術，能在海中填海造地，臺灣此方面遠遠不如日、中，吃悶虧在所難免。

臺灣未來要發展離岸型風力發電、潮流發電的綠色能源，都涉及現代海洋工程技術，倘若臺灣無法及時發展海洋工程技術及海洋裝備工程，未來海洋經濟將仍侷限在航運、漁業與旅遊領域。

近十年，中國大陸海洋工程技術的表現，讓全球為之亮眼，究其因在當局體會到海洋經濟時代來臨，劍及履及規劃發展海洋經濟，並結合陸上產業活動，形成海陸一體化發展。中國大陸愈來愈多沿海港灣城市投入發展海洋經濟，海洋產業也隨之興起。

盼望國人在氣憤「日寇」行為時，新政府更應當自強，透過「海洋＋」概念，積極規劃發展海洋經濟。

（2016年4月29日 聯合報）

2、護漁不能打折扣

政權交替前馬，前總統登龜山島視察，曾提及目前我國在沖之鳥礁公海域護漁工作，讓漁民能安心漁撈作業，進而提早滿載返航，這和4月底我漁船遭日本扣押的情境有天壤之別，顯示護漁工作的必要性。

但日前傳出蔡政府已經與日本首相安倍的胞弟岸信夫達成共識，而新政府亦不稱沖之鳥為「礁」，這對我漁民的權益影響甚鉅。蔡總統與新政府應對沖之鳥礁公海域漁業權加以澄清，不因政權交替而忽視此海域護漁工作。

馬政府與菲律賓簽定《臺菲漁業執法合作協定》，多數國人雖不滿意但仍表接受態度，接受的是今後我們的漁民不會再發生類似「廣達興」漁船的不幸事件，漁民也不會再被長期拘留；但協定中，與菲國12～24浬的鄰接區海域，菲國目前仍不同意我方漁民作業，對以該區域捕撈維生的漁民而言，仍是有不確定風險。

原本我國護漁工作的兵力優於菲國，但美、日藉南海議題提供菲國12艘船艦，協助菲國處理中菲海上糾紛，菲國有恃無恐，使我方漁船更容易被菲國軍方或海巡部門逮捕扣押。

馬前總統任內多次要求海軍與海巡署舉行護漁演習，展示主權，也親自校閱，彰顯政府重視漁民權益。如今，新政府才上臺，對於日本將不到10平方公尺的「礁」指為島，竟然默認。讓國人很意外！

我國長期駐軍太平島的事實，加上中華民國對南海11段線的海權主張，新政府會不會也棄守？新政府實有必要嚴正表明中華民國的南海主權立場，同時也向日本嚴正表明沖之鳥礁公海域，我漁民是可進行漁撈作業的。

（2016年5月25日 中國時報）

3、漁民無罪，政府有責護土

　　屏東縣熱血漁民出海至太平島宣示南海是我們的家園與我們的漁場，返航後，我們新政府非但沒有慰問，還祭出漁民出海未補漁要給與罰款處分，說實在話，新政府在此節骨點，如果還做出這種「蠢事」，只會讓國人痛，外人爽，我們的漁民也太老實些，學學太陽花學運分子「路過分局」，什麼事都不必負責，因此漁民不妨跟新政府表明到南沙海域捕漁，路經太平島，漁民出海有無漁獲關政府什麼事，人民是有權空船出、空船歸，況且海上漁撈作業無漁獲機率相當高，請政府拿出哪一條條文規定有漁獲才算捕漁，希望屏東縣縣長出身的農委會曹啓鴻主委能三思，不要做出令屏東鄉親傷心的憾事。

　　漁民的表現令人激賞，國人紛紛表示肯定，對照新政府從日本政府都可將不到10平方公尺的沖之鳥「礁」指為島，肆無忌憚在其主張的經濟海域扣押我國漁船，到國際法庭日籍的法官與美國政府陽謀作業將太平島為「礁」，讓臺灣漁民一下子損失兩個漁場，對漁民生計是有影響，我們的政府只在漁民赴太平島航程最後一天才遇到一艘桃園艦來宣示南沙太平島是中華民國海域，如此怯懦的表態叫人民如何相信政府是漁民的靠山。

　　從一些民調報導可以觀察到多數民眾感受到新政府在處理沖之鳥「礁」與太平島海事問題是無能，護土不夠力，因此新政府要洗刷其汙名，最直接的方式是加派船艦巡弋南海與沖之鳥「礁」海域、釣魚臺海域，並向美日菲表明太平島被稱為「礁」，釣魚臺與沖之鳥當然更是礁，臺灣的船鑑比照美日，都可「自由航行」在這些海域。

　　臺灣的船艦在馬前總統任內增添不少新艦，也讓紀德艦成軍，整體實力遏阻菲律賓是足足有餘，因此新政府應在這個關鍵時刻要求國

防部將我國軍艦如紀德艦、派特里艦、拉法葉艦、盤石艦、沱江艦整合出一特遣艦隊，並與海巡署等部會船艦，到南海與沖之鳥「礁」海域、釣魚臺海域演習、護漁與自由航行。

我們的船艦在南海與沖之鳥「礁」海域、釣魚臺海域演練、護漁與自由航行，若美日菲三國有意見時，也請新政府大聲說我們只是跟他們做同樣的事，不要事事看人臉色，表現我們在這些海域有漁撈作業權，否則漁民一被扣留只能繳罰款，活像一臺提款機，讓人民痛心，感到政府的無能。

（2016年8月 南方生活報）

十三、能源問題

1、發展海上風能的三座大山

最近幾天氣溫飆高，用電量大增，備載容量一再亮紅又燈，凸顯臺灣會有限電危機，新任經濟部李世光部長就任第一天記者會，斬釘截鐵表明2025年實現「非核家園」，但對可能供電量缺口並未提出因應之道。新政府一再表明要發展新能源來補充核電缺口，海上風能是新政府的新選項，尤其是最近傳出丹麥全世界最大海上風能公司Dong energy，有意願來臺灣與臺灣相關廠商合作共同開發臺灣海上風場，並發展相關零組件產業，一時之間是「錢途無量」，若仔細考量臺灣海上風能橫在眼前有三座大山要克服，容不得新政府如是樂觀。

第一座大山是海上風能機組的安裝，由於丹麥的全世界最大海上風能公司投資，因此在裝備製造的技術引進已不成問題，在海上風能機組需安裝在臺灣海峽海域中，機組的基礎工程都需要在海上施工，而臺灣日前太平島的碼頭工程，最後須靠中國大陸海上工作船協助方能完工，凸顯臺灣缺乏海上施工能力與人力，面對可能是800或1,000支的海上風車安置，若無法依進度完成，2025年「非核家園」的電力缺口是無法及時到位，臺灣恐怕會缺電。

第二座大山是漁民漁業權，臺灣雖然已通過海洋相關法規，但對海域的調查，規劃與經營管理，卻遲遲未推動，因此這800或1,000支的海上風車安置，勢必會影響臺灣西部沿海縣市漁民的漁業權，無法妥善處理漁民漁業權的話，800或1,000支的海上風車安置恐怕都「凍」彈不得，無法安置當然無從發電，電力缺口就無法補上，當然會影響「非核家園」實現。

第三座大山是輸電電路上岸，澎湖縣的風電場電力要輸送到臺

灣使用，其電纜要登陸臺灣遭雲林漁民抗爭而作罷，澎湖縣成立的風能公司也因電力無法有效商品化，無獲利空間而解散，同樣的道理，800或1,000支的海上風車的電力，都需送到陸上方能連結電網，才有辦法商品化，雲林漁民是藉由影響漁業權與海岸管理法來抗爭輸電電路上岸問題，因此未來沿海縣市漁民恐怕也會有相同反應，無法克服未來海上風能電力，即使是豐富龐大，但可能是無法有效利用。

　　臺灣沿海尤其是秋冬時，東北季風尤為強勁，確實是發展海上風能的場域，是對臺灣電力的未來供應會有所貢獻，卻無助夏季用電量大增的臺灣，但這三座大山，新政府若不跨部會攜手合作加以排除的話，不但會影響未來世界知名企業前來臺灣投資，恐怕會讓新政府海上風能春夢成空，盼望李部長能再思考臺灣周全的能源政策，不要讓民眾有限電危機出現。

（2016年6月 南方生活報）

2、漁業權是發展離岸風能的最大障礙

開發風能來補足未來廢核後的電力缺口之一，目前可開發的岸上風機組大致已建立，產生的電力對目前電量當然微不足道，因此積極發展離岸或海上風機組是鼓吹綠能人士的重點工作。臺灣是有條件發展風能，國民黨執政時，澎湖縣政府也大力支持澎湖發展風能電力，但其電力因海底電纜無法在雲林口湖登陸而放棄投資，也讓澎湖的電力無法加入臺灣電網供臺灣使用。

海底電纜無法在雲林口湖登陸的主因在雲林口湖漁民怕電纜上岸會影響其漁撈作業及漁獲量，因此大力反對，雲林縣政府為附和民意也持反對態度，最終讓澎湖縣政府放棄其成立的風能公司，最近電力吃緊，讓新政府不得不又回頭檢視電纜登陸問題。

其實從國外包括中國大陸離岸風能是屬海洋經濟或藍色經濟的一個環節，臺灣到目前為止是無整體海洋經濟規劃，因此對臺灣海域並無類似各國的海洋功能區規劃，先進國家會依功能區規劃種類給予漁民漁業權，對無漁業權的功能區政府進行其他使用如航道、風能場、海流、潮汐電場是不會給予任何漁業權，臺灣目前漁民對任何海域都無限上綱主張其漁業權，會是未來發展離岸風能的最大障礙。

由於臺灣風場條件佳，不少風能公司包括丹麥全世界最大海上風能公司Dong energy，都有意願來臺灣與國內相關廠商合作共同開發臺灣海上風場，並發展相關零組件產業，估計可在臺灣海域安裝800或1,000支的海上風機組，所產生的電力不會少於一座核一廠，但800或1,000支的海上風機組若依目前無海洋功能區規劃，會引發多少件漁業權抗爭，可想而知。新政府若有心發展風能，當然要妥善事前解決，否則會讓投資商因漁業權糾紛而動彈不得，並中傷臺灣投資環境

形象問題。

　　要一勞永逸有效解決漁民漁業權問題是新政府應積極規劃出臺灣各縣市的海域功能區，有妨礙漁民漁業權就給與補償，對無礙漁業權的功能區的風能場，政府應大力維護風能公司的建設與運作不受干擾，短期間是不易做到，因此新政府可運用談判機制讓漁民取得某種合理回饋金，來排除不合理抗爭，使風機組能逐步逐年建置，讓風能能一如丹麥、德國成為臺灣重要能源結構之一，說不定也可達成新政府的「非核家園」理想。

（2016年7月 南方生活報）

3、臺灣未來電力不足是庸人自擾

　　明明電力供應充足的臺灣，為何會因五月底六月初的酷熱讓用電量一再創新高，電力備載容量瀕臨臨界點，差點產生限電危機，主因在新政府不顧目前的核電供應，堅持要在2025年作到「非核家園」，不但讓美商對臺灣未來供應穩定性產生懷疑，更讓國人質疑臺灣是否有能力做到「非核家園」而目前電力供應的窘境源自蔡總統競選期間的能源白皮書，因資訊不足過度樂觀臺灣再生能源生產能力，盼望蔡總統與新政府能清楚面對臺灣未來電力供應，不要庸人自擾讓電力供應不足。

　　臺灣電力結構包括：核能、燃媒、燃油、燃氣、水力及其他綠色電力（太陽能、風能），以103年為例，燃媒、燃油、燃氣三項歸為火力發電占全部電力76%，核能則為18.6%，水力及其他綠色電力為5.4%，其中燃媒、燃油是碳排放的主要來源占40.4%，因此新政府要做到過去在野時強調非核、減碳、不缺電及不漲價是有點好高騖遠，做不到時就盡早向國人認錯，但更重要的是提出自己的能源政策，不要讓國人與企業主有缺電危機；臺灣一如日本是獨立電網，無法外購電力，日本都受不了燃媒、燃油、燃氣原料成本及碳排放增加壓力，而重新啓動核電廠發電；同樣道理，臺灣新政府是有時間好好認真確實做好綠能供應，當綠能確實可以取代核電時，再來宣布「非核家園」，何必如此急躁要在2025年達成「非核家園」，讓國人生活不安。

　　目前台電公司的網頁資訊揭露項目很清楚告訴國人，沒有核能發電，臺灣未來缺電的危機相當大，但台電網頁是沒有告訴國人，臺灣未來綠能開發的可能供電數據，因此讓國人無從判決要不要接受「非

核家園」目標，同時也有不少反核團體一再聲稱臺灣有豐富的太陽能、風能與潮流能等綠能，這些綠能依經濟部的2014年能源技術報告書是有許多問題需要時間與經費克服，方能大量供應。

如果綠能在未來供應真能超過20%，甚至高於30%，當然可以不要核能電廠，但台電網頁資料也無精確數字告訴國人，可讓國人放心接受「非核家園」，因此林全院長不妨責求台電與經濟部能源局好好精算臺灣未來電力結構，讓民眾清楚理解未來二十年的臺灣電力結構。

最近個人閱讀香港2040年電力規劃報告書，香港是希望在2030年不再使用核能電力，並從中國大陸買入綠能取代，因此希望新政府能誠實參考經濟部的2014年能源技術報告書，並責求能源局與台電要將各種可能發電方式的容量、成本及面臨困難的突破要做完整論述，同時分析2020、2025、2030、2035、2040年的電力結構，一方面可讓國人與企業主了解減碳、不缺電、不漲價的困難處，更可讓國人很清楚明白「非核家園」的代價與實施的可能性，期盼新政府能靜下心來用最短的時間、用正確的資訊提出新的能源政策，而不是一再轉彎讓國人看新政府笑話，也讓外商能對臺灣供電有信心。

（2016年9月 南方生活報）

4、裂解台電，讓民眾負擔高電價？

　　新政府上臺後急著修改電業法，表面上是談自由化或民營化，其實目前法案的修正內容是裂解台電，根本起不了所謂營運績效或效率提升。個人更基於下列五項理由，主張台電宜維持目前國營營運方式。

　　第一項理由是電力事業資金龐大，且有獨占性特徵，即使是電力自由化國家如美、日，基本上也是分區獨占經營，臺灣這麼小，一家電力公司也就足夠，因此裂解台電的民營化是無此必要。

　　第二項理由是臺灣地處天然災害頻繁地區，目前災後復電工作都由台電第一線人員冒著生命危險工作，民營化之後，台電是否能負擔起這樣龐大人事支出？一旦把金雞母發電廠送出，只有線路營運的台電是很難有目前服務品質，維持國營台電才能確保臺灣用電穩定安全。

　　第三項理由是再生能源（太陽能與風能）與台電民營化是風馬牛不相干。目前麥寮石化廠、台塑彰化石化廠、高雄中鋼廠的再生能源納入台電電網運作多年，但多數再生能源未納入台電電網運作，個人觀察是規模太小且數量多，讓台電覺得不划算，倘若未來再生能源（太陽能與風能）可擴大規模或智慧電網設立，台電電網自然就會納入，這與台電民營化一點關聯都沒有。

　　第四項理由是國營台電公司可扮演母雞帶小雞。臺灣儘管有豐富再生能源，但許多再生能源關鍵技術或工程施作，可能會受制國外綠能關鍵技術大廠，藉時自由化的綠電就成為壓榨人民荷包的幫凶。因此有心從事綠電團體，更應與國營台電這隻母雞攜手合作，運用台電豐富資訊，做最有利的談判決策，才不會被國外廠商各個擊破。

　　第五項理由是台電民營化電價一定漲。如果新政府執意裂解台電，頭尾兩端會是許多財團覬覦的，原來包裹式成本計價，改為分段計價，每一段都有其成本與利潤，因此電力價格絕對會比目前高。電力價格在高成本再生能源加入後，勢必高漲，人民的荷包勢必又會消瘦。

　　期盼蔡總統與新政府不要那麼急在2025年達成非核家園，讓臺灣有穩定充足能源進行產業轉型升級，維持台電國營方式，才有利人民與企業。台電營運效率或績效不佳，只要部長與立委能多費一些心力在監督台電上。希望部長與立委不要忘了自己的責任，而藉自由化民意來搪塞自己失能、失責之處。

（2016年12月20日 聯合報）

5、2025終結核電，請公布綠能進度

前一陣出版界名人郝明義推動〈臺灣電力供需情況公民調查研究〉，郝明義的建言方向是正確的，但電力供需非常專業，郝明義團隊弄了半天，也沒有向國人說清楚台電有沒有藏電；反倒是這一陣子酷熱，台電不斷向國人警示，沒有充足核電供應，臺灣會有限電危機。

目前台電公司的網頁資訊揭露項目清楚告訴國人，沒有核能發電，臺灣未來缺電的危機相當大。就2016年臺灣電力結構包括：火力發電量占比達79.9%，核能為13.5%，再生能源為5.1%；核電不用，火力發電機組若有狀況，確實會讓供電非常吃緊。

臺灣一如日本，是獨立電網，無法外購電力，日本都受不了燃煤、燃油、燃氣原料成本及碳排放增加壓力，而重新啓動核電廠發電，難道日本人不知道用綠能來補足用電缺口，難道日本綠色技術比臺灣落後嗎？

經濟部2014年能源技術報告書提到，臺灣有豐富的太陽能、風能與潮流能，但有許多問題，包括技術與施工都需要時間與經費，方能大量商業供應。個人觀察臺灣太陽能、風能與潮流能業者的能力在2025年前無法供應超過20%電力；如果能穩定高於30%，臺灣當然可以不要核能電廠。

台電網頁沒有告訴國人臺灣綠能發電狀況，這也是台電令人詬病之處。建議政府應責求台電公布臺灣未來綠能（2020、25、30、35、40）開發的可能供電數據，以及未來這些綠能的價格，一一公開在網頁上。各監督團體或熱心人士若覺得不足或不清楚，再要求台電補充。有這些數據或許就可很清楚了解臺灣在哪一年才有「非核家

園」能力，也不致讓蔡政府認為臺灣在2025年可以廢核。

　　最近閱讀世界自然基金會香港分會的香港2050年能源願景，指出香港希望在2030年不再使用核能電力，並從中國大陸風能價量充分有利條件下，買入綠能取代火力發電。

　　希望蔡政府也能誠實參考經濟部能源技術報告書，並責求能源局與台電要將各種可能發電方式的容量、成本及面臨困難的突破，做完整論述。同時分析2020、25、30、35、40、45、50的電力結構，一方面讓國人與企業主了解減碳、不缺電、不漲價的困難處；更可讓國人清楚明白「非核家園」的代價與實施的可能性與期程。期盼蔡政府能靜下心來用最短的時間、用正確的資訊，再檢視2025廢核，讓外商與企業主能對供電有信心而樂於投資臺灣。

（2017年8月9日 聯合報）

6、瑞士務實的漸進廢核政策

　　815大停電，表面上是中油供氣因操作員疏忽，讓大潭天然氣發電機組無氣可用而當機，造成全臺分區停電釀生各種損害與生活不便；儘管此事件導致經濟部長、中油董事長去職，但這種「人禍」在電力吃緊情況下仍隨時會發生，真正主因其實應歸咎於政府2025廢核政策諸多配套與替代能源未成熟所致。

　　廢核並非不能做，像瑞士上一次全民公投要在2030年廢核，但最近公投是反對其核電廠在2029年除役，取而代之是將核電轉型延長到2050年，主要因瑞士民眾擔心關閉核電廠可能造成供電不足，因此在政府確認安全無虞，就繼續讓核電廠運作，漸進到2050年才徹底轉型為再生能源；而這一政策是歸因在瑞士政府能提出「能源戰略2050」論述，讓瑞士民眾樂意接受漸進式的廢核政策。

　　民進黨與反核人士之「我是人我反核」，讓諸多主張在政府確認核電廠安全無虞，就繼續讓核電廠運作者，會被歸為非人，無法讓核電漸進式廢除有充分討論空間：說實在話，臺灣綠能風能、太陽能、潮流能都非常豐沛，如果能完全開發並且穩定供電是有可能替代核電，但問題在風能、太陽能、潮流能的臺灣技術無法自主，受國外大廠掌控，許多設備包括海上風機、潮流機電設備都無法在2025年興建到位，因此顯然無法滿足沒有核電的缺口，眼前大停電就是擺著現成核電不用的後果。

　　蔡總統的2025非核家園政策，不少傾向認為其是受少數人影響，誤判臺灣在2025有充分穩定替代再生能源，誤判是因為在野時，資訊比較不充分這可以理解，但現在當家資訊應該非常充分，臺灣是否能在2025年有充足替代能源而廢核，蔡總統現在應該比任何

人更清楚，因此朝野不妨學學瑞士，提出臺灣新能源政策，再決定非核家園的時間表。

　　令人擔心的是蔡總統一如「一例一休」模式，不肯「面對錯誤」來修正2025廢核政策，畢竟非核家園已因民進黨執政，成為國家的政策，因此監察院應善用其糾正權，發揮柏臺之風，將近日大停電之事，啟動調查，將台電公司荒謬租用「燃氣、燃媒」機組應急方法，增加營運成本而不願重新啟用「核電」向國人做完整論述，並進而糾正行政院在臺灣再生能源或綠能未能充分供應時，以及全面引進綠能諸多配套措施或設施未齊備，不應如此躁進的「廢核」，讓臺灣原本不缺電，變成缺電，導致損害臺灣競爭力，更嚴重是造成民眾居家或工作生活不便，更希望此糾正調查報告，能讓2025廢核政策無法達到目標前，能有未雨綢繆的應變對策。

（2017年9月 南方生活報）

7、非核家園立意良善，卻急功不得

　　蔡總統在東日本311地震後，極力推動廢核，2016總統大選中即提出「2025非核家園」政見，本意是想惠民，讓臺灣遠離核災，2025年臺灣是否能不缺電達成不用核電，本可用科學方法來計算與討論，惜乎蔡總統偏聽，不願接受懂電力供應專家意見，執意要在2025年達成非核家園目標。

　　沒有核能發電，台電公司的電力供應馬上去掉20%，如何補充短期，就只有靠燃煤、燃油、燃氣來供應，這三種火力發電，都會排放廢氣，其中燃煤的二氧化碳排放最高，然而當今發電卻以燃煤為主角，包含臺中發電廠的各火力發電廠，成為近日空汙嚴重的眾矢之的，如果沒有這些火力發電廠賣力演出，國內隨時都可能跳電，這恐怕是始料未及。

　　臺灣民眾愈來愈有環保意識，也愈來愈重視健康、PM2.5是明顯致癌物，火力發電會使PM2.5致癌物濃度增加，蔡總統一味的廢核，人民還看不到非核家園的任何好處，就賠上健康。因此吾人盼望蔡總統能重視國人健康，放緩廢核腳步，延至2030或2035年，像臨近日本的核電廠不是一家又一家的再啓用，原因無他，「碳排放」太高，有違日本對國際社會的承諾，畢竟「減碳」才是當前國際主流議題，瑞士前一陣子也因「減碳」的重要而再一次公投將廢核議程往後延五年。

　　蔡總統為非核家園付盡心力，極力發展再生能源——風電與太陽能來替代核電與部分火力發電，應給予肯定，但這些能源需要長時間建制，不到十年間就要達成，困難度與風險性都相當大，除此之外，太陽能發電需要大量土地建置太陽能板，目前已產生農民不願種植而

種電，此舉將會影響臺灣糧食安全供應，同時風電中的發電機組與海上施工能力，臺灣自主能力是不夠的，因此整個風電市場淪為歐美日國家的俎上肉，加上保障電價，會讓歐美日電商躺著賺，屆時臺灣人民的電費大增，加上風電與太陽能的特性是無法擔任備載容量功能，會降低臺灣未來供電的穩定性，讓臺灣投資環境處於不利地位，凡此種種都讓人意外，但這些意料之外卻讓國家資源誤用與人民荷包失血。

基於核廢料尚無終極處理之道，多數人皆不反對非核家園政策，爭議的是此毛躁式的廢核計畫，不但代價高（國庫已付出巨額租用火電機組），更讓目前中南部民眾深受霾害之苦，盼望蔡政府能將2025非核家園再檢討，讓它能真正成為惠民政策。

（2017年12月 南方生活報）

8、非核家園2040，電動車2025

　　臺灣的空汙因蔡總統的「2025非核家園」，放著現成核電不用，拚命燃煤發電愈來愈嚴重，讓行政院賴院長祭出2030年公務車改電動車、2035年全面使用電動機車、2040年全面使用電動車來解決空汙霾害，看似非常有遠見，但對解決當前霾害絲毫沒有助益，只是一種安慰劑，表態民進黨政府有在關心人民的呼吸問題。

　　我們的空汙基本上來自三大區塊：工廠、電廠與汽機車，三大區塊都有設定標準在管制，但問題在工廠產量、電廠的發電量、汽機車的持有量都不斷攀升，空汙的排放總量當然會激增，這就是臺灣空汙愈來愈嚴重的主因，讓總量減少才是解決空汙霾害的不二法門。

　　汽機車若全面改用電動車，空汙至少會減少1/3，2030年公務車改電動車，就可看到政府沒有想要汽機車全面改用電動車的決心，2020年做不到嗎？只要政府在各機關學校率先建充電設施，讓所有公務車有電可充，全面汰換公務車為電動車，何難之有？再說2035年全面使用電動機車更是牛步化，臺灣目前電動機車發展相當有成效，各機車大廠都有電動車，只要政府只對電動車有高額補助，民眾就不會再購置燃油機車，政府真要做，個人估計2025年就可達標，屆時空汙就會減少目前的1/6。

　　目前汽車主要大廠都提出在2020年不再生產燃油車，因此2040年全面使用電動車未免太沒有挑戰性，2020年政府帶頭全面使用電動公務車，以十年時間全面布建全島充電設施，2030年時，所有汽車廠應全面停產燃油車，臺灣也應可在這時間點完成燃油汽車改換為電動汽車。

　　容個人提醒政府：當所有汽機車都改用電力，臺灣的電力需求

勢必大增，原先估算用綠能來取代核電的缺口恐怕又會加大，若再擴充燃煤、燃油、燃氣火力發電，空汙排放還是會大增；去掉汽機車空汙排放換來火力發電排放，一來一去究竟減少多少汙染物，恐怕要請能源與環保專家共同來研究計算。盼望賴院長對空汙防制要有整套規劃，不要挖東牆補西牆，而一事無成，徒讓民眾看笑話。個人更希望蔡總統與賴院長的政策能對調，非核家園2040，電動車2025或2030。

（2017年12月28日 聯合報）

9、電動車救空汙

　　兩岸霾害嚴重影響人民健康，引起民怨，雙方政府也不得不趕快提出各式各樣的政策與措施來因應。

　　前些年中國大陸的空汙霾害確實嚴重且惡名遠播，但今年入冬以來，霾害警訊不若往年頻繁。至於臺灣，行政院已將《空氣汙染防制法》修法列為下會期的優先法案，不過空氣汙染的三大來源：工廠、電廠與汽機車，在工廠方面，臺灣無法像中國大陸，強力要求高汙染的民間工廠在短時間內減產，只能對燃煤電廠和公營事業開刀。但在推動電動車與淘汰舊機車部分，政府應可更加著力。

　　汽機車若全面改用電動車，臺灣空汙至少減少1/3，行政院訂於2030年將公務車全面改為電動車，這顯然決心不夠，為何2025年做不到？只要政府在各機關學校率先建充電設施，充電普及，應可加速汰換公務車為電動車。

　　至於2035年全面使用電動機車的目標，只要政府對電動車有高額補助，民眾就不會再購置燃油機車。如果機車可先行全面汰換，也許可提前十年達標，將空汙量減少目前的1/6。

　　人民想要呼吸好空氣，是最基本的權利。民眾的健康不能等，行政院應該展現更大的決心，調整不切實際的計畫，建議政府將非核家園2025年的目標時程延後至2040年，以減少燃煤發電造成的汙染量，同時將全面更換電動車的目標提前到2025年，雙管其下，才能對飽受空汙之苦的民眾有所交代。

（2017年12月30日 中國時報）

十四、日韓新借鏡

1、日本綜合特區 vs. 臺灣自由經濟區

　　前馬總統於「為臺灣經濟開路」高峰會上宣示臺灣須靠「三大引擎」來驅動經濟動能，自由經濟示範區如果兩年前政府能夠立即推動目前經建會規劃第一階段工作，「高雄經濟自由示範區」早就上路，就不會像現在依然是紙上談兵，從「五海一空」變成「六海一空」；反觀日本首相安倍，短短時間就一連提出三支箭來振興經濟，在第三箭中並提及「綜合特區制度」，而「綜合特區制度」其實早在2011年就已提出，安倍可能看到這個制度有利於經濟振興而加以運用。整體而言，日本「綜合特區制度」分成兩大區塊：國際戰略綜合區與地方綜合區。國際戰略綜合區由中央及地方共同規劃推動，地方綜合區則由地方規劃後送交中央審議。目前日本「綜合特區制度」國際戰略綜合區規劃有7處，地方綜合區則有37處，從其規劃精神非常相似我方的自由經濟區，即先由中央規劃「五海一空」6處自由貿易港區為自由經濟示範區，等相關法案通過後，再由地方政府提出各種自行經濟區。

　　日本7處國際戰略綜合區包括：北海道食品產業群聚國際戰略綜合區規劃，筑波國際戰略綜合區，東京亞洲總部特區、京濱臨海帶生命科學創新國際戰略綜合區、亞洲第一航空航天產業群聚國際戰略綜合區、關西國際戰略綜合區規劃、綠色亞洲國際戰略綜合區。

　　7個特區中，筑波特區的核心內涵為癌症治療、生活輔助機器人、生物燃料與奈米科技：關西特區的核心為iPS細胞再生醫療、預防醫療、醫療器材與藥品、新能源（電池）與智慧社區：綠色亞洲則為下一代能源與環保產業；在7個特區中，京濱、筑波、關西都提及生命科學但內容重點還是有所區隔，因此日本國際戰略綜合區各區都

有其獨特性，對照臺灣自由經濟區的「六海一空」雖然有提出智慧運籌、農產加值、國際醫療、產業合作，但要如何落實在各區卻付諸闕如，從安平港在這麼短時間就納入示範區，讓人覺得規劃單位的規劃始終搖罷不定。

科技創新是下一波經濟成長的關鍵要素，從日本國際戰略綜合區規劃成果，個人覺得日本政府顯然已掌握，對照臺灣經濟自由區提出智慧運籌、農產加值、國際醫療、產業合作四項產業發展方向，其實並未掌握到未來產業發展的方向與機會，要如何使藉由自由經濟區來振興臺灣經濟，個人是存疑的。

高雄自由經濟區於兩年前由馬總統宣示優先規劃示範至今，國人看不到行政院經建會有類似釜山、天津或日本國際戰略綜合區規劃，反觀目前行政院經建會著手的開放措施，若是兩年前就動手做，說不定早有一些績效出現，臺灣經濟也不致於像現在如此的「悶」。

而日本的地方性特區非常近似兩年前經建會所提倡的「家有產業、產業有家」，各都道縣提出項目是以活化地方為前提，但仍有一些地方政府的計畫兼有國際略性，如札幌的內容產業特區、秋田縣稀有金屬回收再生特區、靜岡縣先進醫療特區、東九州醫谷構想特區、長崎縣海洋與環境產業特區、埼玉縣新一代電動車與智慧能源特區，這些地方性特區的產業項目具體且有前瞻性，是目前臺灣「六海一空」。

所欠缺的，希望經建會能及時調整，因在自由經濟示範區內需有先進製造業與新興產業，否則開放市場後，臺灣產品無法有效出口，會加速臺灣經濟消退，同時也可讓有心提出自由經濟區的縣市參考，不要再步上「家有產業、產業有家」無疾而終的悲劇。

（2013年9月3日 工商時報）

2、正視韓國經貿戰略的威脅

由於臺韓出口項目有一半重疊，中韓FTA若簽署後，其覆蓋率將多出臺灣十倍，嚴重影響臺灣經濟安全。回顧上個世紀末，一個金融大海嘯，把韓國經濟吞沒了，韓國國民平均所得當下被腰斬，變成不到8千美元。但韓國朝野同心，全民拚經濟，在2007年一舉突破2萬美元，2008、2009年受另一波金融危機影響，又些微跌回2萬美元以下，但2010年又重新站回2萬美元關卡，而臺灣在2011年才突破2萬美元大關（20,246），與韓國的2萬3,081美元少近3千美元，韓國人如何拚經濟，值得臺灣朝野進一步深思。

韓國在2000年配合其第四次國土綜合計畫以及2004年的修正計畫「第一次國家均衡發展計畫」進行全國產業布局，將韓國各區域都規劃戰略產業及區域關聯產業，藉以帶動國家及區域整體發展並解決地方就業問題。從各區域的指定戰略產業可發現與韓國的產業發展願景2020年規劃的十四項戰略產業一致。

另在地方固有資源有關的關聯產業，韓國各地都有其發展重點如首爾市（印刷產業、文化觀光）、釜山市（貴金屬、海藻加工及流通、水產市場、小型產品流通、花卉流通），產業能振興除帶動就業機會也會增加出口機會。韓國產業政策的有效性，是讓其經濟能從谷底翻身關鍵因素。

韓國對歐盟、美國的FTA戰略規劃早在2005、2006年就著手準備，分別在2010、2011有成果，目前都生效執行中，使韓國的經濟裝上兩隻翅膀，成為一隻飛天虎，經濟實力更為大增，出口更加旺盛，對韓國而言，其國民平均所得要突破3萬美元是指日可待，同時對臺韓出口重疊率高的經貿競爭將更為險峻。

　　除此之外，韓國也在五、六年前就啓動中韓FTA談判，如果年底達陣，則韓國將是唯一在全世界前四大經濟體簽了3個FTA的國家，此刻的韓國經濟宛如是一隻飛天噴火虎，對外貿易競爭將更具戰鬥力。

　　臺灣好不容易簽訂1個類FTA的ECFA之後，不思圖趁勢而為，將《服務貿易協議》與《貨品貿易協議》盡速完成來擴大ECFA成果，搶進中國大陸，臺灣在中國大陸的優勢將會被韓國瓜分與取代。

（2013年12月26日 聯合報）

3、韓國地方產業政策，值得臺灣六都借鏡

　　馬總統在黃金十年規劃中早已看到臺灣經濟發展的隱憂，地方就業不易，因此提出兩項地方產業發展策略，藉以活化地方，帶動地方就業機會。對照韓國新國土計畫目標年為2020，剛好與馬總統黃金十年目標年一致，對韓國各區域（特別市、廣域市及道）都規劃戰略產業及區域關聯產業，藉以帶動國家及區域整體發展並解決地方就業問題。

　　韓國七大市戰略產業分述如下：首爾市（數位資訊內容、資訊通信、生物技術、金融創投）、釜山市（港灣物流、機械產品、觀光會展、電影）、大邱市（電子工學、電子資訊機器、纖維、生物）、仁川市（物流、汽車、機械金屬、資訊通信）、大田市（資訊通信、生物技術、先進產品材料、電子工學）、光州市（光學產業、資訊中心、汽車零組件、形象文化設計）、蔚山市（汽車、造船海洋、精密化學、環境）。

　　在地方固有資源有關的關聯產業，韓國七大市發展重點為首爾市（印刷產業、文化觀光）、釜山市（貴金屬、海藻加工及流通、水產市場、小型產品流通、花卉流通）、大邱市（文化內容、商務服務、軟體產業、會展產業、出版印刷）、仁川市（蝦醬、燈心草工藝、水產、高麗蔘、藥用艾蒿）、大田市（電影電玩、生活、工藝、葡萄酒、新纖維材料）、光州市（韓國泡菜、韓服時尚、特色商店街、文化花卉園藝）、蔚山市（農產、畜產、山岳產業、海洋觀光）。

　　從韓國的規劃內容來看，地方政府及民眾就非常清楚了解自己的鄉土國家安排什麼戰略產業以及自己本身有何優勢產業，同時也讓人民清楚了解政府不再有集中發展首都圈之情勢，並讓企業家們能夠集

中某種產業在哪些區域以收產業群聚之效果,全國上下都明白自己發展方向,相當值得臺灣六都借鏡學習。

(2014年1月 南方生活報)

4、南韓後發先至，臺灣倒數計秒

　　眾所周知，南韓是目前亞洲唯一與美國與歐盟簽訂FTA的國家，南韓智庫三星經濟研究所的2011年4月研究指出「2009年南韓與已簽訂自由貿易協議國家之間貿易額占其總貿易額的14.4%，2011年與美國、歐盟協議生效後，其比重增加到35.8%」，假定中韓間的FTA在近期內達陣，則南韓與已簽訂自由貿易協議國家之間貿易額占總貿易額的比重會超過60%，對經濟成長80%靠對外貿易的南韓，意義格外重要。

　　尤其是當兩岸ECFA生效後，南韓對中國FTA的談判格外積極，從2012年啓動，就密集有4次談判，到目前已完成10次談判，顯示南韓非常在意中國大陸市場讓臺灣早一步卡位，因此趁兩岸服貿、貨貿協議尚未簽訂生效前，積極與中國大陸接觸與協商，並設法運用「一攬子」模式來完成FTA談判，呈現後發先至戰略。

　　對照臺灣的FTA績效，從2000年加入WTO後到2009年以前有八年為民進黨執政，這段期間，政府總共簽訂4個FTA，均為中美洲邦交國，貿易額不超過臺灣總貿易額2%，對開展臺灣經濟無多大助益，因此民進黨執政的FTA績效可用「乏善可陳」來總結。國民黨重返執政積極改善兩岸關係，中國大陸也給予善意回應，運用漸進式分階段模式來促成兩岸經貿協議，2010年6月的ECFA就在此種情境完成，也讓臺灣貿易主要對手國南韓緊張，生怕其在中國的市場些微優勢，就被臺灣趕上。

　　南韓為何如此重視中國大陸市場，從三星經濟研究所研究報告可得知中韓FTA對GDP的成長率為2.72%、出口總額成長率為4.28%及進口總額成長率4.93%要比韓美、韓歐兩個FTA的加總值為大，一個

抵上兩個，民進黨一直在杯葛ECFA後續相關服貿與貨貿等協議，只是會讓南韓人暗爽在心裡，讓兩岸臺商無語問蒼天，在野黨只會將財神往外推。

坦白說，今日服貿困境是朝野政黨不用心與不用功所造成，中韓在啓動FTA談判前，南韓智庫如三星經濟研究、南韓國際貿易研究院、南韓產業研究院、南韓經濟研究院、南韓對外經濟研究院等智庫紛紛展開研究，了解相關產業影響狀況，並提出各種因應對策如「一攬子」模式、準確把握工業產品領域關稅的體諒容許標準，及防範中國式貿易保護主義等政策；而中國大陸也針對前述南韓各智庫研究進行整理充分掌握對手可能動態，因此2012年4次談判進展快速，是有其道理的。

中韓FTA很有可能在2014年簽訂，目前臺灣在中國大陸進口市場比率些微落後南韓，如果中韓FTA後來居上簽訂，南韓在中國大陸進口市場比率勢必會增加並擴大領先臺灣，屆時後悔就來不及了，朝野沒有理由不攜手合作，盡速完成服貿與貨貿兩項協議。

（2014年4月3日 旺報）

5、南韓經濟區讓臺灣汗顏

　　臺灣自由經濟示範區從馬總統2011年競選連任提出構想，前行政院經建會在2013年才規劃出六海一空外加農業科技園區等8個實體園區；對照南韓經濟自由區先在2002年訂定經濟自由區配套法規，2003年8月先成立仁川經濟自由區，10月再成立釜山—鎮海、光陽灣區經濟自由區，隔五年2008年再成立大邱—慶北、黃海、新萬金—群山3個經濟自由區，再隔五年2013年再建立東海岸圈、忠北兩個經濟自由區，從兩國的自由經濟區發展規劃可看到南韓政府循序漸進、有條不紊的推動自由經濟區工作，歷經十年發展出8個經濟自由區；反觀臺灣一下子就有8個自由經濟示範區，個人真的不知道主管機關是否真的有能力去推動執行。

　　南韓的自由經濟區，從其專屬網站（www.fez.go.kr）可大致看到其經濟自由區戰略性規劃，仁川經濟自由區規劃為世界三大經濟自由區；釜山—鎮海經濟自由區規劃為全球物流與商務中心；光陽灣區經濟自由區規劃為世界最高水準產業物流中心都市；黃海經濟自由區規劃為尖端技術產業的國際合作據點；大丘—慶北經濟自由區規劃為東北亞知識基礎產業中心；新萬金—群山經濟自由區規劃為東亞未來新興產業與觀光休閒產業中心；東海岸圈經濟自由區規劃為尖端素材產業為目標的環東海經濟圈中心；忠北經濟自由區規劃為生態與BIT融合商務中心。從其規劃可看到南韓經濟自由區的發展定位及其在為南韓經濟發展所扮演的角色，對照臺灣國家發展委員會的自由經濟示範區8個實體園區的資料，臺灣8個自由經濟示範區並沒有類似規劃想法，戰略性的高低，外人一目瞭然。

　　臺灣自由經濟示範區8個實體園區另一方面的缺失在缺乏產業規

劃，儘管有智慧運籌、農業加值、產業合作、國際醫療、金融創新、教育創新，但後面三項是虛擬園區概念，可以不在實體園區內，因此8個實體園區的產業規劃僅有智慧運籌、農業加值，產業合作，而產業合作又相當籠統，令人無法清楚政府未來要發展何種產業。

對照南韓經濟自由區每一個經濟自由區都有重要產業規劃：仁川著重在經濟／金融、國際物流、尖端產業、醫療／生物、教育、觀光文化；釜山—鎮海著重在國際物流、尖端產業、觀光休閒、教育、醫療；光陽灣區著重國際物流、製造業、國際商業、海洋設備、觀光休閒；黃海著重在汽車零件、半導體、LCD、鋼鐵、石化；大邱—慶北著重在IT產業、尖端輸送零件、綠色能源、知識服務；新萬金—群山著重在汽車、造船、機械、新再生能源、對中國觀光休閒；東海岸圈著重在尖端零件、物流、研究、觀光休閒；忠北則為生物、航空、觀光休閒、汽車零件。從產業規劃的內容是不是更可理解南韓近年來超越臺灣的原因。

南韓8個經濟自由區，都由各自經濟自由區域廳在推動各種工作與任務，且受經濟自由區域示範區委員會監督與指導；對照臺灣自由經濟示範區，8個實體園區與自由經濟示範區主管國家發展委員會是無直接隸屬關係，因此在推動自由經濟示範區恐怕力有未逮。

說實話，個人將南韓8個經濟自由區網頁中文資料仔細閱讀，南韓能做的，臺灣其實都能做到，同時臺灣四季如春，更是臺灣自由經濟示範區能勝出南韓8個經濟自由區的關鍵要素，盼望國家發展委員會執事人員能猛回頭，導正臺灣自由經濟示範區工作，臺灣經濟發展仍有可為。

（2014年4月15日 旺報）

6、中韓產業對接，臺灣戰略再盤整

「中韓經貿合作論壇」於7月4日在中韓領袖習近平與朴槿惠共同見證下，簽訂多份諒解備忘錄，為擴大雙方投資規模奠定基礎。朴槿惠表示兩國應擴大在電子、生物、新材料等新產業合作，使中國大陸7大戰略產業和南韓13大增長動力產業早日取得成果，看到朴大統領的企圖心，個人不免為臺灣產業前景擔心，倘若中韓產業能對接成功，會嚴重影響臺商在中國大陸各種發展機會。

中國大陸7大戰略新興產業（節能環保、新一代訊息技術、生物、高端裝備製造、新能源、新材料、新能源汽車），國內廠商早已熟悉，但對南韓13大增長動力產業卻相當陌生。南韓13大增長動力產業其實是南韓科學技術政策研究院（STEPI）2009～2013年一系列未來成長動力產業研究成果。

南韓13大增長動力產業包括：可再生能源、節能減碳、水處理產業、LED應用、綠色交通、綠色城市、廣電產業（下一代融和網路）、IT融合產業、機器人應用、新材料（奈米融合）、生物製藥與醫療器械、食品產業、軟體產業（高端服務），這13產業基本上涵蓋中國大陸7大戰略新興產業，同時要注意的是水處理產業、食品產業，中國大陸並未積極重視，相形之下，就提供南韓產業在中國大陸的發展有利空間。

對照臺灣6大新興產業（生物科技、觀光旅遊、綠色能源、醫療照護、精緻農業、文化創意）與4大新興智慧產業（雲端運算、智慧電動車、智慧建築、發明產業專利化）的內容可看到，除臺灣原有強項訊息技術與生物科技、綠色能源、雲端運算、智慧電動車、智慧建築是與中國大陸7大戰略新興產業的新一代訊息技術、生物、新能

源、新能源汽車有關，7大戰略新興產業僅4項對接，因此已處不利地位，面對南韓如此咄咄逼人的經貿戰略，行政院宜速召集相關部會參考南韓13大增長動力產業來提出因應之道，亡羊補牢仍未遲。

　　兩岸產業合作對接其實有些是做得不錯，但畢竟是少數，做得好的廠商基本上都能掌握中國大陸的趨勢脈動而找到商機，因此政府與廠商有必要深入研究中國大陸7大戰略新興產業在各省市與重點城市的推動與布局，並整合臺商力量，從其生產網絡切入布局中國大陸各城市，永遠要把握「中文」就是臺商的優勢，臺商應該要比南韓人更熟悉中國各城市。因此政府應再盤點臺灣還有哪些優勢產業可深入中國大陸布局，及時卡位，兩岸攜手合作針對各種產品、產業制定標準格式，做出產量規模，臺商就會立於不敗之地。

　　在此要呼籲在野黨不要再一味仇中、反中，你不要，人家南韓馬上就撿走，中日關係緊張，南韓趁虛而入，中韓FTA一簽訂，馬上從日本人手上搶到50億美金貿易額，好好認識中國大陸，幫助臺灣人與臺商謀福利，才是重回執政的關鍵。

（2014年7月11日　中國時報）

7、正視南韓明星產業威脅

中韓領袖日前高峰會簽訂多項備忘錄，其中一項是希望中國大陸的7大戰略新興產業，與南韓的13項成長動力產業對接合作，這對臺商在中國大陸的轉型升級，形成一種挑戰與威脅，政府有必要深入南韓13項成長動力產業，以便提出因應之道。

南韓13大增長動力產業是南韓科學技術政策研究院2009到2013年一系列未來成長動力產業研究成果，13項中，可再生能源、LED應用與中國大陸新能源對接；綠色交通與新能源汽車對接；綠色城市、IT融合、廣電產業、軟體產業（高端服務）與新一代訊息技術對接；節能減碳與節能環保對接；生物製藥與生物產業對接；機器人應用與醫療器械與高端裝備製造對接。

另有2項產業未能與7大戰略新興產業對接，其中之一水處理產業，南韓一如美日德等先進國家，將水處理產業視為未來明星產業，對水資源缺乏的中國大陸，運用此時機切入中國市場。另一項則為食品產業，南韓充分掌握「民以食為天」概念，看到中國大陸13億人口市場，商機處處。

回頭檢視臺灣未來產業，按前經建會規劃為6大新興產業（生物科技、觀光旅遊、綠色能源、醫療照護、精緻農業、文化創意）、4大智慧型產業（雲端運算、智慧電動車、智慧建築、發明產業專利化）與10大重點服務業，將新興產業觀光旅遊、醫療照護、精緻農業、文化創意及智慧型產業的發明產業專利化歸於服務業。

臺灣前瞻戰略產業僅有生物科技、綠色能源與ICT（含雲端運算、智慧建築）、智慧電動車等4項，比起南韓的13項成長動力產業，臺灣真的相對貧乏，更應深刻檢討自身規劃前瞻性是否真的有所

不足。

　　臺灣經濟奇蹟源自製造業,儘管二十多年來外移不少,但多數廠商還是根留臺灣,許多技術優勢的中小企業,為臺灣經濟打拚,政府應好好盤點技術優勢產業,配合中國大陸市場需求,做強做大,使臺灣產業轉型升級。

　　臺商在兩岸環保減碳產業、汙水處理、食品、紡織業,表現相當亮眼,這次世界盃足球賽選手服裝,是來自兩岸紡織業共同成績,因此臺灣是有許多產業、產品可與中國大陸合作對接。

　　最後要點出,中國大陸戰略新興產業的高端裝備製造是強項,如軌道工業,臺灣未來臺鐵、高鐵、北捷、高捷都需要汰換,有基本需求,配合東南亞各國未來軌道產業需求,臺灣可與中國大陸對接合作發展,不再被日本主導軌道工業,展示兩岸攜手合作第一步。眼前南韓欲從13項成長動力產業介入,中國大陸另一成長機會恐怕會被南韓人搶走,盼望政府能及早重視因應,不要再讓臺商與臺灣人遺憾連連。

（2014年7月15日 旺報）

8、南韓服務業嚴重威脅臺灣

南韓大統領朴槿惠於日前裁示一系列措施，提出135項政策綱領，將醫療保健、觀光、數字內容、教育、金融、物流和軟體這七大服務業，列為預備扶植的明星產業，將提撥3兆韓元（900億臺幣），協助這七項產業，同時全力培育出口導向中小企業及開拓電子貿易市場，目標是三年內新成立1萬家中小型出口商。南韓財政部估計未來三年可為南韓產業將引資15兆韓元（4,500億臺幣），並創造18萬就業機會，被《華爾街日報》稱為新經濟計畫。

臺灣雖然在2010年就提出美食國際化、國際醫療、流行音樂與數位內容、會展產業、國際物流、高科技及創新產業籌資平臺、都市更新、WiMAX產業、華文電子商務、高等教育輸出等十大重點服務業，希望促進投資4,000億臺幣，創造18萬就業機會，與南韓的目標非常近似；說不定南韓是參考臺灣規劃來調整，但2010年至今成果如何，主管各產業的相關部會應自己心裡有數，面對南韓新一波的經濟攻勢，臺灣的服務業戰略是不是也應該好好檢討，為何成效不彰，再重新整軍研擬新方案，不要讓服務業市場也讓南韓侵占。

南韓七大服務業除都市更新外，與臺灣其他九大重點服務業是重疊的，因此未來服務業的臺韓競爭將更白熱化，因此相關產業的主管部會應好好做到知己知彼的情蒐工作，才能訂定出有效的戰略方案。如教育產業，南韓未來是開放外國學校可到南韓設校，重點擺在時尚與藝術，屆時亞洲國家的年輕學子可不必赴歐、美學習時尚與藝術課程，南韓也可藉此培養其數位內容與軟體人才，也藉此引進外國人才並帶動其觀光產業，是一舉數得方案，盼望我教育部能重新思考目前的教育創新方案。

　　目前還未見到南韓135項政策綱領，但從其企圖心是可觀察南韓政府的戰略「核心」就是開放，對照臺灣目前的處境，因在野黨及其同路人一再杯葛，讓《兩岸服務貿易協議》躺在立法院，頓時讓臺灣這十大服務業走不出大門到對岸去開拓版圖；南韓醫療保健、觀光、數位內容、教育、金融、物流和軟體這七大服務業，某個程度也是因應即將年底簽訂的中韓FTA的預備計畫，一生效就馬上在中國大陸進行布局，因此其18萬就業機會目標的創造，是有可能實現。

　　兩岸同文同種，是臺灣進入中國大陸市場比其他國家都來得有競爭力地方，但在野黨一向「恐中仇共」心態，不對中國大陸開放市場，連帶影響其他國家對臺灣的開放誠意與誠信，讓臺灣走不出去，這或許是十大重點服務業從2010年推動以來，缺乏動能的主要因素。

　　南韓人又要對中國大陸服務業進軍，期盼朝野認清此一現況，讓《兩岸服貿協議》盡速生效，好讓臺商服務業布局中國大陸，更盼望十大服務業相關部會好好根據南韓135項政策綱領，調整修改臺灣服務業戰略，不要再讓南韓後來居上。

（2014年8月21日 旺報）

9、區域創新系統─韓國在十年內超越臺灣的新武器

　　區域創新系統是英國學者庫克（Cook, P. N.）沿用弗里曼（Freeman, C.）、納爾迅（Nelson, R. R.）、倫德威爾（Lindvall, B.）3位國家創新系統（National Innovator System）學者的研究，在1994所提出概念。所謂區域創新體系，是指地方自治體、地方大學、企業、非政府機關 、大眾傳媒及研究機構等區域內的創新主體，透過在區域研究開發、生產過程、行政制度改、文化活動等多種多樣領域內的相互協作，創造創新並且謀求區域發展已達到世界水準的新型嘗試，不少國家的地區根據其研究以及後來更多相關研究為基底，設計規劃了各種區域經濟發展振興計畫。

　　韓國在2004年將其第四次國土綜合計畫做修正「第一次國家均衡發展計畫」，就將區域創新系統正式列入韓國國家發展施政重點項目，成為韓國在新世紀之初的國家發展的新武器，也是韓國國家均衡法計畫所推動戰略之一，韓國區域創新系統包括下列內容：(1)建立區域創新系統；(2)強化區域創新力量；(3)架構產、學、研之間網絡；(4)打造區域創新群聚。

　　在上個世紀之末的一個金融風暴把韓國經濟吞沒了，韓國國民平均所得當下被腰斬，變成7,355美元。但韓國從1998年展開21世紀前二十年規劃，在2000年公布其第四次國土綜合計畫（2000～2020)，在2004年期間配合盧武鉉大統領的施政理想做部分修正外，整個國家經濟發展與區段均衡發展都按照計畫在推動。

　　2000年韓國國民平均所得為11,350美元，比臺灣的14,704美元為低，少3,000多美元，在2011年韓國國民平均所得為23,081美元，超過臺灣20,246美元，2000到2011年韓國國民平均所得從落後3,000

美元到領先3,000美元，從這6,000美元的差距，可看到韓國第四次國土綜合計畫區域創新系統的績效。

　　韓國從落後到領先，展現國家翻轉的契機。馬總統在黃金十年規劃中也看到臺灣經濟發展的隱憂：地方就業不易，因此在願景六：全面全面建設中的區域均衡施政主軸，提出兩項地方產業發展策略：藉以活化地方，帶動地方就業機會，使臺灣產業生命力再發揚於國際舞臺，規劃了推動「家有產業、產業有家」，與韓國第四次國土綜合計畫中各區域（特別市、廣域市及道）的戰略產業及區域關聯產業規劃相似。

　　從韓國的經驗，地方戰略產業及區域關聯產業若無「區域創新系統」配合，要引進並深根是不容易的，將無法藉以帶動國家及區域整體發展或解決地方就業問題。

　　「創新」是這一波世界各地區經濟發展成功的關鍵要素，臺灣目前許多產品對韓國而言不具備競爭力或競爭力在消退的背後因素是「創新」，馬總統及縣市首在黃金十年計畫推動「家有產業，產業有家」時，應該也要引進並建立各縣市創新系統，使臺灣產品在未來世界競爭市場更具競爭力，當各地方產業能做到「made in Taiwan」、「made by Taiwan」、「design by Taiwan」並追求「brand of Taiwan」才有機會再超越韓國，在2015年達到國民平均所得突破30,000美元的機會。

（2012年2月14日 工商時報）

10、日本國土強韌計畫，臺灣防災良方

311東日本震災五周年，個人檢視日本執行兩年的國土強韌計畫，發現其內容正是臺灣防災與災害重建所需，值得臺灣借鏡。

日本國土規劃，從均衡發展開發演化，到國土強韌化，正是總結最近二十年從阪神大地震、新潟地震到東日本大地震的新思維。

日本國土強韌化基本計畫的四大使命為：盡最大可能保護國民、國家重要機能不會因重大災害而無法運作、國民財產與公共設施損害最小化，能在短時間內復舊復興。

配合這四大使命，規劃出十二項部門策略與三項綜合跨域策略，這十五項將透過圍繞在八大目標與四十五項指標的細部方案推動。從目前日本國土交通省網站資料，其各道府縣也紛紛提出轄區內的國土強韌化基本計畫來配合。

和歐美國家的彈性城市（Flexible City）相較，日本的面向更多，臺灣目前推動的海綿城市或廣建蓄洪池，與歐美彈性城市規劃內容偏重防災；臺灣這種零散式發展規劃顯然不足，因此內政部營建署應向日本取經，讓政府民間都能事先預防多元災害，在事故第一時間有效因應。

內政部前部長李鴻源曾談到，臺灣目前無法掌握「土地容受力」，無法判讀國土是否過度集中利用，同時也點明國內既有資料庫無法擔負「土地容受力」計算工作。

如果政府願意將歷年災害受損地點、復建預算地點、災害稅捐減免與補償地點，加上科技部首次公布的「地震危害潛勢圖」及經濟部地質所的斷層等相關資料結合，運用大數據計算，目前雖可能達不到「土地容受力」評估，但可讓國人明白其家園是否為易受災害地點，

也就是日本的國土脆弱性評估。

　　知道家園的脆弱性，對防災工作就會比較積極因應，進而達到全民防減災的目標。

　　國土強韌刻不容緩，盼望政府未來推動國土規劃時，能及時納入日本國土強韌基本計畫觀念並推動，一方面讓臺灣百業能永續發展，另一方面也能讓民眾與企業做好避災、減災規劃，真正做到「安居樂業」目標。

（2016年3月12日 聯合報）

11、其實是日本在傷害臺灣人

臺日經貿會議在日昨舉行，從日本交流協會會長大橋光夫的開幕談話，「某些部分沒有依據的發言，對福島在內的日本國民造成大大的傷害。」表明了日本核災區食品再度叩關的決心。

臺日經貿逆差嚴重，以今年到8月資料，臺灣輸日77.7億美元，日本輸臺153.8億美元，逆差額幾乎一倍，凸顯出日本人一直在賺臺灣人的錢。說實在話，臺灣對日本人已經夠好，否則日本311核災善款之多，臺灣哪會世界第一？但日本政府強壓蔡政府接受核災區食品輸臺，讓國人引起食安恐慌，其實是日本對臺灣人造成大大的傷害。

日本核災區食品輸臺，政府部門無充足人力把關，境外阻絕也因美國牛肉一再違規而破功，同時銫（137）輻射很難驗出且半衰期長，對人體危害相當大，因此國人對政府的把關是毫無信心。除此之外，多數國人對日文陌生，且標示字體又如此細小，消費者很可能會在不知情情況下誤買而吃下肚子。

日本的食品輸臺年年創新高，尤其是日本蔬果充斥在臺灣高檔超市，單價都比臺灣產品高出許多，因此日本政府不應如此強橫要求我政府開放核災區食品輸臺，畢竟核災區食品可能只占日本輸臺食品一小部分，蔡政府應正視並運用貿易逆差嚴重，嚴正向日本政府說No！

當政府無能、無力時，人民就要自力救濟！我主張民眾自行抵制日貨，不要赴日本旅遊，讓日本政府知道強制核災區食品輸臺，會因小失大。消費者保護團體與反核團體在面對日本政府一再無理要求，也應振臂發起抵制日貨、拒絕遊日，讓日本明白臺灣人民的不滿，同時也讓蔡政府有足夠力量向日本政府說No。

日方代表應該了解「己所不欲，勿施於人」的涵養，主動放棄核災區食品輸臺。倘若蔡政府依舊如此懦弱，人民再次上街頭應該是可以期待的結果。

（2016年11月30日　中國時報）

貳、中國大陸港澳篇

一、自貿區

1、閩自貿區建兩岸經貿新模式

　　日前出席福建自貿區的一場座談會，初步了解福建自貿區的三個定位：改革開放新路徑、兩岸經貿新模式、海岸國家絲路新途徑，也明白福建自貿區仍具有實驗區之功能，特重在與上海自貿區的對比觀察，因此未來福建自貿區是會創造「上海沒有，福建會有」的特色。

(1) 複製突破滬自貿區

　　上海自貿區的發展經驗，能不能複製在福建三個自貿分區，從與會人士發言討論，初步觀察是持肯定態度，從上海自貿區推動一年多的經驗，從上海自貿區相關智庫最新研究發現，上海自貿區的以下突破事項，是可複製在福建自貿區，這些突破事項包括：服務業的擴大開放、投資制度創新（投資條件與流程改善）、海關監管調整、稅收特殊政策與安排、金融開放創新（金融業創新、企業融資便利創新、外匯管理改革、其他金融開放措施）、貿易轉型（總部經濟、大宗商品交易、國際國內貿易、期貨、租賃、第三方鑑定、維修、電子商務、航運、空運中轉）、爭端解決與政府管理創新等事項，涉及新頒法規有39項，都有機會複製福建自貿區實施。

　　福建自貿區3個城市：福州、廈門、平潭，是中國大陸海西經濟區的前緣城市，配合新的一波開放戰略以及「一帶一路」的大戰略布局，臺灣產官學應好好深思如何接招，避免錯失良機讓自己陷入侷限發展，對臺灣經濟發展產生不利影響。因此相關部會應迅速蒐集上海自貿區新頒39項法規並解讀供給臺商參考外，使臺商能盡早在福建自貿區布局。

　　由於福建自貿區是未來福建省2015年重點工作，會與既有海峽

經濟區發展規劃、福建海峽藍色經濟試驗區發展規劃、廈門市深化兩岸交流合作綜合配套改革試驗總體方案及平潭綜合實驗區總體發展規劃等規劃結合，因此臺商與相關部會也應重視。

除此之外，福州、廈門及平潭試驗區未來十三五發展重點方向，應密切注意，由於規劃有連續性，因此政府與臺商可從目前三地的十二五相關產業規劃來預判，找出臺灣產業界因自貿區等相關措施在這三個自貿分區最適合對接或融合中國大陸生產網絡產業。

一方面可使兩地的產業順利轉型或升級，另一方面是可讓臺灣產業的產品，能順利在中國大陸銷售或藉由「一帶一路」的布局行銷東南亞、中亞與歐洲等65個國家。

(2) 促閩臺經濟一體化

前述對臺灣的建議，當然會有人不以為然，怕臺商布局會被侷限在福建自貿區或海西區，進而弱化ECFA的功用，但個人要指出的是，《服務貿易協議》、《貨物貿易協議》能及時通過，當然能前往各自貿區布局投資，而實際上目前在野民進黨一再杯葛《服務貿易協議》、《貨物貿易協議》與《示範區特別條例》，是讓臺商無法走出去中國大陸有效布局的主因。

從歷史地域觀來看，閩臺一體，開福建自貿區這扇窗，是促成閩臺經濟一體化、打造兩岸共同家園的先行功課，讓臺商藉由福建自貿區途徑，布局中國大陸其他省市與「一帶一路」相關國家，同時也是挽回臺商在中國大陸與他國經貿競爭力的一條便道。

（2015年2月12日 旺報）

2、上海自貿區 2.0 版的啓示

隨著中國大陸第二批自由貿易區的公布與執行，上海自貿區身為自由貿易試驗區的領頭羊，早在推動屆滿一周年前就公布《中國（上海）自由貿易試驗區產業經濟規劃》，此規劃象徵上海自貿區要邁入另一個新發展。

上海自貿區目前包括外高橋保稅區、外高橋保稅物流園區、洋山保稅港區和浦東機場綜合保稅區，四個分區各依其優勢條件發展成不同產業功能，外高橋保稅區以總部經濟、國際分撥、保稅物流、貿易展示與加工製造；外高橋保稅物流園區以保稅倉儲、分撥配送、物流服物；洋山保稅港區以航運物流、大宗商品交易、國際分撥配送；浦東機場綜合保稅區則以航空物流（亞太分撥中心）、航空金融（融資租賃）、航空服務（檢測維修）、高端消費品展示交易。

配合這些產業功能的形成出現，上海自貿區更積極推出五大產業集群來配合未來發展需求。

國際貿易產業集群，產業內涵為貨物貿易、服務貿易、離岸貿易、大宗商品交易及跨境電子商務；金融服務產業集群，產業發展包括面向國際的金融市場、跨境金融服務、融資租賃、資產管理與專業金融；航運服務產業集群，產業發展業別有航運專業服務、航運金融、現代物流、國際船舶管理、國際中轉集拼與國際航空服務；專業服務產業集群，產業有文化產業、中介服務、社會服務；高端製造產業集群，產業重點為高端輕型製造、生產性服務業、訊息服務。

配合五大產業群的形成與引進，原有四個園區的功能因應升級，外高橋保稅區打造國際貿易服務和金融服務功能區；外高橋保稅物流園區打造現代物流服務功能區；洋山保稅港區打造國際航運服務與離

岸服務功能區；浦東機場綜合保稅區打造國際航空服務和現代商貿功能區，讓上海經濟發展能符合總部經濟、平臺經濟、四新經濟（新產業、新業態、新技術、新模式）等趨勢要求，最終目的是達成上海四個中心（國際經濟中心、國際金融中心、國際貿易中心、國際航運中心）建設使命。

　　上海自貿區2014年負面清單從2013年的190項減為139項，即將公布的2015年版可能幅度更為加大，更能落實上海自由貿易試驗區產業經濟規劃，上海自貿區未來會更臻完善，讓中國大陸經濟能順利融入國際經貿環境與產業轉型升級。

　　對照臺灣自由經濟示範區因在野黨不斷的杯葛，絲毫無進展，看上海自貿區已在全球貿易自由化天空中飛翔，在野黨何不回頭檢視上海自由貿易試驗區產業經濟規劃及上海自貿區的46項相關政策與法規，來驗證臺灣示範區條例有無賣臺。自由貿易區是許多國家邁入自由化貿易與經濟轉型升級必經之路，臺灣不應該一再把機會置於門外，使經濟無法轉型升級。

（2015年4月24日 旺報）

二、城市治理

1、六都候選人應向對岸取經

中國大陸三十多年來的改革開放進步，不管你是藍還是綠，你都得承認對岸的沿海主要城市，如上海、大連、天津、青島、杭州、寧波、福州、廈門、深圳、廣州的發展成果不比臺灣的六都遜色，有些項目恐怕是超越臺灣六都，時值臺灣九合一大選，看到藍綠候選人言不及義，一點城市願景的心思都沒有提到，教臺灣民眾如何放心將權力託付給這些候選人？

有赴中國大陸參訪經驗的民眾，或許有參觀過各城市的城市規劃館，這些規劃館的展示內容大致上分城市的歷史、現況及未來，未來就是城市的願景藍圖。日前看到媒體有一條新聞的報導，說是高雄市長陳菊女士曾到訪天津城市規劃館，參觀該館後，她表示，不知道天津是如此的進步。令人十分感慨，身為臺灣直轄市首長怎麼會是如此的膚淺，連競爭對手城市的發展一點也不清楚掌握，輸給人家一點也不冤枉。

中國大陸的城市發展藍圖是不是機密而無法取得？答案是否定的，個人前面所提到的城市，其2020年的城市總體規劃在網路世界都可取得閱讀。中國大陸的城市尤其是主要沿海城市是透過願景藍圖的描述，讓民眾與外來投資人知道市政府未來有哪些發展方向，因此有哪些商機會產生，而願意與市政府一起奮鬥築夢，將彼此間的目標相互融合，創造彼此互利成果，中國大陸沿海主要城市就這樣逐漸發展起來。

臺灣城市有沒有願景藍圖規劃？答案是有的。但在網路上，你是無法找到資料拿來閱讀，而這些願景藍圖並沒有獲得縣市首長青睞重視，變成圖書館或資料室的藏書，因此許多構想就成空中樓閣。臺灣

的城市發展一直無法聚焦發展，而讓中國大陸的主要沿海城市逐漸趕上超越的道理就在此，盼望六都市長及其他縣市長候選人能深思。

兩岸的城市發展是呈現既競爭又合作的情況，面對招商引資兩岸的城市是競爭狀態，面對城市問題，兩岸城市則又可透過合作來分享解決之道，目前對岸的沿海主要城市的網路資料是2020年願景，但實際上，前述這些城市早就在進行2025、2030或2040規劃，說不定會在十三五期間陸續公布，看到對岸行政首長或官員的積極性，臺灣的候選人能不能負責任的提出一套願景藍圖，作為當選後的細部規劃準繩？然而臺灣的民眾很是無奈，好像只能挑比較不爛的，這就失去「選賢舉能」的民主選舉意義。

有些民眾或許會質疑城市的願景藍圖是一種候選人作文比賽，看誰會吹牛或大開空白支票，對照中國大陸的城市總體規劃（願景藍圖）是透過各階段的「五年國民經濟和社會發展規劃」及各部門五年規劃來推動執行，並訂定各種指標進行管控與問責；臺灣目前縣市綜合發展計畫就是缺乏這種機制而淪為紙上計畫，是臺灣目前六都與縣市政府的弱項。

臺灣六都目前選戰正陷入口水戰爭，各候選人不妨停下腳步，看看對岸沿海主要城市的願景藍圖，有無借鏡之處，重新思考要給選民什麼樣的明天；同時，中國大陸的沿海主要城市目前正展開十三五的各項前期規劃，期盼年底的當選人，能放下身段，好好學習對岸城市願景規劃的優點，在短期間提出自己城市的願景藍圖及各部門執行計畫與指標，讓臺灣各地的市民能真正「安居樂業」。

（2014年10月13日 旺報）

2、廣州市基礎建設計畫對臺灣的五個借鏡

最近朝野為前瞻基礎建設計畫爭論不休，引發蔡總統不滿，認為行政部門對外溝通做得不到位，但目前行政院在網路公布的報告書洋洋灑灑370頁之多，對有心人而言，已相當足夠，但閱讀完之後與個人早些時間閱讀過「廣州市城市基礎設施發展第十三個五年計畫」相比較，個人認為至少有五個地方值得臺灣學習。

第一個學習是我們不需要譁寵稱「前瞻」，新政府端出的大菜名稱與廣州市城市基礎設施發展第十三個五年計畫非常近似，該計畫定義的基礎設施包括交通（含航空、港口、鐵路、城際軌道交通、城市軌道交通、高快速路、公路、市政道路）、供水、汙水處理、河涌整治、垃圾處理、園林綠化，預算規模我們比廣州少五倍多，同時用五年時間完成，廣州計畫雖然有霸氣，但人家也僅樸實稱基礎建設計畫，因此新政府不需要語不驚的提出「前瞻」兩字。

第二個學習是我們的計畫要有任務導向，「廣州市城市基礎設施發展第十三個五年計畫」點出計畫主要任務有七：建設廣州國際航運中心、打造廣州國際航運樞紐、優化提升「一江兩岸三帶」、加強重點功能區開發建設、完善戰略通道與樞紐設施、加強與周邊城市互聯互通、構築綠色生態美麗廣州，讓人感受到這些一體化的任務導向城市基礎設施，不但讓廣州市有新面貌與新氣象，也讓城市競爭力提高，我們的計畫是缺乏任務導向，如果能像廣州計畫一樣，個人認為民眾就會理解為何前瞻。

第三個學習是規劃廣度可加大，廣州市政府配合七項任務，廣州市政府提出工程項目分十四大項。日前澎湖海難與離島空運常因氣候停飛，在在說明臺灣的港口、機場都須要強化，但新政府卻掛漏，實

難有前瞻基礎可言。

　　第四個學習是要增加具體目標，廣州的規劃希望能促成十一重點領域工作的完善：加快國際性綜合交通樞紐建設、構建高速快捷的軌道交通系統、提高道路交通網絡通達性、加強城市地下管網建設管理、提升生活汙水和垃圾處理水準、推動城市資訊化基礎設施建設、完善防水排澇防災軍民融合設施建設、大力推動綠色低碳發展、加快城市綠色生態園林建設、促進城市更新精明增長、實現城鄉基礎設施一體化發展，對照我們的前瞻基礎建設計畫點出的建構安全便捷之軌道建設、因應氣候變遷之水環境建設、促進環境永續之綠能建設、營造智慧國土之數位建設、加強區域均衡之城鄉建設等五項，兩相對照，我們目標不夠具體。

　　第五個學習是多元推動策略，廣州市的策略有：推動綜合交通樞紐與產業聯動發展、積極保障項目用地、推動市政公用地產品與服務價格改革、加強城市精細化管理、拓寬投融資渠道，對照臺灣僅用特別預算來推動，個人估計帶動成效會不如廣州。

　　我們政府報告書洋洋灑灑370頁之多，個人看完後確實有媒體所言是拼湊而成，與廣州市規劃內容對比，就會看到我們許多不足，所幸目前計畫法案仍未獲立法院通過，仍有補救空間，盼望林內閣與主事者不妨虛心參考「廣州市城市基礎設施發展第十三個五年計畫」，說不定會讓新政府有新的啟發。

（2017年5月11日　工商時報）

三、產業規劃

1、中國大陸石化升級，高雄新區不能等
2、緊握中國製造2025契機
3、準備好參與一帶一路戰略
4、搭上陸產業轉移示範區便車
5、創新讓深圳競爭力超越香港
6、把握中國低碳產業發展的商機
7、謙卑借鏡中國大陸產業規劃
8、中國C919試飛成功的省思
9、守護農田，增產糧食，可學中國大陸

1、中國大陸石化升級，高雄新區不能等

　　早在2010年6月兩岸ECFA簽署後的早收清單，臺灣石化業者原本寄望的五大泛用塑膠入列，但實際僅有共聚級聚丙烯（COPO-PP）、丙烯腈-苯乙烯共聚合樹脂（SAN）、聚碳酸脂樹脂（PC）等二十一項入列，在當時就已透露兩岸石化業正處於一種競爭狀況。

　　假如我們政府與相關業者願意再進一步閱讀中國大陸十二五的石化產業報告，就可發現石化產業是中國大陸許多省分及城市的主導支柱產業，攸關各地區的GDP產值及就業，當然不可能讓步過多影響自身GDP成長與就業機會。目前《兩岸貨品貿易協議》談判，石化產業的免稅是我方極力爭取項目，畢竟攸關臺灣石化業存活的進一步發展。

　　臺灣石化產業從中下游到上游有一個非常完整的產業鏈，是中國大陸一直想要借重的經驗。中國大陸過去也一直努力要促成台塑集團王永慶先生赴中國大陸投資複製臺灣石化產業，但由於臺灣過去領導人一念之差，讓臺灣石化業失去中國大陸市場快速成長機會。即使無臺灣經驗，中國大陸石化業在最近一、二十年的也摸索前進，也形成目前石化業三大集團，其中「中國石油化工集團」、「中國石油天然氣集團」高居中國大陸五百強企業的冠亞軍，在在顯示石化產業對GDP的貢獻。

　　中國大陸其實也察覺石化產業的負面環境影響以及未來產能過剩問題，就著手重新規劃石化產業新布局並調整產業結構內容；目前公布七大石化基地為：大連長興島、河北曹妃甸、江蘇連雲港、上海漕涇、浙江寧波、福建古雷、廣東惠州，這些基地最大特色是遠離人口密集區，並採循環生態經濟概念規劃新石化產業園區，來面對新的國

際競爭挑戰。

　　高雄氣爆事件又再度引發高雄石化業的存廢問題。石化產業與其他產業的關聯度非常高，也攸關大高雄的就業問題，實在不宜輕言廢棄。但面對不時宜的產業區位配置，臺灣石化業其實可透過高雄市大林浦、鳳鼻頭及林園三、四輕鄰近里遷村再加上六櫃中心外海填海造地，組成一個遠離人口密集的石化專區，來繼續推動臺灣高值化石化產業，使臺灣產業能邁向另一波發展。而新的石化專區，臺灣石化業者與政府應有循環生態經濟概念，掃除國人對石化產業的汙染印象，也增加石化園區的產能產值。

　　七輕、八輕都因環保議題而中挫，換言之，臺灣石化原料在未來無法應付新需求，臺灣八輕部分業者已赴福建古雷投資設廠，原料產能在外對臺灣石化中下游生產是個大變數。未來產能是否能回銷臺灣，可能受中國大陸經濟發展影響，新型且環保節能的石化園區，仍是確保臺灣石化產業原料自足性的最佳保證。中國大陸七大新型石化基地已啓動，古雷是一個證明，未來中國大陸的石化產業將會更健康、更環保的發展。臺灣地方政府不能再有民粹思想，不要石化業，兩岸石化業的消長，何嘗不是兩岸經濟消長的另一面鏡子，期盼政府與石化業者能立下建立高雄新石化園區決心。

（2014年9月5日 旺報）

2、緊握中國製造2025契機

　　中國大陸工信部日前透露其未來產業發展規劃：《中國製造2025》的初步成果，計畫挑選泉州市為示範城市，泉州市也提出《泉州製造2025發展綱要》及「2020行動計畫」，對臺灣產業界而言，是一項警訊，也是發展機會。

(1) 顛覆傳統封閉系統

　　《中國製造2025》規劃願景在從製造大國轉為製造強國，構思源自德國「工業4.0計畫」，是德國「高技術戰略2020」的十大未來計畫之一，這個計畫2013年由德國政府推出「保障德國製造業的未來：關於實施工業4.0計畫的戰略建議」後正式實施，宣告第四次工業革命來臨。

　　「工業4.0計畫」重點內容為：在生產要素高度靈活配置條件下，進行大規模生產高度個性化產品，並讓業務夥伴與消費者參與業務流程與價值創造，讓生產與高品質服務合而為一。這些新想法顛覆傳統封閉性製造系統，運用物聯網、服務網、數據網等新興科技服務來達成，號稱第四次工業革命的道理在此。

　　根據德國「工業4.0計畫」想法，《中國製造2025》的核心構思為「創新驅動、質量為先、綠色發展、結構優先。」主線在藉由訊息技術與製造技術深度融合來發展數字化網絡化智慧化製造。

　　同時也搭配八項優先行動計畫，其規劃內容為：數字化網絡化智慧化製造、提高產品設計能力、完善製造業技術創新體系、強化製造基礎、提升產品質量、推行綠色製造、結構優化、培養具有全球競爭力的企業群體與優勢產業、發展現代服務型製造業。配合中國大陸中

央規劃想法，泉州市的《泉州製造2025發展綱要》及「2020行動計畫」的三大重點為：智慧製造、質量品牌提升與服務型製造。

　　從《中國製造2025》可看到中國大陸對製造業重視的堅持，十二五期間，廣東、福建及上海三省市都提出先進製造業發展規劃；廣東省轄下廣州市、東莞市、佛山市、江門市、惠州市；福建省廈門市、泉州市、漳州市、莆田市，都有先進製造業發展規劃，其中福建省部分更進一步結合粵東、浙南，發展成海峽西岸經濟區先進製造業計畫，從這些計畫可觀察到，前面提到八項優先行動計畫的延續性，挑選泉州市或許是其地理位置正居海西區中間，也是海上絲路起點；同時避開廈門、福州兩市相爭。

(2) 善用資源轉型升級

　　而《泉州製造2025發展綱要》及「2020行動計畫」的三大重點，基本上也是延續泉州市十二五先進製造業發展規劃，因此儘管《中國製造2025》規劃尚未出爐，但臺灣未來2025年的產業發展規劃是可參考前述三省市及其轄區城市的先進製造業內容，提出臺灣未來因應之道。

　　臺灣傳統製造業的產值與就業人口比重相當高，這也就是臺灣產業需要轉型升級的道理，中國大陸已抓住德國「工業4.0計畫」想法，進行產業轉型升級，來糾正其基礎材料、基礎零件、基礎工藝、產業技術基礎等四個「不強」。

　　臺灣傳統產業業者擁有基礎材料、基礎零件、基礎工藝、產業技術基礎等強項，過去可能因資金、技術、人才及市場，對產業轉型升級沒興趣，也沒意願。

　　如果未來中國大陸的《中國製造2025》提供資金、技術、人才

及市場，應可思考藉由中國大陸之資源與市場進行企業轉型升級，進而開展企業版圖，讓臺灣傳統產業有新的生機。

目前臺灣產業規劃為2020年，而中國大陸已超越臺灣，展開2025年規劃，面對兩岸產業競合，經濟部與相關智庫，應該更積極開展臺灣產業2025規劃，讓臺灣企業主能盡早規劃發展方向，使得企業能永續經營，並確保臺灣民眾就業機會或創造新就業機會。

（2014年10月29日 旺報）

3、準備好參與一帶一路戰略

習近平在2013年9月出訪哈薩克，提出為使歐亞各國經濟關係更密切，合作更深入，可以用創新模式來共同建設「絲綢之路經濟帶」；10月出訪印尼，提出願與東盟國家發展海洋合作夥伴關係，建設「二十一世紀海上絲綢之路」。2014年APEC北京年會，中國大陸正式將一帶一路戰略向世界宣布。對此，臺灣不妨多做功課，說不定可從中找到新機會。

臺灣的第一項功課是認識一帶一路的省、自治區的相關城市（鎮）資訊，二十一世紀海上絲綢之路與中國大陸沿海省市與自治區有關；一帶則涉及中國大陸9個沿邊省、自治區，這9個省分目前已設置147個口岸與鄰近23個國家進行貿易，在未來「絲綢之路經濟帶」運作下，可能會成為世界經濟發展的新動能。

國內相關智庫與貿協應該早早規劃取得資料，讓政府或工商團體、臺商相關組織有所參考；而實際上中國大陸對沿邊早已推動「邊境經濟合作區」、「重點開發開放實驗區」、「海關特殊監管區」、「跨境經濟合作區」等政策，相關智庫與貿協也應盡速蒐集整理相關資料，這四大政策與「絲綢之路經濟帶」戰略絕對息息相關，「絲綢之路經濟帶」是四大政策的統合升級版。

至於第二項功課，是對一帶一路的周邊23個國家進行更深入的認識，其中諸如中亞5國，向來是國人非常陌生的，因此要做多方的資料蒐集與了解，讓臺商要拓展貿易或投資時有所參考。並且與中國大陸的邊境城市做連結，使臺商有機會可以成為中國大陸與周邊各國的中間人，從中取得新商機。這些國家資料或許臺灣智庫較少接觸，但可多運用中國大學相關智庫的出版品或研究報告來了解這些邊境國家

及其城市發展相關資料。

　　政府與相關智庫應可從這些規劃發現對臺商產業布局或臺灣經貿戰略的利基，來確保臺商與臺灣經濟的發展新動能。俗話說「成功永遠是給準備好的人」，中國大陸的一帶一路大戰略是有機會產生世界經濟發展新動能，它有可能是臺灣另一項機會，朝野都應及時做好準備。

（2014年11月25日　旺報）

4、搭上陸產業轉移示範區便車

日前張榮發基金會舉辦「中國大陸經濟發展前景與臺商的挑戰」座談會，與會人士呼籲政府要有更多作為協助臺商突破工資上漲與人民幣升值；同時也籲請政府要積極介入協商，不要讓臺商單打獨鬥。從這項座談會的結論可看到中國大陸原本沿海城市優勢不再，讓臺商進退維谷，產生經營危機。

中國大陸沿海城市（地區）的產業發展目前也面臨工資上漲與人民幣升值，以及環境保護等問題，因此許多城市都提出產業轉型升級政策作為因應之道，在產業轉型升級政策之際，許多企業或產業被迫逼退，消失在這些城市（地區），配合產業的轉型升級，中國大陸在中西部地區規劃「承接產業轉移示範區」，透過這項政策來接收沿海城市（地區）的產業，並藉此帶動地方發展，讓人口不致一直流向沿海城市，使中國大陸的區域能均衡發展。

中國大陸的「承接產業轉移示範區」，最早為「皖江城市帶承接產業轉移示範區」，在2008年成立，而後陸續成立廣西桂東、重慶沿江、湖南湘南、湖北荊州、黃河金三角、甘肅蘭白、寧夏石嘴山、四川廣安、江西贛南等9個「承接產業轉移示範區」。在這10個「承接產業轉移示範區」當中，後面3個是單一市，其他7個都是跨市域計畫，黃河金三角更是橫跨河南、山西、陝西三省，足見其地域之廣、幅度之大。

(1) 均衡區域發展，跨域廣

從這些「承接產業轉移示範區」的規劃內容不難發現，示範區所在的省市政府與地級市，也運用各種獎勵與補助方式，協助轉移產業

的企業群在示範區落戶。同時也要求這些落戶企業，務必要遵守國家各種環境保護標準，並不是讓沿海城市的產業無條件轉移到示範區。

中國大陸沿海城市目前都會公布「產業指導目錄」指明要淘汰的產業，臺商及中國大陸的企業主當然有產業轉型升級壓力，但中國大陸企業主會運用各種新措施或政策來找尋新機會。中國大陸目前所推動的「承接產業轉移示範區」戰略，其實是國際間國家產業轉移的翻版，臺灣的產業發展早期也是承接歐美日等先進國家的淘汰產業來發展臺灣經濟。

目前中國大陸沿海城市的經濟發展，本質上是承接不利臺灣或歐美日等先進國家生產產業，由於中國大陸人口紅利等因素條件，使中國躍升為製造大國，當然也連帶影響區域與城鄉發展不均衡，推動本土版「承接產業轉移示範區」戰略，其主要用意在於避免區域與城鄉發展失衡。

臺商配合中國大陸的「承接產業轉移示範區」進行產業轉移，有些人或許會說：「不需要你的時候，就會請你走路」，從產業發展的各種理論來看，當地方優勢條件消失時，有些產業會必然退出，臺灣的產業過去二十多年移往中國大陸，就是一個明證。

眼前中國大陸欲藉「承接產業轉移示範區」戰略來平衡中西部發展，大多數臺商是中小企業，產業轉移可能須要投入大量資金與取得一些新技術，若只是循往例單打獨鬥，可能無法與中國大陸企業的產業轉移進行競爭，更遑論實現規模經濟。

(2) 為臺商未來布局整合

因此日前「中國大陸經濟發展前景與臺商的挑戰」座談會上曾提出的各種呼籲，實屬正確且必要，但筆者更要呼籲政府，當務之急要

更深入去了解中國大陸這十大「承接產業轉移示範區」的各種規劃內容，才有能力規劃並邀集臺商會商未來產業布局與整合。

　　從目前「皖江城市帶承接產業轉移示範區」的推動初步績效來看，說不定藉由「承接產業轉移示範區」是有機會再為中國大陸臺商創造另一個春天，而這一期望，希望兩岸政府能秉互信互利、攜手合作，共同創造中國大陸中西部有如沿海地區的榮景。

（2014年12月8日 旺報）

5、創新讓深圳競爭力超越香港

　　5月15日中國大陸中國社會科學院發布2015年版城市競爭力藍皮書，十三年來，香港首次掉落榜首，深圳成為中國大陸最有競爭力的城市。若對照日前深圳舉辦「廣東科技創新大會」，深圳成果驚豔世界，可以看出深圳應該歸功於近年來帶動經濟成長的新模式：「創新」。作為中國大陸在2008年規劃的第一個創新型城市，深圳現階段成績，其實是實至名歸，也證明產業或城市的轉型，要靠「創新」。

(1) 強化都市創新能力

　　對照臺灣，多年來產業轉型升級，沒有顯著成績，主因在地方政府缺乏創新能力，協助產業與廠商技術升級或引進。從許多先進國家發展經驗來看，維繫城市或區域競爭力的關鍵，在於創新系統（體系）的建立。

　　南韓於亞洲金融風暴時，國民所得當年腰斬，只有臺灣的一半，但透過城市與區域創新系統的建立，全面發展技術創新能力，讓產業迅速恢復並快速成長，南韓國民所得早在2004年恢復、並些微超越臺灣，目前國民所得遙遙領先臺灣。因此，臺灣確實有必要強化地方政府，尤其是六都的創新能力。

　　反觀中國大陸，於2006年由當時國家主席胡錦濤，在中國大陸全國科技會議上宣布，中國大陸到2020年，要建成創新型國家，目標落實在《國家中長期科學和技術發展規劃綱要（2006～2020）》中，並由國務院發改委與科技部分別制定計畫，推動國家創新型城市方案。發改委負責試點城市有17處，科技部則有42處，有8處重複，

合計全中國大陸試點城市有51處，深圳是所有城市的領頭羊，目前深圳科學園區，有幾千家新創業公司。

中國大陸兩部委的戰略思路，都以提升自主創新為主線。發改委四大任務分別為：加強統籌規劃協調，強化城市創新功能；健全區域創新體系，突出企業主體地位；推進城市產業升級，優化區域產業結構；建設創新友好環境、促進創新產業發展。

科技部的任務有八項：確立城市創新發展戰略；加快經濟發展方式轉變；大力增強企業自主創新能力；加強創新人才培養和創新基地建設；加強創新服務體系建設；營造激勵創新的良好環境；推進體制改革和管理創新。

從這十二項任務內容來看，是大同小異，可互相補充。其中五大戰略為：實施開放創新戰略、產業優先戰略、人才強市戰略、智慧財產權戰略、名牌驅動戰略。六大工程則包括：實施創新載體與體系建設工程；實施產業發展創新工程；實施社會發展創新工程；實施創新人才引育工程；實施智慧財產權保護工程；實施創新環境優化工程。

(2) 個別領先整體落後

從中國大陸創新型城市的規劃或方案內容，其實不難發現，臺灣的城市，尤其是六都，也有建設創新型城市跡象，有些項目甚至如醫療、公共衛生領先中國大陸城市，但就是缺乏一個整體規劃，因此在創新型城市的推動氣勢，臺灣不如中國大陸，創新是世界未來經濟的發展重點，臺灣自然也不例外，深圳市的成功故事值得臺灣深思。

城市創新工作一向不是臺灣地方政府的施政重點，對照中國大陸已有51處城市（區）在推動創新型城市，臺灣各地方政府應該好好補強。兩岸城市合作打造創新型城市議題，可作為臺灣地方政府補強

的第一步，同時提升彼此間的自主創新能力，讓自身的產業能順利轉型升級，並培育未來產業，使經濟發展能持續成長，讓市民不擔憂失業。

（2015年5月26日 旺報）

6、把握中國低碳產業發展的商機

中國國家主席習近平訪美歐成果廣受全球矚目，習近平除與歐巴馬總統發出「中美元首氣候變化聯合聲明」外，更於9月25日宣布將自2017年啓動有關溫室氣體排放價格與總量管制的全國方案，屆時中國大陸將超越歐盟成為世界最大碳交易市場，凸顯中國發展節能減排的綠色經濟。

低碳產業涵蓋農、工與服務業，其關鍵在如何運用低碳技術於各種產業中，低碳技術基本上區分三大類：源頭減少使用（綠色能源技術）、過程控制碳溢出（節能減排技術）、末端處理碳排放（碳捕獲、利用、封存技術），其中綠色能源技術就與蔡英文主席的綠色能源產業相關聯。

兩岸目前空氣品質均亮紅燈，中國的霾害更舉世昭彰，奧運藍、APEC藍、閱兵藍都證明空氣品質是可改善的，就看決策有無決心，習近平宣布減排、顯示中國已有具體想法要對空汙宣戰，到2030年，碳排放量將比2005年降低60%；臺灣若不積極投入低碳發展，除無法解決空氣品質外，還要面對未來經貿市場碳排減量之市場壓力。

中國在十二五期間已對低碳節能宣戰，將節能環保列入七大戰略性新興產業，並入列各省、直轄市、自治區的戰略性新興產業發展規劃；換言之，在習近平訪美前，中國應有作過內部檢討評估節能環保產業之績效，才推出投入66兆美元（約合臺幣198兆）做減碳工作，包括四大直轄市與杭州、成都、深圳、合肥、長沙、青島、大連都有相關規劃，未來十二五期間節勢必會擴及中國大陸各大小城市，達成減碳目標。

習近平訪美這項減排宣示，同時也透露出龐大商機，國民兩黨

候選人要放大視野，不要拘泥在綠色能源產業，應掌握中國大陸這一波減碳趨勢，積極規劃發展臺灣綠色低碳產業，創造臺灣人民與企業更大、更多商機與就業機會。綠色能源產業當然是臺灣未來經濟發展的選項之一，但對照臺灣，扁政府時代，蔡英文時任行政院副院長期間也推出綠色能源產業旭升方案，馬政府時代則演進為綠色能源產業躍升計畫，近期蔡主席的2016總統大選政見依然是發展綠色能源產業，除多一項沙崙園區外，其他重點都與過去規劃雷同，看不到臺灣綠色能源產業發展的前瞻性。

　　中國科學院能源戰略研究單位在2009年時，曾運用國際能源總署（IEA）2008年研究，盤點中國大陸發展低碳產業的關鍵技術，並針對各項技術、成本提出障礙分析，對吾人或許有些借鏡之處。臺灣在空汙防制技術比中國大陸先進，各相關產學研單位不妨運用中國科學院能源戰略研究單位的研究成果，來盤點臺灣有哪些技術不會比國際能源總署2008年研究的技術清單遜色，就可展開臺灣低碳產業，同時爭取兩岸合作，除可解決中國大陸各大城市霾害之苦，也將臺灣的低碳技術做強做大，創造商機，利人利己。

（2015年11月 南方生活報）

7、謙卑借鏡中國大陸產業規劃

即將就職的蔡英文準總統，大選時提出五大產業創新計畫作為產業政策核心，這五大計畫包括：以臺南沙崙為中心的綠能研發中心。以臺北資安、臺中航太及高雄船艦為中心的國防產業聚落。以物聯網及智慧產品產業為中心，坐落桃園的亞洲矽谷計畫。從中研院所在的南港園區、到竹北生醫園區延伸至臺南科學園區，形成線狀聚落的生技產業聚落。在精密機械產業發展最好的臺中，再加上ICT及資訊產業能量，發展智慧精密機械聚落。

(1) 不敷未來就業需求

這五項計畫的能量能否撐起未來就業需求，答案當然是否定的，蔡準總統的產業規劃，需要進一步調整。

日前閱讀到深圳工業發展十三五規劃初稿，包含發展基礎和面臨情勢、指導思想和發展目標、主要任務、重點產業、空間布局、重要工程、保障措施等七章。其中的重點產業規劃，相當值得未來新政府參考，看到連深圳市都提出如此前瞻產業規劃，臺灣政府相關部會與朝野政黨，難道不會自我警惕嗎？

深圳十三五重點產業分五大塊：電子訊息產業、戰略性新興產業、未來產業、優勢傳統產業、生產性服務業。

戰略性新興產業再細分互聯網產業、新一代訊息技術產業、新能源產業、生物產業、新材料產業、文化創意產業、環保節能產業。未來產業則有生命健康產業、海洋產業、航空航天產業、機器人、可穿戴設備、智慧裝備產業。優勢傳統產業包括服裝、家具、鐘錶、眼鏡、黃金珠寶等。生產性服務業計有科技服務業、供應鏈管理、訊息

服務、金融專業服務、檢驗檢測認證、其他專業服務，這些產業包含了蔡準總統的五大產業創新計畫，也可看出未來產業政策要努力的空間相當大。

　　深圳工業發展十三五規劃全文有三萬四千餘字，其中重要工程與保障措施，從臺灣的規劃角度是指執行方案與配套措施，重要工程有強基創新、智慧製造、製造業服務化專項、質量品牌、綠色製造示範、總部集聚、重點企業培育、市場拓展、區域聯動等九項，前五項工程是呼應「中國製造2025」大戰略方案。保障措施則有優化組織領導、加大財政資金扶持、加強金融服務支撐、保障工業用地需求、強化工業人才培養等五項，後兩項正是臺灣「五缺」的項目，當然令我們新政府省思。

(2) 深圳最具創新力

　　深圳是目前中國大陸最具創新力的城市，同時也是與矽谷連結最密切的亞洲城市，雖然是城市產業規劃，卻有許多內容值得參考借鏡，離520就職仍有一段時間，蔡準總統及未來新政府不妨在此期間，多方參考中國大陸其他城市的十三五產業規劃，說不定會幫助新政府找到未來產業發展方向。

（2016年1月26日　旺報）

8、中國C919試飛成功的省思

　　前些日中國大陸民航機產業，在中外4,000多位航太專家的見證下，於上海浦東機場試飛成功，代表中國大陸民航機產業又將邁入另一個新的里程碑，未來全球噴射民航機市場可能將三雄鼎立，若加上早些日成都雙流場也有一架支線中型民航機試飛成功，2017年可說是中國大陸民航機產業豐碩的一年。

　　早些年進入中國大陸的臺商可能有搭乘過俄製民航機，許多人會感覺不舒服，但當年中國大陸航空事業是處處依賴俄羅斯，但隨著改革開放，中國大陸引進美國與法國等先進國家客機後，民航事業快速發展起來，成為美國與法國等國家爭取的大客戶，中國大陸為購機，也付出龐大外，中國的中長期科學與技術發展規劃中，早將民航機列為重點科技發展領域。

　　發展科技最大用途在扶植國家產業，舉世皆然，當產業扶植起來，不但可減少外匯支出，同時又可創造出許多就業機會，C919試飛成功，讓中國大陸民航機產業吃下一顆定心丸，雖然這架飛機許多零組件仍然外購，自主創新的含金量仍有相當努力空間，但自行組裝與試洗成功，就是一個成功的表徵，中國民航機產業勢必會繼高鐵軌道產業之後，成為中國大陸重要輸出產品。

　　配合民航機科技的進展，中國大陸在十二五的七大戰略性新興產業中的高端裝備製造業就有將民航機製造列為一個新項目，十二五期間如火如荼執行，在十三五初期就可以看到具體成果，不得不佩服對岸科技規劃能力與執行力，民航機製造是包括引擎製造以下各式各樣零組件，有一大串生產鏈，可帶動許多機會，這就是為何中國大陸將它列為戰略性新興產業項目，同時亦可協助某些產業與產品轉型及升

級。

　　當對岸在為其C919試飛成功，舉杯慶功之際，臺灣產官學界應該深思的是，為何中國大陸的科技與產業會一再突破並表現亮眼，常常有彎道超車現象，因此期盼蔡總統與新政府相關部會首長，能靜下心來好好虛心閱讀中國大陸科技與戰略性新興產業規劃報告，重新策劃臺灣未來重點科技發展與新興產業規劃，不要讓兩岸的GDP差距更加拉大，同時也可藉由檢視中國大陸的重點科技發展與新興產業規劃，協助臺灣業在紅色供應鏈中，找出合作切入點，使臺灣企業不致被邊緣化。

（2017年8月 南方生活報）

9、守護農田、增產糧食，可學中國大陸

臺灣光復以來，未發生過重大旱災讓臺灣人民餓過肚子，因此臺灣人是不知道「飢餓」是什麼感覺，「飢餓30」這類活動並無法反映出，人在饑荒時代的感受，因此多數臺灣人並不知道糧食安全的重要性。

也因此臺灣一向輕忽農地保護，才有那麼多的「種屋」與「種電」。一旦農地被誤用，就很難再回復生產，目前各部會挖空心思要增加太陽能供電，農地種電成為主力，個人非常擔心如此拚種電，恐怕會惡化臺灣糧食自給率。

臺灣民眾過去是米飯為主食，糧食自給率還差強人意，但隨著國人飲食習慣改變，不再以米飯為主食，糧食自給率每況愈下，處處仰賴進口，殊不知一旦氣候異常，發生大旱、大水、高溫與低寒及蟲害時，所有農作物都會歉收，屆時就會產生糧食危機。各國政府必須四處搶糧來滿足人民基本溫飽，因此臺灣維繫以「稻米」為主體的糧食自給率，應是政府糧食安全的首要工作。

中國大陸為避免上個世紀發生的大饑荒問題，除定下一條18億畝農田數量紅線外，更積極進行各式各樣確保糧食安全工作，如海外開發農田種稻，除協助地主國供糧外，也為中國大陸作儲糧之準備。同時也積極透過生物技術中的轉基因技術，協助提升每公頃的稻米產量，今年更開發出海水稻，已在前些日收割，最高每公畝產量為620.95公斤。

海水稻種植成功，意味著中國大陸100萬平方公里的鹽鹼地可以開發農業耕作，無怪乎中國大陸水稻專家袁隆平院士曾表示「若能利用鹽鹼地，哪怕只是1/10，全國水稻產量就能增加至20%以上，相當

5,000萬噸，足以養活2億人」，對中國大陸與全球的糧食安全貢獻良多。

　　對照中國大陸對糧食安全工作的積極性，臺灣實在汗顏，每當春雨不足時，農業用水尤其是稻田，就會被要求休耕，將用水留給工業使用，而不像中國大陸透過轉基因技術發展抗旱、用水少的稻苗來因應。休耕次數一多，農民會漸漸失去耕作熱情，進而萌生農田轉為他用。臺灣農村目前「種屋」與「種電」亂象，其實是反映出政府對糧食安全工作的不積極。

　　過往臺灣的種稻技術舉世聞名，從過去稻米的產量記錄便可得到證明，因此臺灣地層下陷區的鹽鹼地，政府也可開發「海水稻」或其他抗旱、抗鹼作物來增加農業生產，讓臺灣的糧食安全能獲得更大保障。

　　民以食為天，照顧好民眾的溫飽，是政府的天責，因此農政單位應向中國大陸看齊，發展海水稻或抗旱節水稻來協助農民種稻，並改善稻米存放技術與新型糧倉，提升臺灣糧食自足率來因應未來氣候變遷所引發的糧荒。

（2017年12月8日 旺報）

四、港澳

1、借鏡香港十大角色，臺灣還有機會

　　日前有機會翻閱香港報紙，看到報導港府對中國大陸「一帶一路」的十大角色定位時，感慨萬千。面對中國大陸的另一波發展浪潮，港府的積極作為，值得朝野總統參選人深思。

　　香港戰略規劃的十大角色為：一、融資中心，二、離岸人民幣服務中心，三、國際資產管理、風險管理及跨國企業財資中心，四、貿易中心，五、全球運作支持中心，六、航運中心，七、國際法律及解決爭議服務中心，八、總部及專業服務支持中心，九、人才培訓基地，十、人文交流中心。

　　從媒體報導內容看，其中的部分角色，臺灣說不定比香港更有機會發展。不禁令人回想二十年前，蕭前副總統擔任經濟部部長時，提出的「亞太營運中心」規劃，在李登輝主政後期的「戒急用忍」及2000年的政黨輪替下，胎死腹中。

　　對照中國大陸，承續臺灣當年「亞太營運中心」相關規劃觀念，將上海市發展成航運、貿易及金融中心，東莞發展成全球電腦製造中心，同時中國大陸沿海城市紛紛開展各種中心角色規劃，其成果就是目前沿海主要大城市的GDP快速成長。這說明，當有機會時，不知及時把握，吃後悔藥已來不及了。

　　坦白說，臺灣目前的發展狀況，可能比不上香港，但是並不代表臺灣就沒有機會，只要相關部會願意用國際化以及去本位化的心態，拋棄沒有必要的法規與制度包袱，臺灣依然有競爭力與機會。

　　「戒急用忍」阻礙了兩岸正常關係發展，也讓臺灣經濟發展原地踏步空轉二十年；面對中國大陸「一帶一路」戰略下另一波機會，朝野總統參選人，應以臺灣未來發展為己任，積極規劃臺灣未來角色與

因應之道。

　　1997年回歸中國大陸前夕，香港人對於未來發展感到迷思與恐慌，經濟發展的確產生重挫，但是，港府回歸後能夠靜下心來，並且以開放態度積極配合中國大陸各種規劃，積極發展本身角色扮演，讓香港經濟比回歸前更加蓬勃發展，將臺灣經濟拋卻在後。

　　香港成功事例，在於港府的積極開放態度，盼望爭大位的政治人物能借鏡香港十大角色，規劃出臺灣未來發展方向。

（2015年9月19日　聯合報）

2、振興觀光的溯本求源之道

今年是蔡總統完整執政的一年，從9個多月的來臺旅客人數來看，今年應達不到馬政府時代的1,000萬人次，目前蔡政府正大力推鼓勵東南亞各國民眾來臺觀光，主要藥方是給予「免簽」，希望能讓大量東南亞人民來臺，讓來臺觀光人次數字不致太難看。

但問題在東南亞有些國家如泰國、菲律賓，並未對等讓我國旅客免簽，讓中華民國受到「屈辱」，且對泰國免簽的後遺症助長不肖泰國女性來臺「賣淫」，恐怕未來菲律賓的開放也會有同樣情勢，希望政府部門不要因來臺觀光人數減少數字，要面子而做出錯誤決策，其實觀光產業振興不能光靠免簽，回歸專業觀光產業規劃才是正途。

沒有對東南亞各國免簽前，臺灣近十年的入臺觀光人次，陸客占大宗，陸客來得多，臺灣有不少民眾感覺不清靜而排斥，但個人要指出，包括陸客人數在內，來臺觀光人次到前年與去年才突破千萬大關，千萬人次沒什好驕傲，新加坡、香港、澳門這些小島旅遊人次都超過2,000萬，臺灣比這三個地方大上好幾倍，它們做得到，臺灣更有條件做得到。個人觀察這三地方的政府都非常重視觀光業，同時會定期提出旅遊（觀光）規劃或戰略來攬客觀光，因此做好旅遊（觀光）總體規劃，才是振興觀光根本之道，免簽是配合措施，不能像目前當主藥。

前些日，澳門政府公布最新澳門旅遊業發展總體規劃，其總體目標為打造澳門成為世界旅遊休閒中心，同時讓遊客人次在2030年突破4,400千萬人次，計畫共提出八個關鍵目標分別是：增強多元化的旅遊產品；提供服務品質和技能；塑造多日旅遊目的地形象，拓展高價值旅客市場；優化城市發展模式；管理澳門旅遊業的承載能力；部

署和應用創新科技；強化旅遊業協助；鞏固澳門在區域和國際旅遊領域的核心旅遊城市定位。圍繞這八目標，澳門政府提出33項策略與91項具體行動計畫，這91項計畫中，69個為五年短期行動計畫，19個為六～十年的中期計畫，3個十年以上的行動計畫。

　　澳門規劃中的豐富旅遊產品和體驗方面的規劃是臺灣目前欠缺，澳門政府採引入海上旅遊產品，提出五年內支持推出海上觀光遊項目，支持出租遊船項目及持續開展更多的水上體育活動。其六～十年規劃為完善和優化遊艇旅遊設施、協助及促成國際水上運動賽事。另一項豐富旅遊產品為開發標誌性旅遊設施，其短期建議為升級擴建大賽車博物館和重新塑造葡萄酒博物館，持續開發「寓教於樂」家庭旅遊設施；六～十年計畫則推動特色主題公園的開發，整合利用現有設施，開發多用途會議展覽中心，十年計畫的目標則是於新城區建設城市文化地標，凡此澳門種種的旅遊產品和體驗的開發，臺灣不是可以好好借鏡嗎？

　　個人觀察臺灣發展觀光產業，一直缺乏好的旅遊業發展總體規劃，沒有足以吸引人的旅遊方案，要爭取非陸客觀光客相當困難，未開放陸客時，來臺觀光人數未超過300萬，就可證明。因為有「九二共識」基礎，陸客在臺灣沒有完整旅遊規劃情況下仍相當捧場，但沒有完整完善規劃的後果，就是讓臺灣民眾與陸客都有怨聲。從目前世界各旅遊大國如英美法西及鄰近日韓兩國都在爭取陸客，沒有陸客，臺灣觀光人次要突破千萬困難度相當高，因此個人認為蔡政府下一階段的觀光發展，若不重視旅遊業發展總體規劃，陸客與非陸客都不會進門。澳門的當下經驗相當有參考價值，其總體規劃報告詳細版

有300頁，摘要版則為83頁，關心臺灣未來觀光產業業者與民眾可在 http://masterplan.macaotourism.gov.mo/網頁下載閱讀。

（2017年11月1日 工商時報）

參、兩岸篇

一、兩岸產業合作與對接

1、兩岸共謀食品安全產業化

　　食用油事件愈演愈烈，波及廠商愈來愈多，再加上美國牛肉含有超標和毒性更強的瘦肉精，顯示臺灣食品安全的管控確實出了狀況。長久以來，臺灣，「食品安全」管控顯然不夠嚴謹，因此，「病死豬」、「生鮮蔬果農藥殘留」等問題經常見報，政府只是出事後取締一陣子，隨即無疾而終，使得相關食品安全事件一再發生、重演。對照中國大陸「黑心食品」，嚴重性比臺灣過之而無不及，因此食品安全問題已成兩岸人民共同關注的話題，當然兩岸就可攜手共同合作，使兩岸人民能吃得安心。

　　兩岸的《食品衛生管理法》都已加重刑責，但消費者還是一再無辜受害，「賠錢生意無人做，殺頭生意有人做」，盼望臺灣修法時，應將類似「毒澱粉」及「塑化劑」事件的廠商一經查出問題，即可馬上啟動查扣財產行動，讓商家或業者無法逍遙享受其不法所得，讓其財富歸零，讓廠商或業者不敢做黑心事。

　　但碰到政府執法不力或怠惰時，民眾還是會繼續受苦，因此建立完整的食品安全管理機制，是避免「黑心食品」、「毒食品」、「食品中毒」等不幸事件一再重演的關鍵。

　　這套食品安全管理機制可以形成一項產業，國外也剛起步，兩岸可運用臺灣目前ICT技術的優勢條件，將整個食品生產過程，從原料生產、分裝、加工、銷售透過無線射頻技術、無線感應器技術、定位技術以及雲端計算技術整合一起，並使分散在各部會的檢驗、查證工作無縫連成一體，建立完善的食品安全體系，如此將使食品安全工作踏入一個新的里程碑，並將這個想法付諸實現到中國大陸各地區，不但能增加臺灣的就業機會，也能帶動中國大陸各省市就業機會，使兩

岸人民能安心過生活。

危機管理的最高準則是防患未然，解決危機最佳方式是化危機為轉機。

此次食用油事件的確再重創臺灣形象及打造「美食王國」夢想，但透過ICT技術是可建立新的「食品安全」管理系統，也可能是打造「臺灣美食王國」的新機會。

但更重要的是，這次食品油事件可能是兩岸建立另一項新產業的契機，期盼兩岸ICT業者能針對自身強項，共同分工攜手合作，規劃與生產這個新產業的相關產品與服務，使這個產業能在臺灣試驗成行，倘若成功，就可複製在中國大陸各省市，兩岸攜手合作的食安產業，將成為全球新產業的點。

（2013年11月25日 旺報）

2、兩岸攜手共創綠色繁榮

中國大陸霾害日趨嚴重、加上黃浦江病死豬漂流事件，以及最近公布有近5,000萬畝良田受到汙染，影響糧食供應，這些情勢其實是改革開放三十多年的後遺症。對照臺灣導演齊柏林的《看見臺灣》也把臺灣造就經濟奇蹟的環境過度開發與汙染問題做一總結。兩岸人民一直因經濟成長而犧牲自己生活環境，但隨著國民所得提升，許多人民開始省思要不要為經濟成長，犧牲環境，賠上健康，環境保護與經濟成長對立與拉扯，就是這樣產生。

聯合國在2008年提出「綠色經濟」、2009年倡導「全球綠色新政」到其外圍組織OECD最新系列GREEN GROWTH叢書，不難發現環境保護與經濟成長是可並存的，就看政府有沒有決心、企業有沒有良心要積極面對環境破壞問題；對照一些OECD國家如南韓、新加坡、荷蘭、紐西蘭都有制訂綠色成長計畫，也有許多城市推動綠色成長，如瑞典斯德哥爾摩市、日本北九州市，它們的故事，正透過GREEN GROWTH叢書分享，這些OECD國家將「節能減碳」工作成為國家經濟成長的新動能。

南韓是最經典推動綠色成長計畫國家，它的處境與臺灣極為相似，都是能源、資源缺乏國家，在1998年金融危機經濟重創，2004年已回復元氣，但2008年又碰到另一波金融危機，此刻南韓大統領李明博斷然提出「綠色成長戰略」，將綠色科技成為其應付危機的戰略手法。

南韓綠色成長戰略可歸納為三大目標、三大重點、六個新成長點、十五項朝陽領域技術，此外，韓國綠色成長委員會在第四次會議也制定綠色成長三大戰略，其中改善生活品質與提升國家地位包括綠

色國土、綠色交通及生活的綠色革命。

　　坦白說，我政府2010年「國家節能減碳計畫」眞的過於消極，並未積極發展成節能環保產業，僅做到南韓綠色成長戰略三大目標的一項內涵，因此南韓在2010、2011先後與歐盟、美國簽訂FTA，其實是綠色成長戰略加速其達陣。目前經濟部工業局也在進行「產業綠色成長推動計畫」，讓我們看到臺灣綠色經濟領域呈現各自為政，缺乏整體發展戰略。

　　中國大陸其實也注意到環保問題，早在「十一五」期間就推動「循環經濟」，同時也看到南韓綠色成長戰略成功，因此更在「十二五」積極推動「中國綠色經濟發展機制和政策創新研究」來統合環保節能等產業規劃，而其《十二五規劃》的七大戰略性新興產業就是反映中國大陸追求綠色經濟成長決心。

　　因此兩岸可就環保節能、綠色經濟產業進行技術盤點，找出各自強項來交流，並分頭解決各自環境問題，帶動兩岸環保節能等產業規劃成長，使環保節能等產業成下一波經濟成長引擎，除可解決未來「綠色壁壘」貿易議題外，同時還給人民「藍天、綠地、淨水」，讓兩岸人民共享綠色成長繁榮紅利。

（2014年2月12日 旺報）

3、兩岸智慧城市，無限商機

　　中國大陸十二五時期所揭示七大戰略性新興產業之一的「新一代訊息技術產業」是中國大陸推動「智慧城市」工作產業化具體表徵，也是帶動中國大陸「城市轉型」與加速「城鎮化」的重要引擎。

　　所謂智慧城市是指城市政府善用「雲計算」、「互聯網」、「物聯網」等新一代訊息與網路技術，讓城市治理更高科學、高效與透明，使民眾生活更安全、便利與精緻。中國大陸在2010年公布〈中共寧波市委、寧波市人民政府關於建設智慧城市的決定〉就開展這個議題，其後北京、上海、廣州、深圳、武漢、南京、無錫、佛山也紛紛跟進，這一股潮流就種下「新一代訊息技術產業」根基。

　　前寧波市長毛光烈總結寧波市智慧城市推動經驗，提出智慧城市建設要圍繞需求導向，突出服務，創新技術，培育市場，創新商務模式，創新體制機制，創新實現的形式，形成標準體系，帶動產業發展。總結經驗，毛光烈推動浙江全省十五項智慧城市工作，衍生許多硬體與軟體的研究、開發與生產，自然而然就會產生許多工作機會。環視目前各先進國家主要城市，也紛紛朝智慧城市發展，如U-首爾，U-大阪，就可看到智慧城市無限商機。

　　臺灣2014年智慧城市展日前落幕，從論壇內容，可看到臺灣ICT業者對智慧城市無限商機是充滿期許，同時臺灣部分縣市也提出在智慧城市應用的成果，這些成果也獲得國際組織肯定，其實這些成果是可發展成一項產品或產業，廣泛應用在各縣市，而扎實成為一項新產業或新商機。

　　這就是目前我們中央與地方政府需要共同努力之處，毛光烈寧波智慧城市經驗也透露出產業化須要地方與中央政府緊密合作協調，方

能奏效。

　　兩岸現階段智慧城市發展重點有所重疊，如智慧醫療（健康），也各有不同領域，如智慧汽車動力智慧服務，是一項值得交流合作議題，中國大陸十二五規劃的城鎮化工作重點，勢必會帶動更多城市推動智慧城市，是智慧城市所衍生的「新一代訊息技術產業」無限商機的好時機。

　　臺灣ICT產業的電腦與手機產業聞名與世，造就兩個品牌，但兩個品牌並未運用原先優勢進軍中國大陸市場，錯失再茁壯機會，也讓中國大陸自有品牌發展起來，造成其目前經營困境，因此未來智慧城市所衍生的「新一代訊息技術產業」，臺灣ICT業者應借鏡過去硬體產業錯過時機的教訓，好好釐清自己的優勢條件，把本身技術標準化，應用在兩岸各大中小城市，通行全中國，達到產業化目標，嘉惠兩岸人民能共享「新一代訊息技術產業」所帶來各種便利生活，同時也厚植兩岸新一代產業。

（2014年3月10日 旺報）

4、張志軍主任到訪高雄的錯與失

　　國臺辦張志軍主任日前赴臺參訪臺灣，一方面回禮陸委會王郁琦主委3月赴中國大陸參訪，另一方面也落實中國大陸對臺工作的「調訪」，來真實體驗臺灣民情風俗。期間也安排與高雄市陳菊市長會面，儘管會面地點有不少數民眾在抗議，但警方還能進行一定管控，讓上午會談賓主俱歡；不料晚上張主任與陸委會王郁琦主委在臺二次會面時，竟然發生「潑白漆事件」，嚴重危害張主任人身安全，儘管陳市長在第一時間有致電道歉，但卻在媒體質疑警方對施暴或違規民眾有無過當問題，充分曝露陳市長還是袒護同路人，不顧高雄市多年形塑友善城市形象，這個錯誤勢必會影響未來高雄市觀光產業以及爭取重大活動來高雄舉辦的機會。

　　張主任的行程安排來高雄是做球給高雄市政府，陳市長是可好好反映高雄市目前的兩岸交流種種問題，如臺灣中南部的重要產業鋼鐵、石化、面板、農漁產品並未因ECFA簽署而真正受惠，目前又面臨中韓FTA簽訂後市場流失壓力，同時旅遊業又因中國大陸業者的「一條龍」作法，讓南臺灣業者根本無獲利空間，甚至賠本經營，進而質疑兩岸經貿往來的成效，如果陳市長在會面當下反映上述問題，張主任若允諾帶回研究，這對陳市長而言是大功德一件，很可惜陳市長漏失這一件好事。

　　張主任此行有半數行程在中南部，但因「潑漆事件」，取消一半行程，對張主任而言畢竟是件憾事，個人深盼張主任不要因此事而中斷下次造訪高雄，更期盼陳市長今後能做好「東道主」責任，好好維護訪客人身安全，畢竟人身安全人權是高於言論人權，對一再挑戰警

方執法民眾不要一味袒護，而影響高雄市友善城市形象，也期盼高雄
市政府能記取張主任此行的各種缺失，做好下一次民共交流準備。

（2014年8月 南方生活報）

5、兩岸產業對接刻不容緩

　　日前中韓元首高峰會後，南韓朴大統領拋出南韓十三項成長動力產業要與中國大陸七大戰略性新興產業對接，個人不禁又要擔憂臺商在中國大陸的產業轉型或升級，以及開創新事業的機會，會再次受到南韓人的侵蝕，因此呼籲政府要加快臺商與中國大陸產業對接工作。

(1) 認識規劃，整合臺商

　　政府要協助臺商對接中國大陸，第一個首要問題，是認識中國大陸各省市或地級市以上城市的產業規劃，中國大陸目前資訊還未十分透明化，個人近日整理出79個城市的產業規劃，與中國大陸的地級市以上數量還不到1/3，就可想像。

　　但從這些城市的各項產業規劃內容，如先進製造業、高新技術產業、現代服務業、工業轉型升級以及戰略性新興產業都可看到，中國大陸各城市要追求的目標與企圖心，也點明有哪些企業，將要運作或要發展引進哪些技術？

　　這些規劃內容，有些可能還尚未推動，是臺商要在中國大陸，進一步成長的好切入點，盼望政府與各地臺商協會，能認真研究中國大陸各城市產業規劃，都是中文資料，南韓人還無法在第一時間，消化運用，機不可失，希望政府及臺商，不要擁有寶山，還不知寶山好。

　　整合臺商力量，是對接中國大陸產業第二項工作，不管是戰略性新興產業、先進製造業或產業轉型升級，都需要大量資金、人才、技術與智慧財產權，這些都不是一般中小企業型臺商所能負擔，有些臺商有轉型升級或新技術，但就是缺乏資金，因此政府應盡速成立臺商產業合作平臺，讓臺商彼此之間能自己知道所長所短，才能知所取捨

的合作，將自家人整合後就可鎖定要合作的城市與企業，大項目的合作對兩岸都是一種相互保障，比較不會發生股權被侵蝕糾紛。

(2) 整合臺銀設陸分行

對接產業的城市決定時，政府第三件工作，就應整合臺灣各家銀行，到合作城市，進行分行設立工作，讓臺商與對岸合作廠商，都無資金壓力，使其技術研發、引進及產品生產與拓展，都無後顧之憂，就有可能，讓兩岸廠商合作愉快，同時也讓目前臺灣各銀行的充沛人民幣存款也有貸放出路，是一種兩岸雙贏的工作。

而這一項工作雖然受《服務貿易協議》進度有所延後，但就兩岸產業對接未嘗不是一件好事，希望今後臺灣各銀行設立分行工作能結合服務臺商，使臺商產業轉型升級能成功，讓臺灣產業能永續經營。

藉由中國大陸產業轉型升級，或發展戰略性新興產業與先進製造業，其實，也是目前臺灣產業轉型升級機會，但多數國人，對中國大陸資訊不清楚或不知，進而產生誤解與恐中仇共，而白白錯失許多機會，在野黨及其同路人，一直詆毀對岸。

相形之下，南韓與日本始終想要中國市場，我們臺灣一不留神，許多機會就會被日韓搶走，尤其是南韓趁中日關係緊張，大搶日本在中國大陸市場，將來更會趁《服貿議》、《貨貿協議》延宕搶奪臺商市場，期盼政府、臺商以及朝野政黨，能加強對中國大陸、尤其是城市的產業規劃，鼓勵臺商與對岸產業對接合作，不要讓臺灣產業轉型升級機會落空或延宕。

（2014年8月1日 旺報）

6、攜手合作公共安全產業

　　兩岸近一個月確實不平靜，空難、氣爆與地震，如何將城市打造成安全城市，是國家領導人與地方首長的責任，中國大陸安徽省的戰略性新興產業，除了有國家要發展七大戰略性新興產業，更積極將公共安全產業列為戰略性新興產業，其省會合肥市更在十二五期間具體提出公共安全產業發展規劃。

　　按合肥市的公共安全產業發展規劃內容，可區分五大領域：反恐安全領域、資訊安全領域、交通安全領域、防災減災領域、食品安全領域。其實，臺灣各級政府與產業界也早在進行，只不過臺灣受限市場規模小，無法進一步商品化與量產，技術也無法進一步突破改進，因此兩岸在公共安全產業化議題上確有攜手合作空間，可彼此互利共同嘉惠兩岸人民的安全保障產業。

　　檢視合肥市的規劃，可看到安徽省與合肥市的企圖心，也積極規劃各種公共產業創新體系建設，包括大力培育和引進骨幹企業、規劃建設合肥公共安全產業園、組建合肥公共安全技術研究院、構建公共安全產業研發平臺，透過這些工作，落實積極扶持這項戰略性新興產業。臺灣相關業者應好好研究，讓本身的技術或產品是中國大陸未來市場所需，就有機會讓自己做大做強，透過中國大陸市場規模效益降低成本，讓臺灣民眾與產業也能夠受惠。

　　這份規劃內容也透露出中國大陸公共安全產業偏重災害預防，在救災、復原與安置災民的產業並無著墨，而臺灣過去十多年來累積不少救災經驗，也發展不少產品，可與中國大陸互補。

　　兩岸產業能合作對接的機會相當多，端看兩岸業者與政府主事者有無遠見願意攜手合作，合肥市的公共安全產業正是一個對接機會。

（2014年8月12日 旺報）

7、兩岸服務業聯手超韓流

目前臺灣人生活水準享受，可自豪服務業優於中國大陸，但隨著平均國民所得提升，中國大陸民眾漸漸重視生活品質，也格外重視服務業，加上主要城市或沿海城市近年也面臨產業轉型，服務業的引進變成各城市產業發展規劃的重點。中國大陸當局在十二五期間推出服務業發展規劃，讓各省市及各城市規劃參酌。

(1) 發展企圖心嫌不足

中國大陸十二五服務業的發展規劃，將服務業區隔四大領域：生產服務業、生活服務業、農村服務業及海洋服務業；其中生產服務業包括金融服務、交通運輸、現代物流、高技術服務、設計諮詢、科技服務、商務服務、電子商務、工程諮詢服務、人力資源服務、節能環保服務、新型業態與新興產業等12項。生活服務業則包括商貿服務、文化、旅遊、健康服務、法律服務、家庭服務、體育、養老服務、房地產等9項。

對照臺灣在2010年提出的十大重點服務業來看，臺灣服務業發展的企圖心比較不足，在這一波產業轉型規劃，似乎可參考中國大陸服務業發展規劃，來強化臺灣服務業未來發展，創造民眾就業機會。

臺灣雖然在2010年就提出美食國際化、國際醫療、流行音樂與數位內容、會展產業、國際物流、高科技及創新產業籌資平臺、都市更新、WiMAX產業、華文電子商務、高等教育輸出等十大重點服務業。其中美食國際化、國際醫療、流行音樂與數位內容、都市更新屬生活服務業；會展產業、國際物流、高科技及創新產業籌資平臺、WiMAX產業、華文電子商務、高等教育輸出屬生產服務業；與中國

大陸生活服務業對照，臺灣發展的生活服務業的發展空間相當大。

如商貿服務、文化、旅遊、健康服務、法律服務、家庭服務、養老服務等七項，都是目前臺灣優勢產業，希望相關部會能及時提出因應計畫，掌握商機。

而生產服務業這一區塊是目前臺灣與先進國家相比仍處與弱勢狀態，也是臺灣應強化的區塊，兩岸是可聯合一起發展，或臺灣與其他國家合組企業，在中國大陸市場發展都是臺灣未來戰略方向的選擇，這兩大區塊服務業發展是可帶給臺灣相當數量的就業機會，並協助臺灣產業結構調整與轉型，值得政府積極投入。

(2) 攜手合作海域服務

中國大陸在兩岸服務業合作，其實在十二五規劃中亦有規劃，如金融、海運、物流（冷鏈）、文創、電子訊息（無線城市）、郵政、會展、農產品檢疫檢驗及教育進行合作對接，並指定廈門與平潭先行先試進行深化合作，可看出中國大陸對臺灣的善意，這些善意若能與《兩岸服務貿易協議》生效，將更可擴大更大效果，進而帶動臺灣更多服務業機會，兩岸服務業未來是會呈現一種競合情境，哪些服務業是彼此競爭，哪些是攜手合作，都須要各相關部會及時因應。

除此之外，中國大陸服務業四大領域的農村服務與海洋服務，前者從臺灣富麗農村的服務業發展經驗，臺灣其實是可好好整理出一套作法，配合生活與生產服務業的樣態發展，是可進軍中國大陸廣大農村市場；而海洋服務業這區塊，除海上運輸外，臺灣其實也一直未重視，兩岸在此領域是可攜手合作兩岸海域服務業。

南韓在日前也提出新經濟計畫要發展七大服務業，一旦中韓FTA簽訂後，服務業大舉進入中國大陸市場在所難免，因此呼籲在野黨不

要再杯葛《兩岸服務貿易協議》，否則服務業中國大陸市場又會被南韓人搶走，屆時後悔就來不及，盼望在野黨能盱衡時局、放下成見，為民眾造福。

（2014年8月26日　旺報）

8、兩岸攜手發展海洋經濟

　　兩岸過去嚴重對立，限制人民在海洋發展，空有廣大海域卻僅能從事最粗獷的漁業，對國計民生貢獻有限。也由於對立的禁忌，連帶影響對海洋事務與海洋科學的重視，因此兩岸在海洋領域的發展是落後許多先進國家。近年來東海、南海海域因有豐富的海洋資源而紛爭不已，兩岸應攜手發展周邊海域資源，創造海洋經濟，為下一波經濟發展奠定基礎。

　　臺灣目前沒有類似2003年中國大陸公布的《全國海洋經濟發展規劃綱要》，相對而言，臺灣不比中國大陸重視海洋經濟。中國大陸從2003年開始，沿海省市紛紛展開制定海洋經濟發展規劃，此後中國大陸就大量投入人力、經費於海洋經濟各項議題來積極開發海洋資源，發展海洋科技與產業，並積極維護海權。

　　除中國大陸沿海十一省、市、自治區（遼寧、天津、河北、山東、江蘇、上海、浙江、福建、廣東、廣西、海南）外，其轄下沿海城市也都在十一五、十二五期間制訂海洋經濟發展規劃；對照臺灣目前的六都，除臺北市不靠海，其他五都都有海岸線與港口，但從其施政規劃卻看不到完整海洋經濟整體政策。與中央政府一樣，有心但缺乏具體行動來發展海洋經濟，因此未來有海岸線的五都市長，可以好好參考目前中國大陸大型沿海城市（大連、天津、青島、上海、杭州、寧波、福州、廈門、深圳、廣州）的十一五、十二五海洋經濟發展規劃，讓臺灣沿海五都能有新能量來發展經濟。

　　2001年聯合國在其所公布的《二十一世紀議程》文件中，就揭露二十一世紀是海洋世紀，海洋將成為國際競爭的場域，因此美、日、英、法、德、澳等先進國家，早在上世紀80年代就著手發展海洋

科技，預做海洋經濟發展的準備。在海洋漁業、交通運輸、油氣、濱海旅遊、船舶與工程裝備製造、海鹽及海洋化工、海水利用、海洋生物醫藥等產業發展趨勢，可看出兩岸顯然是落後前述各國，為確保兩岸海洋資源的開發主權與利益、發展未來兩岸經濟，兩岸確實有攜手合作發展海洋經濟的必要。

　　海洋經濟規劃的產業發展項目，包括海洋漁業、海洋交通運輸、海洋油氣、濱海旅遊、海洋船舶與工程裝備製造、海鹽及海洋化工、海水利用、海洋生物醫藥，海洋服務業等九大項，臺灣除在海洋漁業、海洋交通運輸以及船舶工業的遊艇產業會比中國大陸稍具優勢外，就其他項目的比較，目前中國大陸已走在臺灣前方。臺灣靠海，但一直忽略海洋，五大靠海都市也僅有高雄市有建制海洋局，但高雄市政府的海洋局與中國大陸沿海大城市的海洋局相比較，規模與執掌也差了對岸一大截，因此臺灣在發展海洋經濟的領域上，還要加把勁才行。

　　從目前南海、東海海域的紛爭，可看到各國對海洋資源開發的迫切需求，宣示主權是表面，其實各國真正在意的是臨近海域的各種資源。臺灣在海洋經濟的發展比先進國家落後一大截，許多海洋科技也掌握在歐美及日本先進國家手上，要突破這種困境，兩岸可從海洋科技發展項目，作為兩岸攜手發展海洋經濟的第一步。但合作之前，中央與靠海的五都及其他縣市政府也須開始積極進行海洋經濟發展規劃，才有能力及方向與對岸港灣城市商議各種議題。

（2014年9月12日 旺報）

9、低碳經濟是兩岸共同壓力

　　紐約聯合國總部日前召開氣候變遷高峰會，會前的一些數據公布，值得兩岸各有司機關深切檢討，共同為地球暖化問題所引發的嚴峻議題盡力，舒緩氣候變遷。

　　中國大陸是目前世界碳排放最大國家，人均7.2噸；對照臺灣碳排放量，全球排名24，但人均為11噸，高居全球首位，高出全球平均數5噸的2倍多，也比中國大陸高出許多。中國大陸是總量第一名；臺灣是人均冠軍，這兩個頭銜對兩岸而言是不光彩，因此兩岸當為節能減碳工作多加把勁。

　　日前英德法三國駐臺代表聯合在臺灣媒體投書，希望臺灣政府部門與民間能積極開展綠色、低碳經濟，就英國而言，其人均碳排放為2噸，臺灣是英國的5.5倍，英德法三國當然認為臺灣有許多努力空間，也表達未來低碳標準會與臺灣對歐盟的經貿議題息息相關，因此政府應痛下決心好好落實減碳工作的推動，利人也利己。

　　從世界的輿論風向可發現，兩岸在碳排放都被歐洲主要國家盯上，這也是兩岸在歐洲市場落後南韓的主因，南韓在2008年推動綠色成長戰略，追求低碳經濟，因此成為東亞地區第一個與歐盟簽訂FTA國家，兩岸要想維繫歐盟市場，綠色低碳是必走之路。

　　中國大陸在十一五期間就展開推動「循環經濟」，某種程度是重視汙染排放問題，並設法透過3R減輕汙染與資源再利用，而十二五期間更積極將「節能減碳」作為戰略性新興產業；對照臺灣政府相關部門也有推動相關節能減碳工作，但如駐臺代表所言的還不到位，因此江院長有必要統合相關部會力量，積極規畫臺灣綠色經濟（低碳經濟）成長戰略，並讓節能減碳也成為臺灣未來新興產業。

　　中國大陸在節能減碳的未來規劃分三大部門進行：工業部門、交通運輸部門、建築部門；這些部門的技術及時發展，對中國大陸碳排放的減量將有很大助益，推估2050年將可減少碳排放48億噸。

　　兩岸在經濟發展過程中都遭遇環境汙染問題，中國大陸近幾年有下定決心，有些地區確實有做出成績，但對空汙及霾害一直無法有效突破。前述80項減碳關鍵技術的發展，並規劃為戰略性新興產業，展現中國大陸解決空汙及霾害的更大決心；對照臺灣比中國大陸早發展二十年，也比中國大陸更早經歷環境問題，但始終無法有效解決環境問題，環保產業無法有效規模化是主要原因之一。

　　眼前環境議題與經貿問題是綁在一起，碳排放不有效解決，勢必會影響臺灣未來出口，而出口又攸關臺灣未來經濟成長，因此兩岸應在減碳議題好好合作，共同發展減碳關鍵技術，並將節能減碳工作產業化，變成未來新興產業，共同應對氣候變遷，使兩岸人民有宜居生活環境，並避免氣候變遷所引發的諸多災害。

（2014年9月26日 旺報）

10、開放兩岸高等教育競爭

2009年臺灣就將「教育」列為十大重點服務業，主要用意為希望擴充海外招生，包括陸生來臺；五年來有何績效，從兩所大學停招退場就可看出。

今年各校新生招生狀況有近4、50所學校低於60%，顯示臺灣高等教育出現崩解危機，也凸顯教育部這五年來的海外招生成果並無法解決補充生源不足危機。

目前教育部在國發會「自由經濟示範區」的規劃下也提出「教育創新」的開放政策，希望歡迎國外著名大學來臺設分校或分班，吸引更多外籍生來臺灣就學，同時取得歐美名校的學歷。這些配套措施的辦法是錦上添花的措施，是僅對那些招生不錯的學校開放申請，對那些招生不理想的大學院校，是看得到而吃不著，同時無助於私校退場。相較之下，中國大陸的開放措施或許值得參考。

中國大陸的高等教育，許多人也許會覺得比臺灣要保守與落後，但從目前一些全球大學評鑑資料來看，中國大陸985或211的名校的表現，有些是超越臺灣的。從世界各地的名校到中國大陸設分校來看，中國大陸的高等教育一點也不保守：英國諾丁漢大學、利物浦大學、美國紐約大學、杜克大學都分別在寧波、西安、上海、昆山設分校的事實，就可證明中國大陸的開放措施是有超越臺灣。

目前中國大陸開放設校有二種類型三種方式：第一類型為具有獨立法人資格的大學，可進一步分為兩種方式，一種是透過與中國大陸合作創辦校區，如紐約大學與上海華東師範大學合作；利物浦大學與西安交通大學合作；杜克大學與武漢大學合作；另一種是直接在中國大陸開設分校：如寧波諾丁漢大學是由英國批准認證的海外分校。第

二類則為不具備獨立法人資格的高等教育機構，如上海交通大學與美國密西根大學合作的上海交通大學密西根學院。

　　因為中國大陸民眾希望取得美國或其他國家知名學校的學歷與先進知識，陸方勢必會進一步在其他省市運作，中國大陸愈開放，臺灣的機會相形之下就會受排擠。臺灣要將「教育」形塑成產業的機會就會變低。

　　臺灣要將教育形塑成產業，其實是有相當利基，很可惜政府未凸顯出來；目前陸生來臺紛紛感受到生活環境方便舒適與醫療環境完善，是他們願意來臺短期交流主因，因此，他們並不在乎臺灣交流的學校是否是名校，教育部應善用這兩項利基。同時也讓私校退場，但校園可再充分利用，作為國外大學設立分校之用，說不定也可讓原私校的教職員工有新工作機會，解除一些私校關校危機。

　　東亞地區的學子到歐美留學人數相當多，在東亞地區設歐美名校分校是未來一種趨勢，就地設分校可能會有擴大就讀規模，它有可能會排擠臺灣的高等教育就學人數，但名校的學費就是一個「貴」字，並非人人負擔得起。不過臺灣的大學不必太緊張，因中國大陸及東南亞新資產階級的興起，會更重視學歷與學力，因此臺灣應好好把握此一趨勢。

　　臺灣若能爭取十來所名校來臺，配合目前臺灣各大學的東南亞招生成果，臺灣的「教育」產業是可形成，並帶動相關服務業發展，亦可增加臺灣就業機會。中國大陸教育政策開放積極，盼望教育部仔細參考中國大陸的突破性作為，為教育產業創造成功契機。

（2014年10月7日　旺報）

11、文創扎根地方，發展兩岸品牌

　　兩岸城市文創經濟合作發展論壇13日在臺北舉辦，從最近十年來，兩岸不約而同將文創產業視為城市產業轉型的主導產業，中國大陸不少城市更將其作為現代服務業的重要內容，也單獨立案，在十一五、十二五期間，提出文創產業發展規劃，就可明白商機無限。對照臺灣各地方政府，除臺北市有具體規劃、並付諸推動執行外，其他地方政府有推動、但缺乏完整規劃，成效當然不比臺北市明顯，有相當大努力空間，中國大陸此次來訪城市，或許有些作法，值得臺灣縣市政府借鏡。

(1) 文創立基於生活

　　現代文創產業源自英國，由於文創產業即時補位，讓原本節節敗退的工業，得到轉型與升級，讓大英帝國光環魅力繼續傳承，一時間，全歐洲以至於全世界都點燃發展文創產業熱潮。但就個人觀察，目前文創產業發展較有成績、且能作為當地主力產業，仍以英國為首的歐洲國家為主，主因在於能與生活結合在一起，加上全世界時尚品牌也多數來自歐洲，使得歐洲文創各種產品，獲得全世界消費者喜愛，進而帶動文創產業蓬勃發展。

　　兩岸未來文創產業的最大利基，為中華民族五千年悠久歷史文化，各自擁有中國寶貴歷史文物，都有可能成為未來世界文創產業的構想或產品；同時兩岸也有許多非物質文明，透過巧思或新科技融合，有機會成為文創產品，因此可以篤定地說，中華文化是兩岸文創產業的沃土，兩岸炎黃子孫當然可為復興中華文化而努力，藉機開展文創產業。

　　兩岸分隔六十多年，臺灣經濟建設先發，平均國民所得比中國大陸要來得高，因此臺灣民眾的一般生活水準是比中國大陸要來得進步，因此在臺灣文創產業發展與一般居家生活的結合要比中國大陸的文創產業要進步些。

　　不過，儘管臺灣文創產業的發展有一些不錯表現，但缺乏市場與資金無法做大規模而進一步發光發亮，並帶動地方產業發展，來創造新就業機會。

　　對照中國大陸各主要城市（上海、北京、天津、大連、青島、杭州、寧波、廈門、廣州、深圳、重慶、長沙、南京、西安、成都）的十二五文創產業發展規劃。除積極開發文化園區硬體建設，發展各種文創產業外，並積極透過軟體建設，如重視智慧財產權、金融創新與倡導科技融合，引進各類文化創意人才。

(2) 文創人才受重視

　　因此兩岸城市間的文創產業，在人才爭取上，是呈現一種競爭狀況，臺灣各地方政府尤其是六都，如果未立即加以重視，恐怕許多人才將為中國大陸所用。

　　個人觀察，生活融合、人才及故宮博物院，是臺灣發展文創產業的三大優勢，故宮博物院眾多文物中，有哪些可像歐美博物館釋出民間，來作為發展文創產業的構想與產品，有待故宮博物院能突破一些法律限制。

　　臺灣各地方政府應可就三大優勢，規劃自身文創產業的未來發展，並積極規劃引進資金與科技融合人才，使文創產業能扎根地方，並積極開拓中國大陸頂級消費市場，形成新時尚品牌，成為地方未來新興產業，但文創產業涉及智慧財產權保障，兩岸目前存在不少矛盾

與糾紛，希望透過此次平臺交流活動，增進彼此理解，進一步信任合作。

此次論壇有10個城市參與，有些是中小城市，可看出中國大陸城市對文創產業的積極性，因此臺灣有心取百里侯大位的各政黨候選人，不妨多多閱讀與參考前述中國大陸主要城市的文創產業規劃，再進一步思考，如何與中國大陸主要城市文創產業對接，讓文創產業成為未來兩岸明星產業，並從中發展兩岸時尚品牌產業。

（2014年10月16日 旺報）

12、兩岸共定產業標準，搶攻市場

經濟全球化是個不可逆的發展趨勢，標準化就成為各國，尤其是先進國家促進產業發展，推動對外貿易與規範市場秩序的重要手段，標準競爭已成為各國除產品、品牌競爭外，一種層次更高、意義更大、影響更廣的競爭戰略。

從世界貿易組織、國際標準化組織、國際電信聯盟、歐盟等國際組織與美、德、日等先進國家的標準化戰略，可看到在強調科技研究開發與標準化發展相互協調，並積極參加國際標準化活動來擴大自身影響，使其科技成果或產品能搶得先機或進一步鞏固其市場地位。

近日上海機動車檢測中心（SMVIC）與臺灣車測中心（ARTC）攜手合作電動機車標準，臺灣電動機車標準是全球領先的，也是中國大陸所沒有的，但對岸願意信任臺灣來共定標準，創造臺灣業者進軍中國大陸市場機會，也帶動中國大陸電動機車產業，彼此共享紅利。

今年7月22日剛閉幕的第十一屆海峽兩岸訊息產業和技術標準論壇，其實是兩岸政府與產業發現智慧城市與物聯網的標準化方興未艾，因此兩岸在本次會議雙方達成三十項共識，其中在雲計算領域，兩岸先進行智慧健康與智慧旅遊案例分析、在服務應用領域則同意加強物聯網、智慧城市、智慧醫療研究，並開展「綠色社區」共同標準研制，都屬兩岸攜手共同研究標準化工作，希望透過這些標準制定，讓中國大陸城鎮化戰略走得更平順，同時讓兩岸產業界共享中國大陸城鎮化紅利，並促進更多就業機會。

從此次論壇中，可看到兩岸推動智慧城市及物聯網的共識，而物聯網產業是智慧城市推動的關鍵產業與技術。雖然臺灣在物聯網或智慧城市的工作是有些成就，但缺乏「標準化」，就無法規模化與產業

化，同時也看不到臺灣地方政府對物聯網與智慧城市的產業化有所著墨。

　　因此，臺灣智慧城市推動是有些作秀味道，不像中國大陸的主要城市在十二五期間，都制定智慧城市發展規劃或物聯網產業發展規劃當成未來城市的主要產業，因此政府相關部門與企業主應好好閱讀中國大陸主要城市的智慧城市發展規劃與物聯網產業發展規劃，找一些規劃比較完整齊全的城市，共同研擬制定各種標準，並規模化、產業化，進而形成兩岸共同標準來進軍國際舞臺，使產業規模再擴大，創造更多就業機會。

　　電動機車是一小品項，但兩岸已跨出一大步；中國大陸智慧城市的規劃內容會因城市發展重點而有所不同，但共同的內容有十大項：交通、電網、水務、環保、醫療、養老、社區、家居、教育及國土，其中已有不少城市如北京、上海、南京、蘇州也將「智慧旅遊」獨立成項目在推動中，對推動要將旅遊產業變成臺灣主力產業，更應把握此機會，共同發展「智慧旅遊」各種標準作業，讓更多外籍人士能在「智慧旅遊」平臺下更容易接觸臺灣旅遊資訊，而從中國大陸順道臺灣旅遊，因此智慧旅遊的合作對臺灣而言，就格外有意義。

　　兩岸標準合作選定智慧交通、智慧旅遊、智慧醫療三項工程，都是臺灣發展相對優勢項目，盼望臺灣相關業者能就此次合作作為起點，本著互信與共榮與中國大陸地方政府與相關企業合作，找到如同SMVIC與ARTC對接合作，再擴大到智慧城市其他項目，與物聯網其他應用領域應用，把握中國大陸可能的下一波成長機會，讓自身企業有茁壯成長機會來帶動新就業機會，也為臺灣注入新經濟成長動力。

（2014年10月21日 旺報）

13、兩岸官員戰略觀差距拉大

古人有云：「三日不讀書，面目可憎」，這句話是勉勵後人要讀書，因為不讀書就不會增進知識，會被時代淘汰；尤其是目前日新月異，瞬息萬變時代，政府官員如果不知道讀書，是很難面對各種新興問題與突發狀況，因此公務人員的閱讀進修就顯得格外重要；透過讀書才能做到苟日新、日日新、又日新。

近日翻閱中國大陸兩套書，2009年出版的《通向大國之路戰略叢書》及2014年出版的《國家發展戰略研究叢書》，前者有13冊；後者有19冊；每本書都在闡述未來中國發展之道，中國大陸的政府官員屢屢在新聞上的表現應對與談話內容，表現不俗，或許與其日常進修閱讀有關；對照臺灣，這類編寫讓政府官員日常決策或未來願景規劃的讀物，應該是看不到，這或者是臺灣近二十年來為何毫無長進的主因。

(1) 官員進修提升水準

2009年的叢書內容包括通向大國的中國模式、國家安全戰略、農業發展戰略等各種戰略思維，充分表達中國大陸在追求通向大國之不足及其努力發展戰略，中國大陸的GDP已超越美國，成為世界第一製造大國，證明官員有書讀並且也進修，國家不強大也難。2014年的叢書內容比五年前的叢書更完善，同時也反映出未來十三五的發展重點。

兩套叢書其實是在敘述未來中國大陸的發展戰略，2009與2014相隔五年，基本上是有從十二五要跨進十三五的意味；從2014年叢書的各書標題，臺灣行政官員是不是要想一想，對岸的發展戰略中，

臺灣是不是有些可以用來借鏡參考；有些內容如兩岸和平發展戰略的規劃，臺灣是不是更應該盡早思考應對之道。

兩岸的交流日深，許多評論專家都聲稱已進入深水區，然而一旦進入深水區，未識水文是會有不可測風險，從中國大陸官員的日常可能讀物，來熟悉未來可能戰略，是臺灣行政官員要加強的功課。

提升臺灣整體戰略

說我們的官員們不讀書，其實是有點冤枉，銓敘部與人事行政局，每年都有推薦圖書閱讀，但這些圖書內容，對當前各級公務人員理解當前局勢或趨勢助益不大，對問題的解決方式，更無法提供素材以供參考。對照中國大陸每隔一段期間就會有智庫單位或重點大學，出面編寫相關課題的書籍供官員閱讀進修，讓決策官員的行政能力能與時俱進。

前述的「通向大國之路」及「國家發展戰略研究」等系列叢書，是中國大陸具有前瞻性規劃教材，書中內容除了說明中國大陸的未來發展方向，也對世界各國局勢做分析說明，其實對我們臺灣的公務人員也有助益，臺灣的高階公務人員，不妨也閱讀這兩套叢書，除讓自己拓展視野，說不定會更有想法去突破兩岸深水區問題。

政府要盡速編寫一些有前瞻性規劃的書籍，供高階文官或重點培育文官閱讀進修之用，唯有如此，臺灣上上下下才會有整體戰略觀，兩岸的競合才能有為有守，民眾對政府的施政作為才會有信心。

（2014年10月23日 旺報）

14、兩岸共訂企業責任報告書

臺灣接連三年的食安事件，讓兩岸民眾感受到不是只有中國大陸商人黑心，頂新、強冠的劣質豬油、牛油事件，讓人不可思議，有認證的食品公司也會造假，這教消費者或下游廠商如何分辨什麼才是安全食品（材）？黑心商人行為應了諺語：「殺頭生意有人做」。

商人的黑心作為，除了黑心食品或食材外，還排放有毒廢水、廢氣、偷斤減兩、偷工減料、不做定期保養檢修設備、強逼勞工超時工作、不合理的消費合約或採購合約、以及不合理的暴利定價等事項，這些充斥兩岸的黑心各行各業，也正在危害兩岸人民健康、安全及相關權益。

因此，要求兩岸企業製作社會責任報告書，並且定期公布，有其必要性，同時，兩岸政府務必強烈要求並貫徹執行，監督兩岸企業編製工作，如果連這種最基本紙上作業都不做，不是心中有鬼，就是缺乏責任感，應該每年公布，讓兩岸民眾共同譴責並抵制其產品或服務。

企業社會責任報告書的製作與公布，並不代表企業就已履行其社會責任，從強冠企業劣質豬油事件來看，該公司取得許多國際品保認證，但還是「黑心企業」，所以，政府必須強烈介入，如有造假，除了將負責人以及相關人員繩之以法，倘若再加入撤銷營業許可、或強制下市（櫃）等相關懲罰規定，或許廠商才不會甘冒風險，而呈現真實的企業社會責任報告書。

從目前各國企業社會責任報告書內容來看，企業社會責任可區分：環境保護、勞工權益、社會公益、消費者與供應商及股東（投資人）權益五大項，臺灣民眾常會被企業的社會公益成果迷惑，殊不知

這些企業常披著此身羊皮，大做非法或不當行為，從中獲取暴利。

　　除此之外，必須了解某些廠商的公益，有時也帶著許多自利行為，這類公益行為不應該列入報告書內容。因此，未來兩岸的企業社會責任報告書，需要打破當前認證方式，要採多元認證，以避免外行審內行，使民眾誤信支持而購買或使用該產品或服務，讓企業造假得逞。

　　兩岸已公布有企業社會責任報告書的廠商數相當少，主因在這項工作一直不受政府與企業重視，因此起步就比先進國家慢一大步。

　　這就是兩岸各種產業產品或服務，在國際上競爭不如其他國家產業產品或服務，同時也不易打入各先進國家市場的主因。

　　因此，兩岸應該可以攜手合作，共同訂定兩岸企業社會責任報告書的格式與規範，使兩岸的企業社會責任報告書，能具有華人特色，來消除一再上演的各種醜聞，使兩岸企業主能遵守國際規範與國家法令，讓兩岸的消費者有安全、安心的產品或服務使用或食用，使未來兩岸產業的各種企業，能成為全球品牌大企業。

（2014年11月3日　旺報）

15、兩岸攜手循環經濟，大有可為

在自然資源日益匱乏的二十一世紀，珍惜物資成為愛護地球的主要課題，循環經濟提倡目的在使物資或資源能透過減量、回收、再利用。這一波「餿油」問題，加上前一陣的高雄日月光、彰化電鍍工廠偷排廢水，凸顯臺灣並未做好循環經濟工作，對照中國大陸也發生多起地溝油回收事件以及諸多廢水排放問題，兩岸確實有必要發展循環經濟，改善食安與環安問題。

循環經濟是對物質閉環流動經濟的簡稱，與傳統經濟完全不同，傳統經濟是一種「資源—產品—廢物」單向流動的線性經濟，在這種模式中，人類高強度攫取地球物質與資源，同時把汙染與廢物拋棄在「地球垃圾箱」，與之不同的循環經濟以倡導「3R」為原則，遵循「資源—產品—再生資源」規律的一種自然和諧式發展模式；為了保護地球，因此許多先進國家都開始將單向流動的線性經濟調整為循環經濟。

中國大陸的循環經濟從十一五期間開始發展，從目前各重要城市的十二五規劃資料來看，中國大陸的城市循環經濟重要內容包括：循環型農業、循環型工業、循環型服務業、循環型社會、循環型新興產業、生態建設；循環經濟對照臺灣各縣市政府似無類似規劃，但臺灣縣市政府在循環型社會的工作，如垃圾減量與資源回收表現相當亮眼，讓中國大陸不少城市組團前來觀摩；然而垃圾減量與資源回收只是循環經濟的一小項工作，對於其他循環經濟內容，臺灣其實是有許多努力空間，像這次的食用油回收就是一個明證。

兩岸因經濟發展破壞許多好山好水，連吸口好空氣也變得好難，因此，共同發展循環經濟，可以解決民眾環安與食安問題，透過循環

經濟發展方式，可以產生新型態的農業、工業、服務業，不但減少汙染及資源使用，更讓生產過程的廢棄物，能成為資源再投入生產，使資源利用率提升，同時因再利用開發許多新技術，讓回收資源能有新用途或再利用。

　　個人觀察，臺灣在循環型農業、循環型服務業、循環型社會、生態建設的表現，一直受兩岸民眾肯定，但在循環型工業、循環型新興產業的表現，不如中國大陸，如中國大陸已在多處開發區推動循環型經濟園區，如天津子牙循環經濟區、廣州經濟技術開發區，都在推動生產流程汙染減量及資源再使用，更讓生產過程的廢棄物能成為資源再投入生產，讓資源利用率提升，並積極開發許多新技術，讓回收資源能有新用途或再利用，讓園區環境更親和；而對循環型新興產業，如發展「城市礦產」產業（靜脈產業），使城市回收體系能銜接，並積極開發與引進技術，使回收物質能安全處置與再利用，進而產生新就業機會。

　　循環型新興產業若無適宜管理，很容易產生類似兩岸黑心油與其他不安全的黑心產品如汽車零件，若無合宜的技術配合，回收資源再生過程，也有可能產生高度汙染，比不回收更糟，因此兩岸在發展循環經濟規劃中，要特別注意回收資源流向工作，並運用雲計算技術，做好管控，使再生資源能依其規劃用途使用，絕對不會成為黑心商人的謀利資源，進而影響人民食用健康與使用安全及環境安全。

（2014年11月14日 旺報）

16、分享兩岸城市轉型經驗

　　從城市發展史來看，中國大陸的城市發展要比臺灣早，但臺灣城市的現代化與工業化卻比中國大陸的城市要早三、四十年，但兩岸過去的經濟發展都屬高耗能、高汙染，隨著環保、生態意識的抬頭，已不受城市居民歡迎，進而要求遷離，城市的轉型就成為兩岸主要城市的當下課題。

(1) 轉型成效，我消彼長

　　臺灣的城市轉型，說得多做得少，目前有成效是臺北市，其他則依然在奮鬥中，相形之下，中國大陸的城市轉型起步較慢，但許多城市均有成果展現，如上海、北京、廣州、深圳，更是透過大型活動或比賽，成功將轉型成果呈現在國際舞臺，又可進一步深化轉型政策。

　　觀察世界許多先進國家城市轉型的工作經驗，是以產業轉型為核心，再配合城市空間的調整與城市治理的創新，才能使城市的功能大翻轉，進而達到城市轉型目標。就上海城市轉型經驗來談，產業轉型是探「退二進三」，並推動「浦東新區」來進行城市空間調整，執行「浦東新區綜合改革試驗區方案」的新城市治理方案來帶動行政革新，落實城市轉型工作。2010的世博會，就是將其成果展示的舞臺，其初步成果也獲世人肯定，其「進三」的工作將可更進一步深化。

　　中國大陸轉型成功的城市都有產業發展規劃，以上海來說，退二並不是完全將工業或製造業趕出上海，而是將高汙染、高耗能的產業，透過產業轉移的新投資機會，轉移到中西部地區，如皖江城市帶的新生態園區進行生產，而原土地騰空作為先進製造業或戰略性新興

產業之用。

(2) 攜手交流城市轉型

這些先進製造業或戰略性新興產業，需要生產服務業來搭配才能成功運作，生產服務業的引進，會帶動高級人才進駐，再帶動各式的生活服務業。上海近年的產業蓬勃發展，讓外資樂於進駐，就在於城市有非常完整的產業政策來進行轉型規劃，臺北市在臺灣能一枝獨秀轉型成功，主因也在有比較周延完整的產業發展規劃。

總結先進國家城市轉型經驗，除要有前瞻的產業規劃外，政府的介入與執行力也非常重要，德國魯爾、法國洛林、英國倫敦、曼徹斯特、美國紐約、芝加哥、匹茲堡、日本九州等，都屬轉型成功的案例；相對美國底特律市就是一個眾人皆知的失敗案例，轉型失敗除帶來嚴重失業率外，又會進一步讓城市財政狀況惡化，進而破產。

冒然推動城市轉型會引起災難，推動太慢又會讓轉型機會流失，都必然會引起高失業率，臺灣如能拋開意識形態思考，和中國大陸主要城市攜手進行城市轉型，並將臺灣城市文明與公民文化也與對岸城市交流，與對岸相互提升、走向先進國家水準，兩岸城市則能持續繁榮發展，讓民眾共享其利。

（2014年12月22日 旺報）

17、歡迎張志軍再訪中南部

去年6月25日，中國大陸國臺辦張志軍主任赴臺參訪，一方面回禮陸委會王郁琦主任3月赴中國大陸參訪，另一方面也落實中國大陸對臺工作的「訪調」，來眞實體驗臺灣民情風俗。期間在高雄市的不愉快場面，並不是多數高雄人待客之道，希望張主任能釋懷。

日前APEC年會結束後，王張兩位主管兩岸事務負責人第三次會面，期望不久將來有第四次王張會，即張主任第二次訪臺，此行若能眞正深入南臺灣的基層，必能發現多數中南部臺灣民眾的好客與文明禮貌，並發現與發展利民的兩岸政策。

張主任前一次行程安排雖然主打基層交流，訪問對象包括里長、原住民、農民、漁民、中小企業主、宗教人士與大學生，但著重在北部地區，對目前南臺灣民眾關心的經濟議題並無重大關聯，例如：臺灣中南部的重要產業鋼鐵、石化、面板、農漁產品並未因ECFA簽署而眞正受惠，當然會質疑兩岸經貿往來的成效，《服貿協議》、《貨貿協議》一直有反對浪聲，或許來於此。盼望張主任能再次來訪抽空與南臺灣鋼鐵、石化、面板、農漁產品業者會談，了解中韓FTA簽署完成後，鋼鐵、石化、面板、農漁產品的危機與苦處，並找尋解決之道。

臺灣人口才2,300萬人，照理說臺灣生產的所有物質是無法有效滿足中國大陸13億人口市場，為何有些農漁產品會價格不好，甚至賠錢，主因在貨品過度集中在少數地區或城市銷售，造成滯銷。這便讓中、南臺灣農漁民與中小企業主及勞工感受到兩岸交流，臺灣人賺不到錢，進而懷疑中國大陸的誠意與誠信。

鋼鐵、石化、面板是下一波考驗，照理說即使中國大陸目前也有

產能過剩問題，但這三種產品在中國大陸十三五期間的未來需求仍是看好持續增加，因此兩岸是可事前協商分工，讓這三項產業在兩岸共存共榮，並共同禦韓，避免南韓獨大，使兩岸人民與廠商利益受損。

中國大陸目前在臺南學甲地區虱目魚的契作方式，讓當地漁民有利可圖，也讓當地民眾感受到誠意與善意，儘管此次九合一大選投票結果依然是綠軍大勝於藍軍，但並不代表中南部民眾就對中國大陸有惡意。

只要國民黨願意虛心認錯，重新調整培育新人，並提出能感動人民的願景藍圖，按鐘擺理論，依然有重新執政機會。因此綠大於藍，某種程度是反映民眾對國民黨的失望與不滿，而不願出來投票，人民要的是，誰能給我過好日子與希望，他就會投票支持，這些狀況是可從投票率的高低來判斷，因此落實兩岸經貿成果紅利於基層民眾，有如虱目魚的契作方式，便是未來兩岸可共同努力方向。

張主任若再一次到訪中、南臺灣，期盼綠色執政的縣市首長，能做好東道主善待客人，做好滴水不漏的安全維護工作，展現綠色執政的行政效能，讓中南部民眾展現充分的善意和禮貌，體會到臺灣最美麗的風景「臺灣人民」，也使南臺灣民眾心聲能讓北京聽得到。

（2015年1月7日旺報）

18、郵輪經濟早跨越兩岸中線

　　中國大陸公布海峽中線邊的MD503新航線，引發臺灣許多討論與批評，過去的兩岸是處於交戰狀態，兩岸的政府都有類似清朝康熙年間的禁海令，不允許民眾接近海洋，因此兩岸的人民是無法體會到「愛之船」郵輪到港或離港的諸多樂趣；目前兩岸已朝和平之路方向前進，兩岸也無劍拔弩張氣氛，世界各國的郵輪公司就看中兩岸與東亞海域的海上旅遊，紛紛將其旗下郵輪進駐兩岸的港口，希望能將兩岸與東亞海域郵輪旅遊做大，使其盈利更加豐碩。

　　臺灣四、五、六年級生對一部電視劇《愛之船》應不陌生，影集中的船舶確實是一艘郵輪，實際上，郵輪經濟正在幾個區域蓬勃發展，如加州至阿拉斯加、加勒比海、地中海、北海與波羅的海海域，這些海域的郵輪母港或掛靠港也因郵輪的停靠，帶動許多關聯產業，如旅遊、商貿、港口服務、船舶維修與保養，使這些港灣城市的經濟發展注入一股能量。

　　配合世界各國郵輪的到來，中國大陸各港口城市，如上海、天津、廈門、廣州、深圳、青島、海口、三亞、寧波紛紛興建郵輪碼頭與旅運大廈來迎接亞太郵輪時代的來臨，這些城市大力興建這些設施的原因無他，是要爭取成為郵輪母港城市，從目前相關研究透露出郵輪母港的經濟效益是掛靠港的10至14倍。目前郵輪母港城市最著名的城市首推邁阿密，其次為巴塞隆納，每年郵輪旅客分別為490萬與300萬人次，郵輪旅客最大特性是有錢有時間，因此其消費力相當可觀，這就是目前中國大陸港口城市推動郵輪經濟不遺餘力的主因。

　　臺灣目前有適合郵輪停靠且有旅運大樓僅基隆港，對臺灣發展郵輪經濟相當不利，因此配合郵輪經濟的到來，吳副總統擔任閣揆期

間，核定在高雄港的18至21號碼頭興建旅運大樓，希望高雄市也能與中國大陸港口城市一起競爭，向國外郵輪公司爭取成為郵輪母港，讓高雄港有新的功能，也為高雄市帶來新的就業機會，使產業能夠轉型。

兩岸郵輪經濟始於中國大陸有公司獎勵優秀員工來臺旅遊，成為一項旅遊議題，使各國外郵輪公司看到兩岸的沿海城市的觀光資源確實是可用郵輪來連結，因此以兩岸沿海城市外加日本或南韓沿海城市的郵輪行程就逐一被開發，高雄在這一波的郵輪行程也受益不少，如果高雄港的18至21號碼頭興建旅運大樓能在陳水扁總統執政期間就規劃興建，目前不早就可以使用？說不定郵輪經濟的效益早讓高雄轉型成功。

儘管郵輪經濟對兩岸港口城市的經濟發展確實有相當助益，但對郵輪母港的爭取確是處於一種競爭狀態，應本兄弟登山、各憑本事來招商進駐，從目前兩岸郵輪產業與郵輪碼頭（含旅運大樓）興建，臺灣港口城市是比中國大陸沿海城市慢了一截，但臺灣尤其是高雄四季如春，相較中國大陸沿海城市除海口、三亞外是難以媲美，高雄是有機會成為兩岸郵輪旅遊的郵輪母港，高雄目前也規劃以郵輪產業為未來新興產業。

在此要提醒民進黨，這項新興產業，若無兩岸海峽和平是不可能產生，不要老是說對岸有多少飛彈對準臺灣，有飛彈威脅，各國郵輪就不會接二連三的到來。郵輪經濟確實是兩岸和平的紅利，也讓海峽中線變得模糊，讓兩岸往返更有效率。

盼望民進黨不要再恐中、仇中、怨中，來阻撓兩岸各種經濟交流，郵輪進港帶來許多商機，《服貿協議》、《貨貿協議》的完成生

效，何嘗不是另一種形態的郵輪進港，是會讓臺灣帶來眾多利益與商
機，期盼蔡主席與民進黨立委不要繼續杯葛。

（2015年2月25日 旺報）

19、開放航線，創造陸客中轉效益

　　中國大陸海協會會長陳德銘即將來臺訪問，兩岸也將進行第十一次會商，上半年，中國大陸在未事前徵詢我方意見，就向國際民航組織（ICAO）申請增設M503航線，來抒解其空域A407航線流量壓力。

　　經我方抗議後，中國大陸也本著和平共榮，兩岸一家親的原則，善意回應修正航線向西移6哩，也獲得國際民航組織同意，試航啓用，經過大半年後，並沒有像太陽花學運與民進黨立委所言，會對臺灣國防空安造成重大影響，因此當時M503航線的抗爭根本是無理取鬧，自我緊張。

　　目前到福州、廈門、泉州，從地圖上直觀高雄到這三城市，與過去高雄到臺北的距離差不多，過去臺北到高雄需要50分鐘，但從高雄到這三城市需要8、90分鐘，距離相當，時間卻多出40分，原因在班機是直飛但繞遠路，是相當不經濟也不便利。

　　此一狀況也同樣出現在所有兩岸直航班機，因此倘若能開放M503航線的W121、W122、W123的附屬航線，將來兩岸自由行的城市民眾除可更縮短時間來臺旅遊外，也增加中國大陸許多城市出境旅遊民眾運用臺灣機場中轉至美加紐澳旅遊，同時也會吸引外籍人士借臺灣中轉赴中國大陸各城市，如此勢必又會增加兩岸往返航班，讓兩岸的航空產業更加發展。

　　中國大陸民眾出境旅遊是以上海、北京、香港中轉出境，也使這三座機場異常忙碌，紛紛增加跑道或增設機場來因應，因此爭取陸客來臺是可行且能為臺灣創造中轉經濟效益。

　　中轉效益從過去臺灣民眾赴中國大陸探親、商務都得由香港中

轉來證明，因此陸客中轉是對臺灣經濟發展有利的政策，但兩岸若無法進一步協調開放W121、W122、W123，兩岸民航班機會依然再繞行，對中國大陸民航業者或民眾而言，這種徒增加本身營運成本或旅遊時間的中轉，中國大陸政府自然無法接受，因此開放W121、W122、W123是創造陸客中轉兩岸雙贏的關鍵。

M503航線的W121、W122、W123附加航線涉及我方空域，民航機使用的空域，基本上具和平與安全的象徵，胡亂軍事行為，是殺人舉止，也為世界各國所禁止與譴責，因此M503航線及其附屬航線的增設，代表中國大陸當局真心希望兩岸不會再起軍事衝突。

盼望在野黨與學運學生團體不要再起M503航線的無理抗爭，鼓勵政府做好W121、W122、W123的談判協商，使陸客中轉政策能實現，陸客能中轉，勢必會讓外籍航空公司來臺增加航線、航班與相關航空產業，對臺灣的經濟發展與就業機會創造都有助益，同時也會產生香港般的中轉效益。

（2015年9月15日 旺報）

20、兩岸如何合作大數據產業

　　日前大數據專家麥爾荀伯格來臺訪問，期間也進行幾場演講，鼓勵臺灣應積極發展大數據，藉以擴大產業發展機會與增加企業的獲利機會，麥爾荀伯格目前出版三本大數據專書，兩岸都有翻譯發行，顯示兩岸都注意到大數據時代的到來。

　　大數據產業是指一切與大數據產生與集聚、組織與管理、分析與發現、應用與服務相關的經濟活動的集合。其內容以數據挖掘分析服務為核心包含數據中心、寬頻網路等基礎設施服務，數位內容服務、物聯網服務、位置服務等訊息服務，智慧終端製造、電子產品製造，以及智慧交通、互聯網金融和智慧城市等應用服務，目前中國大陸也起步不久，兩岸相關業者與主管機關確實是可把握機會，好好開創一項新產業，為兩岸的年輕世代發展新的就業與創業機會。

　　臺灣政府部門是已看到大數據產業發展機會，但未見細部的整體發展規劃，這無礙臺灣企業發展大數據產業機會，對照中國大陸整體的大數據產業規劃預定在「十三五」期間推出，但貴州、江蘇、廣東、上海、重慶、武漢、貴陽、廈門、東莞、都已在「十二五」期間推出發展大數據規劃，貴州、貴陽、武漢、廈門更是具體規劃大數據產業，因此可以發現兩岸在發展大數據產業，臺灣政府部門的腳步是有些落後。

　　大數據說穿了是繼雲端計算、物聯網之後的一種新資訊（ICT）技術，臺灣在ICT產業一直領先中國大陸，臺灣的ICT產業人才也較中國大陸齊備，因此政府更應積極回應大數據產業的發展潮流，迅速提出臺灣的大數據產業發展規劃，讓臺灣的ICT產業人才能持續深耕臺灣，但中國大陸市場規模是大數據產業未來進一步發光發亮的沃

土，臺灣過去有許多創意或創新，但最後成功在中國大陸，其原因就在市場規模，因此臺灣在大數據產業發展規劃，確實是可和中國大陸對接合作。

有心發展大數據產業的企業或個人，應仔細研讀前述的省市政府的大數據規劃或大數據產業規劃，找尋本身技術、產品、服務可以落腳的省市，一步一步的拓展產業規模，讓自己的企業、技術做大做強；政府相關機關是可從中國大陸的規劃中避免重複投資，盤點臺灣ICT優勢技術，集中資源發展臺灣大數據強項產業，並做好兩岸產業對接規劃工作，使臺商登陸發展能減少不必要干擾。

大數據是智慧城市規劃的一部分，目前中國大陸的主要城市都已完成其智慧城市規劃工作，這些城市未來自然會發展其大數據產業，貴陽市、武漢市、廈門市已規劃出大數據產業，除對中國大陸主要城市有示範效果外，對不知如何規劃新興產業的臺灣六都更有參考借鏡之處，盼望臺灣六都市長能積極把握規劃大數據產業。

（2015年9月28日 旺報）

21、海洋產業是兩岸共同願景

　　海洋產業的內涵到底是什麼？很難用一段話來說明，就目前主要海洋強權國家的海洋統計類別項目，可整理出十六項海洋產業，包括：海洋漁業、海洋石油與天然氣、海洋礦產業、海洋交通運輸業、海洋船舶業、濱海旅遊業、海洋鹽業、海洋建築業、海洋公益服務、海洋金融服務業、海洋裝備製造業、海洋環境保護、海洋科技、海洋教育、海洋可再生能源業。中國大陸與英國包含項目較多，南韓僅列海洋漁業、海洋交通運輸與海洋船舶工業三項，與國人認知的臺灣海洋產業類似。

(1) 全盤規劃，深具啟發

　　中國大陸的沿海十省市，與其沿海主要港口城市，都有依中國大陸「全國海洋經濟發展規劃」，另行規劃省市的海洋經濟發展規劃，這些地方級規劃中，都有單列發展海洋產業專章，顯示中國大陸沿海省市政府對海洋產業的重視。

　　這些省市政府規劃的海洋產業內容，也會因其海域資源或決策規劃人員的認知，而有不同結果，但無礙於這些地方政府對海洋資源的積極利用，並設法形成產業群，臺灣四周環海，對各地方政府而言，應有些啟發性作用。

　　這些省市政府中更有積極者，如福建省、浙江省、天津市、山東省青島市、浙江省寧波市、廣東省深圳市、廣東省珠海市，都另有海洋新興產業規劃，或多個單一海洋新興產業規劃。這些規劃內容，相當值得臺灣參考借鏡，其內容臚列如下：福建省新興產業為海洋生物醫藥、郵輪遊艇、海洋工程裝備、海水綜合利用、海洋可再生能源。

　　浙江省為海洋工程裝備與高端船舶、海水淡水和綜合利用、海洋生物醫藥、海洋清潔能源、海洋勘探開發、港航物流服務。寧波市為海洋高技術裝備、海洋生物醫藥、海洋生物育種與健康養殖、海水綜合利用與深海開發技術產業、現代海洋服務業。

　　天津市則無單一海洋產業規劃，但提出四個各別新興產業：海水資源綜合利用循環經濟、海洋服務業、海洋工程裝備、海洋生物醫藥。山東青島有七項海洋新興產業：海洋生物醫藥、海洋工程裝備、海洋新材料、海水綜合利用、海洋新能源、海洋環保、海洋高技術服務業；青島市更是海洋產業的領航者，規劃藍色矽谷規劃來因應配合。

　　深圳市的重點在2020年前海洋電子訊息、海洋生物、海洋高端裝備、郵輪遊艇；並積極培育海水淡化、天然氣水合物（可燃冰）、深海礦產、海藻生物質能。珠海市為海洋生物、海水利用、海洋能源、海洋工程裝備、海洋現代服務業。

(2) 兩岸攜手海洋產業

　　從這些積極性新興海洋產業重點，與前述十六項海洋產業中，不難發現臺灣在規劃海洋經濟發展、海洋產業的努力空間。日前總統參選人、民進黨主席蔡英文，參加一場創投研討會，又一次提到臺灣要發展五大產業：資訊產業、生技產業、綠能產業、精密機械產業與軍工產業，前三項過去談話都提到，精密機械產業與軍工產業是新增項目，不曉得蔡主席下一次演說時，又會增加什麼產業？

　　臺灣四周環海，發展海洋產業是天經地義、理所當然，因此希望臺灣未來領導人，能思索與對岸一起發展海洋產業，成為未來重點產業，讓臺灣民眾有新的投資與就業機會。

（2015年10月15日 旺報）

22、兩岸合作向工業4.0躍進

新的工業革命伴隨著德國2020高科技戰略的工業4.0、或美國先進製造業國家戰略計畫下的工業互聯網而展開,各國紛紛投入此一波浪潮,兩岸也不例外,各自提出「生產力4.0」、「中國製造2025」因應,希望產業能順利轉型升級,並積極發展新興產業來維繫一定的經濟成長率,保持競爭力。

(1) 宏觀微觀,各有所長

美德兩國各自在新工業革命竭盡全力發展,尤其是未來生產製造標準的訂定,誰能掌握標準,誰就能主導未來各種生產活動,進而掌握最大生產利益,兩岸面對這一競爭壓力,更應當發揮自主創新精神,發展本身的生產標準,取得最大生產利益,因此兩岸應有在工業4.0浪潮攜手合作必要。

臺灣「生產力4.0」包含製造業(電子資訊、金屬運具、機械設備、食品、紡織)、服務業(物流零售)與農業,希望透過物聯網將生產資訊數位化,延伸至機器端形成機聯網,再藉由系統管理、大數據技術及精實管理,達成聯網服務製造系統之創新營運模式,由於缺乏創新商業模式與產業生態鏈、缺乏具國際競爭力系統整合廠商、缺乏完整解決方案、及缺乏核心關鍵技術,讓「生產力4.0」能否順利推動,蒙上陰影。

對照中國大陸「中國製造2025」純粹以製造業為主體,並基於訊息物理系統的智慧裝備、智慧工廠等智慧製造,正在引領製造方式變革;網絡眾包、協同設計、大規模個性化訂製、精準供應鏈管理、全生命週期管理、電子商務等正在重塑產業價值鏈體系,重點為八大

任務與十大突破產業。

八大任務為：提高國家製造業創新能力、推進資訊化與工業化深度融合、強化工業基礎能力、加強品質品牌建設、全面推行綠色製造、深入推進製造業結構調整、積極發展服務型製造和生產性服務業、提高製造業國際化發展水準。十大突破產業則包括新一代資訊技術產業、高檔數控機床和機器人、航空航太裝備、海洋工程裝備及高技術船舶、先進軌道交通裝備、節能與新能源汽車、電力裝備、農機裝備、新材料、生物醫藥及高性能醫療器械。

因此，從規劃內容來看，中國大陸是掌握到宏觀戰略，而臺灣則是戰術細節。

從兩岸規劃來看，兩岸存在有相互合作與支援空間，如非製造業的應用臺灣可提供中國大陸應用，中國大陸十大突破產業可引進臺灣作為中國大陸來臺投資對項，除此之外，臺灣可提供智慧化工廠、精準供應鏈管理、機器人使用等經驗，讓中國大陸廠商順利進入工業4.0浪潮，對3D列印機、移動互聯網、雲端計算、大數據、物聯網等新一代訊息技術，兩岸各有優勢之處，更應彼此合作來壯大產業新發展。

為落實中國製造2025，中國大陸中央特挑選能代表中國大陸生產現況的泉州市試點，共推出泉州市發展智慧製造專項行動計畫、提升品質品牌專項行動計畫、發展服務型製造專項行動計畫等三大方案，落實推動中國製造2025。

(2) 一呼百應，把握契機

其中智慧製造是中國製造2025或德國工業4.0核心，品質品牌專項行動計畫、服務型製造專項行動計畫更是輔助中國製造2025起飛

雙翼，這一初步試驗，已在中國大陸掀起仿效熱潮，紛紛推出地方版的中國製造2025，如中國製造2025南京市實施方案、西安市貫徹中國製造2025實施意見、福州互聯網＋與工業行動方案、東莞製造2025戰略、中國製造2025南通實施綱要、中國製造2025佛山行動方案，這些城市都有一些重點產業，臺商各產業團體應集中資源與各城市合作，將產業轉型升級成功，是利己也利他。

（2015年12月4日 旺報）

23、棄兩岸協議監督條例，展現善意

最近對岸一些舉動，包括日前比利時舉行國際鋼鐵產業年會，臺灣代表被迫離席、WHA大會邀請函一直未有下聞，讓臺灣不少人解讀是兩岸不友善關係的前兆，個人觀察兩岸關係進入不友善關係，始於太陽花事件後的《兩岸協議監督條例》制定，如今換黨執政，民進黨是不是更應該考慮放棄該條例立法，說不定可將終止制定《兩岸協議監督條例》作為民共展現善意的第一步。

過去民進黨不信任國民黨主政的政府與中國大陸簽署各種協議，要求更嚴格監督來確保臺灣民眾權益，讓臺灣許多民眾理解而認同，但520之後，民進黨全面執政，應當有信心說目前臺灣人當家做主，民進黨主導兩岸談判不會出賣臺灣人，依此道理，《兩岸協議監督條例》已沒有必要，讓兩岸協議依現有機制監督進行即可，倘若民進黨仍堅持訂定，可預見未來真的會砸到自己的腳，讓兩岸關係事務一事無成。

坦白說，兩岸大大小小的協議，如果需要專屬監督條例來運作，那麼臺灣與世界其他眾多國家的各種協議，是不是也要比照辦理？難道與他國的協議不會損害臺灣人民權益？因此訂定這項條例十足荒謬，其實照目前國會運作機制，立委不是早就透過各種手段，如口頭質詢、書面質詢、建議案，對行政院監督了嗎？

上一屆立法院為《服貿協議》朝野共同召開20場次公聽會，行政院也在立法院要求下，積極下鄉辦了上百場溝通說明會，這些作為不正是立法院「監督」下的成果，觀察這個條例，從一開始就無必要，它是民進黨取回政權的工具之一，《兩岸協議監督條例》只是項莊舞劍，志在沛公，刻下民進黨已重新踏上執政之路，倘若民進黨再制定

《兩岸協議監督條例》，只會讓在野的國民黨借力使力，使民進黨對兩岸事務的推動更不順遂。

馬政府與中國大陸簽訂的23項協議，都是按《中華民國憲法》規定在立法院監督下行事，這個事實更加凸顯《兩岸協議監督條例》的荒謬性及無必要，目前的吵吵鬧鬧的兩岸監督機制，其實是倣效美國TPA制度，但美國的制度是要引進加速貿易談判審查機制，而民進黨目前規劃內容卻是背道而馳，說實在話，這個法案會讓與中國大陸各種協議躺在立法院更久，因此被戲稱名為「簽不成條例」一點也不為過，也被對岸視為一種敵意表示，真的由衷希望520即將就職的蔡準總統與民進黨不要再堅持制定這項條例，來緩和緊張的民共關係。

（2016年4月27日 旺報）

24、珍惜雙城論壇交流

　　520蔡總統就任後，兩岸關係急速冷凍，官方交流幾乎全停擺，臺北、上海雙城論壇依舊舉行，原因無他，柯文哲市長認同「九二共識」的意涵是關鍵，上海市為尊重臺北市，其帶團團長沙海林是知臺派，地位絕對不會低於上海市任何一位副市長。凸顯中國大陸當局非常重視兩岸關係冷和下，目前唯　的城市交流。

　　沙海林未抵臺北市，臺聯黨與獨派同路人已上北市府大門表達抗議，多數市民希望柯市長能做好待客的安全規劃，不要讓兩年前國臺辦主任張志軍在高雄的「潑漆事件」重演，不僅有人身安全之虞，也有損高雄市府形象。儘管陳菊在第一時間致電道歉，但卻有失東道主待客之禮。

　　在北市大門口的抗議人士會做出什麼行動，相信臺北市警察局的情搜早已掌握，就看柯市長採取什麼樣的態度應對。

　　個人期盼柯市長能秉持「民主法治」原則，對踰越法律的抗議活動一律以現行犯處理，一則尊重法治精神，確實執法；二則讓訪問團也能充分體驗「民主法治」的實踐。畢竟，臺灣的警察在民進黨執政下，已經太沒有尊嚴了。

　　雙城論壇在8月22日展開，沙海林及其訪問團成員造訪臺北市的行程僅有三天，從歷年來的雙城論壇交流中，臺北、上海兩個城市都能從交流觀摩中學習對方城市建設的優點，也記取一些教訓而不要重蹈覆轍，並讓這些交流成果能各自帶回進行市政改革或創新的參考，讓兩城民眾的生活能與時俱進的享受時代進步的成果，同時雙方也簽訂了一些合作項目。

　　在兩岸關係低迷的情況下，滬北雙城論壇的交流可以說是在雙方

緊密大門之外開啓的一扇窗，不僅是一樁喜事，更值得珍惜。如果這個模式能夠開啓兩岸其他城市的交流，未嘗不是兩岸冰封之後春暖花開的契機。

（2016年8月23日 中國時報）

二、兩岸關係與交流

1、說清楚，不要和平要什麼？

連戰代表馬總統出席APEC領袖高峰會，期間與胡錦濤會談，認同「九二共識」：是兩岸發展，經濟要發展，需要想對話協商的必要前提，也是兩岸兩岸關係的和平發展基礎，但民進黨指責連胡會談論和平協議，違反馬總統的「十大保證」，是國共密商，但連胡會是公開行程，國共豈可能密商和平協議？

其實兩岸有目前和平景象，應歸功於2005年的連胡會，當時兩人共提「和平發展」的五項共同願景，這內容可解讀為和平是兩岸的共同願景，除第二項仍未推動執行外，其他四項均在推動中，尤其是ECFA。第二項「促進終止敵對狀態，達成和平協議，建構兩岸關係和平穩定發展的架構」，兩岸如果都覺得條件成熟、氣氛和樂，當然是可以坐下來談判；但條件若不成熟，反而會誤事，壞了過去兩岸和諧氣氛的營造。目前在野黨仍對中國大陸抱持不信任態度，強行推動反而會將好事變成壞事一樁。

馬總統提出不統、不獨、不武，其實是察覺和平是臺灣人民的共識。馬總統日前表明在民意高度支持、國家確實需要與國會監督等三項前提下，不排除在未來十年與中國大陸洽簽兩岸和平協議；這項議題提出來，藍綠各有表述，其實將此問題形成一公共議題並非壞事，因為透過公民討論可使資訊更加透明化，也化解在野黨的「賣臺」指控。

「陽光政策」是南韓前總統金大中相信《伊索寓言》中太陽的溫暖會戰勝北風，希望藉由南北韓更親密的接觸交流，來化解雙方的不理解、不信任，當時提出的韓國民眾也無人質疑金大中出賣南韓，金大中也因此獲得諾貝爾和平獎。

　　同樣，馬總統要把「不武」制度化，也是期望國人能夠遠離戰爭。

　　從民進黨發言人的論述來看，民進黨難道不要和平，而要衝突、戰爭？過去民進黨執政，口頭上講要和平，但處處在示強、對抗，把兩岸關係搞得緊張不已，也搞壞臺美關係，讓許多外資不看好臺灣，紛紛撤離臺灣，讓臺灣虛度了八年。

　　經濟要發展，需要和平的環境。兩岸穩大家受益，兩岸亂大家都受害。說清楚，不要和平要什麼？

（2011年11月16日 聯合報）

2、多此一舉的監督條例

　　本次立法院會期前，立法院長王金平曾向馬總統表達在野黨希望訂定《兩岸協議監督條例》之意，但被馬總統拒絕，如今為了給太陽花學運一個下臺階，朝野接受反服貿學生的訴求，制定兩岸協議監督條例。

　　面對這個結果，有人或許會認為王金平眞「英明」，能洞燭先機，但這一批學生能輕易占據立法院議事廳，眞不得不讓人懷疑立法院是否有內神通外鬼，釀成一件國際大笑話，王院長恐怕在中華民國憲政史上留下一段難堪的記錄。

(1) 立院早有監督手段

　　如果兩岸大大小小的協議都須要監督條例來運作，那麼臺灣與世界其他眾多國家的各種協議，是不是也要比照辦理？其實目前國會運作機制，立委不是早就透過各種手段，如口頭質詢、書面質詢、建議案，對行政院監督了嗎？此次《服貿協議》朝野共同召開20場次公聽會，行政院也在立法院要求下，積極下鄉辦了上百場溝通說明會，這些作為不正是立法院「監督」下的成果？

　　從目前媒體報導的《兩岸協議監督條例》，總共有七個版本，姑且不論其內容，光就其流程，訂定這個條例只會讓有時間急迫性的事被延宕，讓好時機錯過。《服貿協議》已躺在立法院九個多月，許多工商團體與企業家、廠商，大聲呼籲支持《服貿協議》，倘若國人還堅持先有《兩岸協議監督條例》再審《服貿協議》，個人深信中韓FTA會後來居上，當市場淪入南韓人手上，臺灣的立委們、在野黨，及學運學生可願意承擔這個罪名及責任？

因政府行政效率不彰，在近幾年的全球競爭力論壇的國家競爭力評比中，一直拖累臺灣的排名，而效率不彰，有部分即是來自立法院，未如期通過法案或修法等。按中華民國的憲法規定，立法院天經地義就在監督行政院各項施政作為，以目前立法院的各種議事運作，從閣揆與部會首長到院報告及備詢、立委書面質詢、公聽會，到各種決議，無一不是對行政院監督，以目前的監督機制就讓一個法案躺九個月，立法院有無效率不言自明。

(2) 學美國卻只抄一半

目前民進黨與學運學生共推的版本，是傚效美國（TPA）制度，但被熟悉美國研究學者批評只抄一半，這一抄只會使法案躺在立法院更久，並未將美國制度加速審查機制引進，因此還被命名為「簽不成條例」，監督條例七個版本若是歧見很深，要整合是項大工程，必然延誤臺灣經貿戰略布局時機。

個人認為過去臺灣與許多邦交國或非邦交國不是也簽了許多條約，也送交國會備查或備案，包括民進黨執政期間，大家按照現有機制不是也在監督行政院，現在要訂定《兩岸協議監督條例》，真的是多此一舉！

（2014年4月29日 旺報）

3、後王張會，臺灣該做的功課

　　國臺辦張志軍主任蒞臺訪問，也是對陸委會王郁琦主委2月中國大陸行的回禮，在在顯示兩岸朝向和平方向演進，也透露兩岸白手套協商模式即將告一段落，取而代之是兩岸實際負責事務人員將直接面對面接觸與談判。面對這一個不可逆的大變動，臺灣朝野是不是應該好好預做準備，否則緊接而來的兩岸事務談判將無法應付，屆時讓對岸一直主導，怨不得人，因此後王張時期，臺灣應有下列積極作為，個人有以下三個「認識」建言。

　　首先在認識中國大陸地理環境，目前臺灣各級學校地理教科書，去中國化讓年輕學子對中國大陸地理環境的認識與外國學生無任何差別，對臺灣各界要赴中國大陸投資、就業面臨「不知彼」的困境，可能會誤判而造成損失，除此之外，中國大陸幅員遼闊，光是地級市就有333個，許多城市可能臺灣民眾連聽都沒有聽過，數量龐大也不是所有城市都值得投資或就業，但可從「四縱四橫」高鐵路線陸續完工通車，附近30個城市群資料著手。

　　其次是兩岸也有一段共同歷史，目前許多糾結，若不從歷史出發，很難找到共同可行答案，尤其是「制憲史」，目前兩岸憲法其實都有「五五憲法」草案身影，「五五憲草」是國共兩黨共同參與記憶，大一中的屋頂架構，說不定可從國共兩黨共有的歷史去找尋解答，因此認識兩岸歷史記憶，對未來談判工作將非常重要。

　　中國大陸本質是計畫經濟，而臺灣相關部會對中國大陸無論是過去的「十一五」、現在的「十二五」、未來的「十三五」，個人從國內智庫相關研究發現，各部會基本上是陌生與無知，就無法對臺商赴中國大陸投資給予合適的建議與輔導，來幫臺灣進行產業布局及產業

轉型升級。

　　除此之外，中共十八大三中決定，內容有十六個部分、60項內容，扣除第一部分總論與最後部分的組織領導，其他十四個部分內容事項有53項之多，分屬經濟、政治、文化、社會、生態及國防和軍隊等六領域，未來「十三五」必然會有新的規劃與法規因應，臺灣更應重視十八大三中決定內容的後續規劃，有些可能是臺灣未來的商機、有些可能會讓臺商營運更加困難，在在影響兩岸各項層面交流，因此事前認識中國大陸各種規劃內容，談判時就不會進退失據。

　　後王張會時代，兩岸事務交流將進入深水區，面對的問題只會多不會少，也不是單一陸委會現有人力能所承擔，因此非常盼望各部會要全員動起來，強化認識中國大陸，唯有了解對手，才能百戰不殆，唯有知悉對手，才能決定取捨，希望能本「兩岸一家親」，互信互諒攜手合作，共創和諧兩岸家園，共享繁榮富裕紅利。

（2014年6月30日　旺報）

4、反課綱斷送認識中國大陸

　　各國政府都透過課綱設計來提供其人民能應付未來生活知識，因此課綱設計不能一成不變，要與時俱進，臺灣之所以能有今日之經濟與民主成就，過去的課綱應該肯定是有一些貢獻，絕非如學運學生所言，會把人教笨或無法判別是非，甚至是箝制思想，國人應捫心自問過去的課綱如果是如此的不堪，怎麼會造就陳水扁、蔡英文這些新舊反對黨領袖，因此學運學生的反課綱運動根本是無的之矢，其背後的支持者更是項莊舞劍，志在沛公的想要再複製一場太陽花學運來拉抬2016年總統大選。

　　坦白說，現行課綱與陳水扁、蔡英文等人國高中時代的課綱對照，是有很大的差別，這些差別可歸納一句話「去中國化」。目前在中國大陸拼經濟的臺商，個人觀察這些臺商對中國大陸的初步認識，可能都受益於當時國高中時代的歷史與地理課綱內容，由於過去舊課綱的教育內容讓臺商比其他國家投資人更早進入中國大陸各城市，讓不少臺商在中國大陸創業或壯大其產業規模，進而使許多臺商獲利，而這些知識是兩岸在軍事對抗下要理解對岸下的產物，但無形中對兩岸大合解後的臺商提供了投資布局的基本素材，這也是臺商比美商、日商等外商更能掌握中國大陸市場優勢之所在。

　　中國大陸三十多年來的改革開放，其環境早已起大變化，我們臺灣的課綱非但沒有與時俱進的補充與修正調整，反而一再的去中國化，讓臺灣民眾無法持續有系統的對中國大陸再重新認識，其後果就是目前臺商無法有效了解中國大陸各地方發展的主因，因此個人深深覺得反課綱斷送認識中國大陸，也是斷送臺灣經濟再發展機會。

　　目前中國大陸正展開「一帶一路」大戰略，「去中國化」的臺

灣新一代由於基礎知識不足，是無法體會到大戰略下的影響與商機，「一帶一路」是要從中國的歷史與地理角度去觀察，「去中國化」的歷史與地理課綱是缺乏此論述，當然無法體會到這項大戰略對未來世局的影響。過去屬於臺灣人與生俱來的中國史地觀，目前變成外國史地觀，臺灣人過去對中國大陸認識的優勢條件頓時消失，現代許多學生對中國大陸的認識，就個人觀察，是與英美德法日韓等外國人一樣缺乏，但從世界各國商業智庫進駐中國大陸的出版品或研究報告，可看到世界各國渴望認識中國大陸，臺灣反課綱的去中國化作為，其實對中國大陸的崛起趨勢的掌握是非常不利，不管你對中國大陸的感受是威脅還是合作對象，不好好認識中國大陸是無法掌握如何競爭或合作，目前教育部正籌劃十二國教課綱，個人期盼不要有「去中國化」思維，「去中國化」會讓臺灣人在未來歲月無法正確認識中國大陸，一堆不懂中國大陸的官員、學者或民意代表，未來要如何擔負談判之責？

（2015年9月 南方生活報）

5、兩岸一起為慰安阿嬤討公道

　　日韓近日對二戰期間的慰安婦問題達成協議，日本外相田文雄代表日本政府向南韓外交部長尹丙世表達歉意，消息傳至臺灣，朝野紛紛表示不滿，要求政府要有更積極作法為慰安阿嬤討公道，從日韓對慰安婦問題的交涉過程中，個人發現韓國政府持續不斷的強硬作法才是讓日本政府與政客軟化，願意道歉與反省的主因。

　　韓國有慰安婦、臺灣有慰安婦，個人深信日本在二戰侵華中的占領區也應有尉安婦惡行，因此兩岸都有慰安婦問題；臺灣、韓國過去一直未解決，中國大陸也應未解決。從過去臺灣與日本政府交涉的經驗，個人深感過去李、陳總統領導的政府與目前馬政府對日本都不若韓國強硬，李前總統對慰安婦同理心缺乏的言論，更是讓日本政府有藉口，一再敷衍臺灣的慰安阿嬤，讓這些慰安阿嬤一再受委曲，得不到應有的公道，而這些慰安阿嬤禁不起歲月的折磨與交涉的挫折，逐一棄世，面對韓國慰安婦問題有新的突破，馬政府是不是更要有新的積極作為來要求日本政府具體回應。

　　二戰期間，日本侵華對中國軍民造成巨大傷亡，對中國婦女的姦殺行為更是罄竹難書，慰安婦問題更是少不了，因此兩岸婦女的慰安婦問題更是其當年日本軍政府暴行的活證據，因此兩岸政府一起為這些仍生存的慰安阿嬤討公道是天經地義，也是責無旁貸，因此個人盼望兩岸政府能攜手合作為兩岸慰安阿嬤要公道、要尊嚴。

　　馬習會形成兩岸一家親的融洽局面，也建立兩岸熱線趨議，此一熱線也在日前開通，因此個人覺得政府對慰安婦問題，不妨兩岸一起合作，向日本政府提出要求兩岸慰安婦問題也要妥善處理，因此強烈建議我政府相關部會首長不妨主動出擊，希望兩岸領導人能共同發聲

向日本政府要求兩岸慰安婦公道，唯有兩岸有強硬的態度，才會讓日本政府有壓力，進而道歉與反省，同時也彰顯兩岸領導人對弱勢人民的關懷，如此才能讓兩岸的慰安阿嬤得到應有的公道，這些公道，離世的慰安阿嬤都不能少。

（2016年1月 南方生活報）

Date _____ / _____ / _____

國家圖書館出版品預行編目資料

兩岸公共事務筆記／鄭博文著.--初
版.--臺北市：五南, 2019.05
　面；　公分
ISBN 978-957-763-309-5（平裝）

1.公共行政　2.行政管理　3.文集

572.907　　　　　　　　108002592

4F12

兩岸公共事務筆記

作　　者 ─ 鄭博文

發 行 人 ─ 楊榮川

總 經 理 ─ 楊士清

主　　編 ─ 侯家嵐

責任編輯 ─ 侯家嵐

文字校對 ─ 黃志誠、許宸瑞

封面設計 ─ 盧盈良

出 版 者 ─ 五南圖書出版股份有限公司

地　　址：106台北市大安區和平東路二段339號4樓

電　　話：(02)2705-5066　　傳　　真：(02)2706-6100

網　　址：http://www.wunan.com.tw

電子郵件：wunan@wunan.com.tw

劃撥帳號：01068953

戶　　名：五南圖書出版股份有限公司

法律顧問　林勝安律師事務所　林勝安律師

出版日期　2019年5月初版一刷

定　　價　新臺幣600元